Rainer und Marie-Paule Neu

Innenansichten Philippinen

Studies in Society, Culture and Religion of Southeast Asia

Beiträge zur Gesellschaft, Kultur und Religion Südostasiens

edited by
herausgegeben von

Rainer Neu

Vol. 1

LIT

Rainer und Marie-Paule Neu

Innenansichten Philippinen

Teilnehmende Beobachtungen

LIT

Unseren Kindern Malaika und Samantha gewidmet,
die ihre frühen Jahre in den Philippinen verlebt haben.

Die Deutsche Bibliothek – CIP-Einheitsaufnahme

Neu, Rainer und Marie-Paule
Innenansichten Philippinen : Teilnehmende Beobachtungen / Rainer und Marie-Paule Neu - 2. überarb. Aufl. . – Münster : Lit, 1996
(Beiträge zur Gesellschaft, Kultur und Religion Südostasiens ; 1 .)
ISBN 3-8258-2397-0

NE: GT

Dieckstr. 73 48145 Münster Tel. 0251–23 50 91 Fax 0251–23 19 72

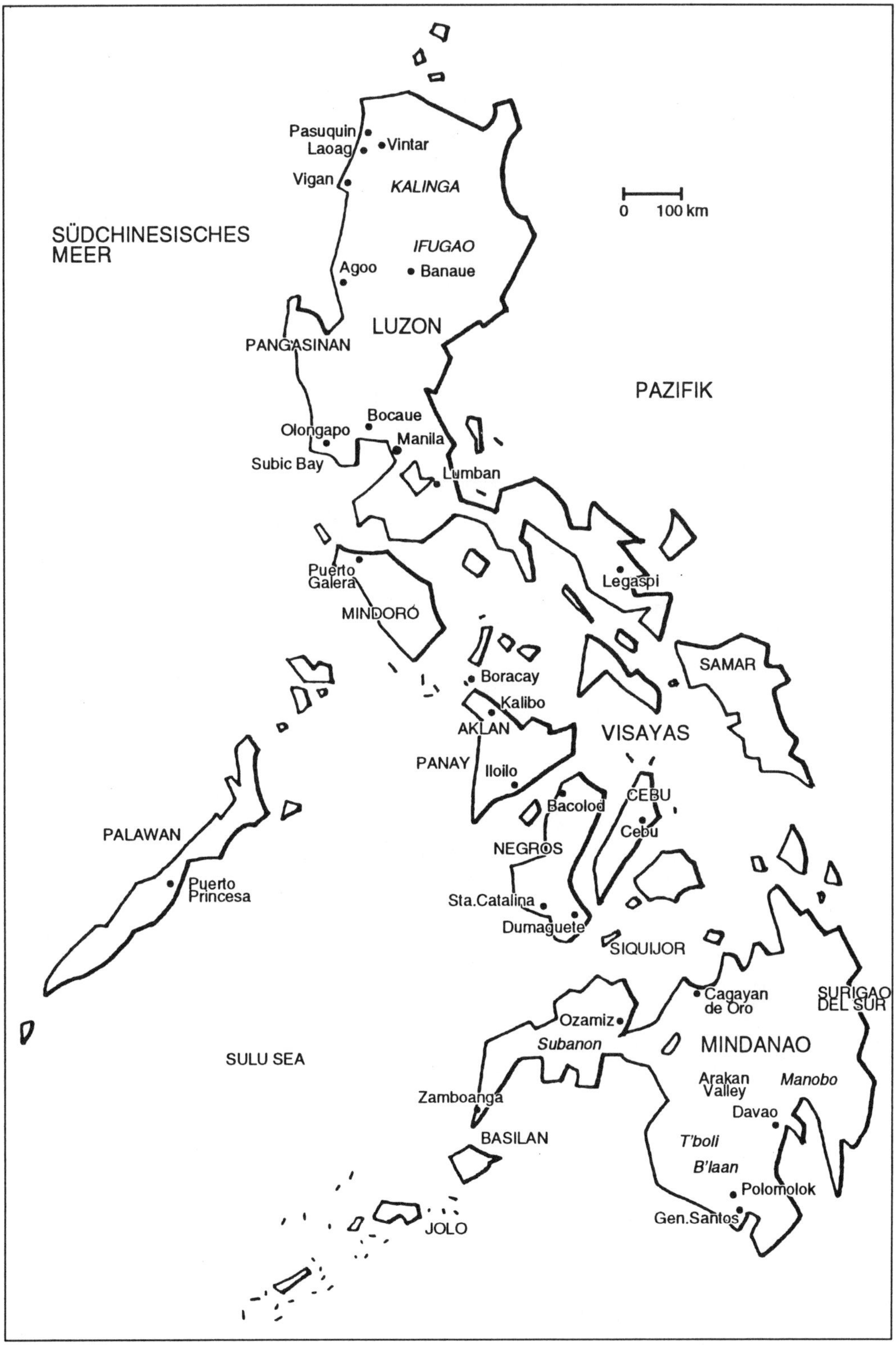

Die Philippinen

Vorwort

Innenansichten aus einem Land voller Vielschichtigkeiten und Ungleichzeitigkeiten hält dieses Buch bereit. Während Angestellte in Manilas Bankenviertel Makati sich an ihren Computern in klimatisierten Räumen über E-Mail verständigen, leben nur fünfzig Kilometer weiter östlich in den Bergen der Provinz Quezon Negritos als Jäger und Sammler. Während in philippinischen Kinos Hollywoodromanzen laufen, gelten in den Familien weiterhin die traditionellen Formen der Brautwerbung. Während aus den Stereoanlagen die neuesten Hits der amerikanischen Pop-Musik ertönen, erschallen in entlegenen Gebieten mitunter noch die überlieferten Epen der Vorfahren. Während in den Schulen die Schritte der neuesten amerikanischen Tanzmode einstudiert und mit Erfolg aufgeführt werden, gehört bei öffentlichen Veranstaltungen die Tanzfläche allein den Repräsentanten der gehobenen Schichten, die förmlich und steif (und immer auf Körperdistanz bedacht) einige Tanzschritte riskieren. Während die neuesten Filme und Videos die äußersten Winkel des Landes erreichen und in den Abendstunden mit von Generatoren gespeisten Fernsehgeräten Jung und Alt gezeigt werden, gibt es ganze Provinzen, in die nur zufällig eine Tageszeitung gelangt. Während Reisbauern in den Ebenen Zentralluzons ihre Felder mit den Markenartikeln deutscher Chemiekonzerne düngen, beschränken sich Brandroder in den Bergregionen auf die Durchführung von Fruchtbarkeitsriten.

Es ist fraglich, ob ein Land, das aus über 120 verschiedenen Volksgruppen besteht und in dem mehr als 200 verschiedene Sprachen und Dialekte gesprochen werden, überhaupt als Nation bezeichnet werden kann. Bis heute hat sich keine einheimische Sprache als Nationalsprache behaupten können. Das faktische landesweite Verständigungsmittel ist Englisch.

Das wichtigste Medium der Einheit ist vermutlich die Religion. 95 Prozent der Bevölkerung gehören einer christlichen Kirche an. 70 Prozent bezeichnen sich als römisch-katholisch. Empirische Untersuchungen über Glaubensformen in verschiedenen philippinischen Landesteilen belegen allerdings eine überraschende Mannigfaltigkeit von Vorstellungen, die sich als "katholisch" ausgeben. Und die 25 Prozent Protestanten verteilen sich auf rund 1500 registrierte und vermutlich einige Hundert nicht-registrierte kirchliche Organisationen. Eine verwirrende Vielfalt!

Jahrhundertelange malayisch-indonesische, chinesische, spanische und in der Gegenwart amerikanische Einflüsse haben Menschentypen, Kultur- und Religionsformen geschaffen, die für den Europäer nur schwer zu durchschauen sind. Die verwestlichte Oberfläche der philippinischen Alltagswirklichkeit hält für den Ausländer für eine Zeit die Illusion bereit, sich in diesem Land mühelos zurechtfinden zu können. Doch der Schein schwindet bald, und nur zu schnell stehen sich Ost und West unverstanden gegenüber. Diese Entdeckung gerät manchem ausländischen Besucher zur Enttäuschung.

Wie sollte in einem solchen Land Entwicklung verstanden werden? Nur zu oft haben sich Entwicklungsansätze über die kulturellen Gegebenheiten einer Region hinwegzusetzen versucht. Immer noch orientieren sich Projekte einseitig an wirtschaftlichen und politischen Zielvorstellungen. Kultur scheint ein Element zu sein, das vernachlässigt werden kann und höchstens als Folklore und Aberglaube zur Kenntnis genommen wird. Dabei haben Sozialwissenschaftler seit langem auf die führende Rolle aufmerksam gemacht, die die protestantische Ethik für die Industrialisierung Europas, die konfuzianische Gesinnung für die Entwicklung Chinas oder die Haltung der Samurai für die Herausbildung des Aufstiegsstrebens der Japaner gespielt haben. Dürfen unter diesen Umständen die kulturellen und religiösen Eigenheiten eines Entwicklungslandes übergangen werden?

Immer noch ebnen viele Entwicklungsvorhaben im Verbund mit moderner Technik und neuen Konsumgewohnheiten den Weg zu globaler Uniformität. Damit tragen sie zum Verlust kultureller Mannigfaltigkeit und der Vernichtung traditioneller und einheimischer Kulturen bei. Gerade auch gut gemeinte 'fortschrittliche' Entwicklungsprojekte gehen mitunter skrupellos an "überholten" kulturellen Gegebenheiten vorbei und versäumen es, die zentrale Rolle kultureller und religiöser Faktoren in Entwicklungsfragen zu erkennen. Die Weltwirtschaft erzeugt gnadenlos eine Welteinheitskultur ("New Global Culture"). *Zunehmend entscheiden Medien und multinationale Konzerne darüber, wie Menschen leben und arbeiten, was sie essen, trinken und anziehen, welche Informationen sie aufnehmen, welche Musik sie hören und welche Sprache sie sprechen. Jedes Jahr verschwindet in den Philippinen mindestens ein Dialekt - und damit wohl auch jeweils eine Kultur.*

Die Gefahr, den Einfluß und die Gefährdung der Kultur(en) eines Entwicklungslandes zu unterschätzen, liegt auch in der Personalpolitik westlicher Hilfsorganisationen begründet. Die Auswahl der Helfer konzentriert sich zunehmend auf die Entsendung von Experten: sei es für Spezialaufgaben oder für die Ausbildung einheimischer Kräfte. Dieses Auswahlkriterium ist durchaus sinnvoll, denn Hilfsbereitschaft und guter Wille auf Seiten der Helfer genügen nicht. Gesucht werden Personen mit Sachkenntnissen und Lernbereitschaft, Einfühlungs-, Kritik- und Durchhaltevermögen, die im Idealfall schon kulturelle und politische Vorkenntnisse über das betreffende Land mitbringen - Profis mit der richtigen Mischung aus Engagement und Distanz.

Die Gefahr besteht allerdings darin, daß der professionelle Helfer sein Fachinteresse überschätzt und vereinseitigt und an dem kulturellen und religiösen Kontext seines Gastlandes vorbeilebt. Isolierung gehört zu den (oft uneingestandenen) Folgen modernen Projektmanagements.

Über solche Enttäuschungen und Klippen möchte das vorliegende Buch hinweghelfen. Es erhebt nicht den Anspruch, wissenschaftliche Literatur zu sein, sondern möchte auf leicht verständliche und unterhaltsame Weise Einblicke in tiefere Schichten der philippinischen Kultur vermitteln. Seine Beiträge verstehen sich als "teilnehmende Beobachtungen". Es handelt sich um Beschreibungen und Interpretationen, die die Arbeit, die Betroffenheit und das Engagement der Autoren

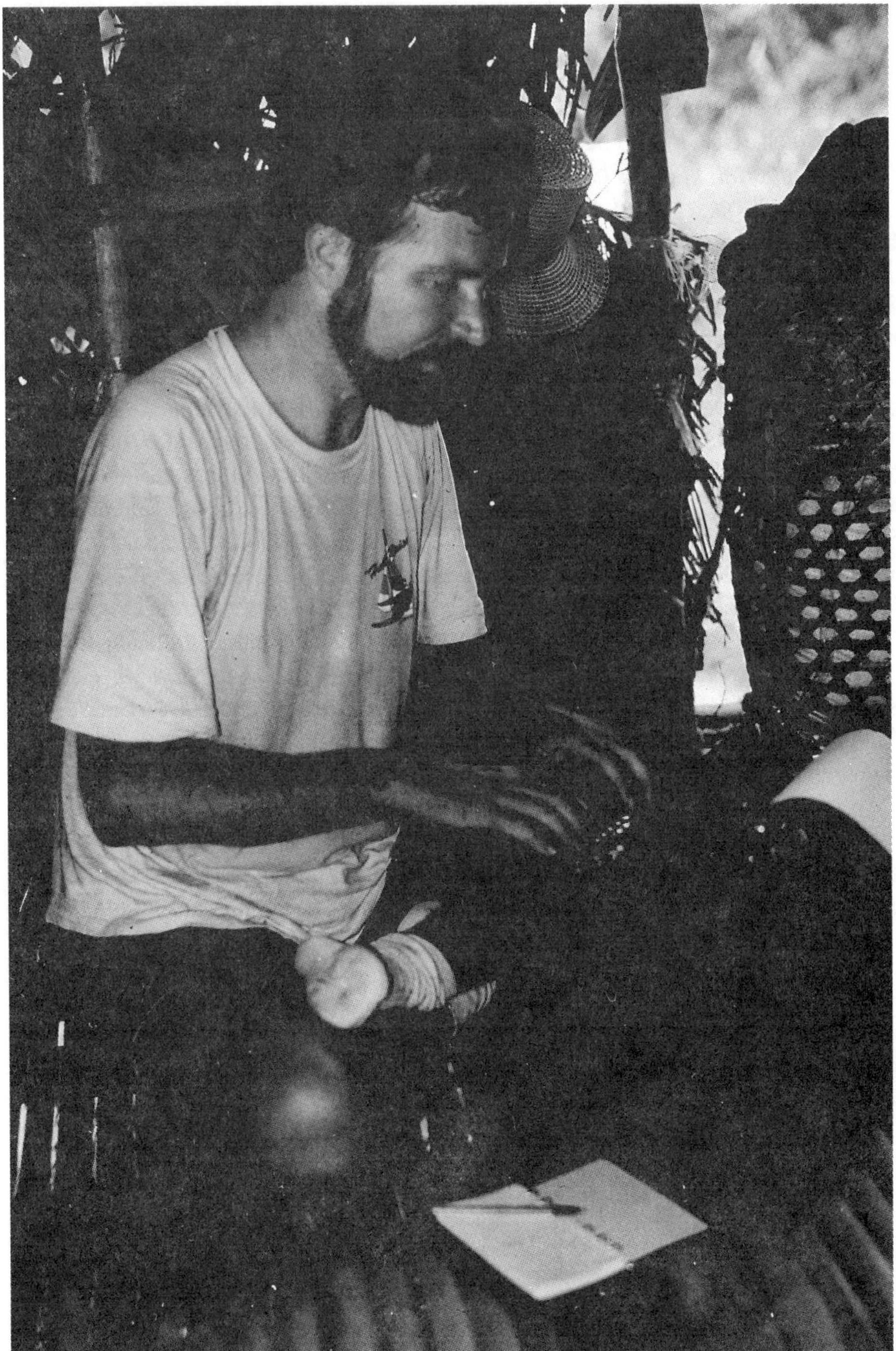
Der Autor in den Bergen von Negros

erkennen lassen. Ihre Beiträge beruhen auf persönlichen Erfahrungen, Projekten und Feldforschungen.

Die beiden Autoren und Herausgeber dieses Bandes, das Ehepaar Rainer und Marie-Paule Neu, leben und arbeiten seit 1988 auf Einladung der Vereinigten Kirche Christi (UCCP) und ausgesandt von der Vereinigten Evangelischen Mission (VEM Wuppertal) in den Philippinen. Von 1988 bis 1991 lehrten sie am Northern Christian College in Laoag, Ilocos Norte. Seit 1992 unterrichten sie an der Silliman Universität in Dumaguete, Negros Oriental. Rainer Neu, ordinierter evangelischer Theologe und habilitierter Soziologe, lehrt als Professor für Kirchengeschichte und Religionswissenschaft an der Divinity School. Marie-Paule Neu, geb. Ritz, Künstlerin aus Luxemburg, unterricht als Kunsterzieherin und Sprachlehrerin. Neben ihrer Lehrtätigkeit engagieren sie sich in verschiedenen Entwicklungsprojekten, unter anderem in Kooperation mit dem luxemburgischen Außenministerium.

An der Entstehung dieses Buches haben verschiedene Autoren mitgearbeitet, die ihm Vielfalt, Lebendigkeit und Authentizität verleihen. An dieser Stelle sei den Mitautoren Raul D. Agner, Dr. Dirk Angelroth, Dr. Jean-Paul Dumont, Walter Eberlei, Berthold Kuhne, Joey R. B. Lozano, Ekkehart Royl, Giselinde Schaut (OSB), Helge Vogt und Dr. Claus-Rainer Würtz sowie unseren philippinischen Studenten Kristoffer Ardeña, Nick Catada, Mercy M. Bartolome, Samuel A. Dado, Wenzyl V. Dejolde, Henry S. Legaje, Muriel A. Montenegro und Isaias B. Morales herzlich für ihre bereitwillige und unentgeltliche Mitarbeit gedankt.Für Fotos danken wir Romulo Amarado (Seite 185 unten), Dr. Jörg Baumgarten (Seite 189) und Wilson Budde-Iser (Seite 167). Für technische Unterstützung danken wir Callum R. Tabada und Alberto B. Purzuelo Jr.

Die beteiligten Autoren verstehen es, aus unterschiedlichen Perspektiven mitunter überraschende Einblicke in die Vielfalt philippinischen Lebens zu vermitteln und wesentliche Elemente dieser Kultur verstehbar zu machen. Nach dem Erfolg ihres Buches "Südseetrauma" (Neukirchen-Vluyn 1993) legen die Herausgeber hiermit einen zweiten Band über die Philippinen vor, der für Reisende, in den Philippinen Lebende, Entwicklungshelfer, Dritte-Welt-Gruppen, Studenten der Ethnologie und Religionswissenschaften und alle, die sich für eine fremde Kultur begeistern können, geschrieben wurde. Dieser Band möchte eine Einführung und Verstehenshilfe sein - ein Philippinenführer, der da einsetzt, wo ein Reiseführer nicht mehr weiterhilft.

Annäherungen

Der Fremde sollte sich den Philippinen verhalten annähern. Die äußeren, oft schillernden und lauten Erscheinungen des Alltags trügen. Wer sich in diesem Land sogleich zu Hause fühlt, hat die Eigenarten dieser Kultur vermutlich noch gar nicht erkannt und wird zu gegebener Zeit unsanft aus seiner Illusion gerissen werden. Unter der verwestlichten Oberfläche liegen überraschende Dimensionen. Wer hier jedoch ein Außenseiter bleibt und wem nichts recht ist, hat es versäumt, sich zu öffnen und sich auf das Land und seine Bewohner einzulassen. Es sind eher die Tiefenschichten der philippinischen Kultur, die Fremdheit und Verunsicherung bewirken. Der Besucher, der in dieser Inselwelt ankommen will, sollte Landschaft und Menschen auf sich wirken lassen, um das Fremde zu erspüren und die Faszination des Anderen auf sich wirken zu lassen.

Inselleben

Kaum ist die Sonne hinter dem erloschenen Vulkan versunken, ziehen die Fischer ihr Boot an Land. Zu zweit greifen sie unter die Bambusausleger und sprinten die wenigen Schritte den Strand hoch. Für mich wäre ein solches Boot, dessen Form vom Einbaum abstammt, viel zu eng. Das geraffte Schleppnetz füllt das gesamte Bootsinnere aus. Meter um Meter ziehen die beiden Fischer das lange Treibnetz jetzt aus dem Rumpf, um den abendlichen Fang einzusammeln. Dabei flickern die Knoten im Netz wie tausend glitzernde Sternchen; denn in ihnen hat sich phosphoreszierendes Plankton verfangen, das des Nachts in tropischen Gewässern schimmert. Das Licht unserer Taschenlampe hilft den Fischern, ihren artenreichen Fang vorsichtig aus den feinen Maschen des Netzes zu lösen. Löcher, die dabei entstehen, werden tagsüber in Gemeinschaftsarbeit wieder zugehäkelt.

Türmchenmuscheln, rundliche Krabben, ein Pärchen verschlungener grüner Krebse, kugelige und birnenförmige Fischchen: das Netz birgt Wunder, die ich noch nie gesehen habe. Ein Fisch sieht wie ein gelbes Unterseeboot aus; andere haben gefährliche Stacheln, die von den Fischern mit einer rostigen alten Scheere vorsichtig abgezwickt werden. "Faß den ja nicht an!" Der windvogelförmige Rochen ist giftig, er hat an seinem langen Schwanz einen schlimmen Giftstachel. "Wenn der dich trifft, mußt du innerhalb von zehn Minuten im Krankenhaus sein." Ich schaue bestürzt auf meine Hände, aber es ist nichts passiert. Der jüngere Fischer reicht seinem Kollegen vorsichtshalber das Netz mit dem Rochen und die Schere.

"Schildkrötennest" heißt der Badestrand mit den kleinen Bambushütten, in denen wir für einige Tage Ferien machen. Wir sind die einzigen Besucher, und von unserer Terrasse blickt man sogleich aufs Meer. Der Besitzer Dorico ist stolz auf *seine eigenhändig erbauten Hütten. Er ist hier aufgewachsen; das Grundstück gehörte seinen Eltern. "In meiner Jugend kamen die Meeresschildkröten an diesen Strand, um ihre Eier im warmen Sand zu vergraben, und dann konnte man zu bestimmten Zeiten die geschlüpften Schildkröten zu Hunderten zum Meer krabbeln sehen. Nun gibt es schon lange keine mehr. Die letzten beiden habe ich zu schützen versucht. Ich zog sie im Fluß groß. Aber sie starben an Vergiftung, als die Bauern flußaufwärts ihre Reisfelder düngten."*

Nachdenklich sitzt er auf dem Terrassengeländer unserer Hütte und nippt an seiner Bierflasche. Unvermittelt bemerkt er: "Ich habe meine Frau nach Manila ins Krankenhaus gebracht." Manila ist eine teure Reise entfernt, 1500 km. "Wie geht es ihr?", fragen wir voller Anteilnahme. "Es war schon zu spät. .... Nun ist sie schon drei Jahre tot." Die entstandene Leere ist ringsherum sichtbar, und wir merken besonders am Service, wie sehr die Frau in der Familienpension fehlt.

Unter unserer Haustreppe liegt zur Freude unserer Kinder ein Wurf Welpen; und in der Nacht jagt ein Dutzend streunender Hunde auf dem Strand nach Ratten. Eine große glänzende Eidechse vertilgt Mücken in unserer Hütte und begleitet unseren Schlaf lauthals mit schnalzenden "Gecko, gecko"-Rufen. Im Morgengrauen wecken uns Aufregung und Emsigkeit am Strand.

Ein Riesenschwarm winziger Fische ist den Fischern bei ihrer Ausfahrt vor Morgengrauen ins Netz gegangen. Sie bergen mehrere Eimer voll. Die zahlreichen Familienmitglieder freuen sich, und ihre bronzefarbene Haut strahlt in der Morgensonne. Der heutige Sonntag beginnt wie ein Festtag, und so reißen sie Witze, derweil ihre geschäftigen Hände den Fang hurtig einsammeln, um ihn vor den vielen Hunden zu bewahren. Die Fischchen werden im Boot gesammelt, weil man sie darin fein mit Seewasser abspülen kann. Zum Frühstück essen wir sie roh als Kinilaw, würzig wie Salat zubereitet, und sie schmecken wie eingelegte Heringe. Roh oder gebraten werden sie auf jeden Fall "mit Haut und Haar" verspeist; und als Beilage gibt es ungesalzenen Reis.

Diese Woche hat Dorico von der großen Nachbarinsel seinen funkelnagelneuen Jeepney abgeholt - ein handgefertigtes Dreirad, welches vorne aus einem japanischen Motorrad, hinten aus einer breiträdrigen Autoachse und oben aus einem allseitig offenen Autobus besteht, in welchen vierzehn Personen passen. Umgerechnet hat er 4500 DM gekostet, mit Zuschlag für die Schlammreifen, plus Schmiergelder an den Beamten, der die Papiere für die Übersetzung des Wagens von einer Insel zur anderen prüft. Die Fahrt in die Provinzhauptstadt, um die erforderlichen Dokumente zu beschaffen, wäre teurer geworden, und ohne Schmiergelder wäre sicherlich auch dort nichts gelaufen. Grellgelb ist das Prunkstück gestrichen, versehen mit bunten Landschaftsmalereien und Schildkröten. Ein wichtiger Teil der Ausstattung sind zwei unüberhörbare Hupen, die entweder durch ein trällerndes Titatita-titi oder ein hämisch schallendes Gelächter sein Kommen ankündigen. Heute soll mit einem Touristenpaar und uns die Jungfernfahrt des Jeepneys unternommen werden, und die Verwandschaft des Besitzers gesellt sich mit Picknickkörben hinzu.

Doch zuerst muß das Gefährt vom Ortspriester gesegnet werden. Wir warten, bis der Geistliche eine Trauzeremonie beendet hat, bevor er den Wagen weihen kann. Die weltlichen Papiere kann man umgehen; aber mit dem göttlichen Schutz sollte man nicht spaßen.

Bald braust der Jeepney auf der gewundenen und neuerdings geteerten Inselrundstraße einen der sieben verloschenen Vulkane hoch. Unheimlich steil fällt die Straßenböschung ab, und an einigen Stellen ist die Straße abgesunken. In der Ferne im dunkelblauen Meer liegt wie eine Mondsichel eine winzige baumlose Insel aus schneeweißem Korallensand. Wie ein Magnet scheint sie die Fischerboote anzuziehen. Wer über diesen Sand durch die türkisfarbenen Wellen schreitet, erlebt die Natur wie einen entzückenden Traum. Mit etwas Glück kann man von hier aus Delphine spielen sehen und in die Hände klatschen, wenn sie in der Luft ihre Purzelbäume schlagen. Aber auch eine Begegnung mit einem Hai sei nicht auszuschließen, warnen uns die Einheimischen.

Nun halten wir in einem Ort mit dem verlockenden Namen Bonbon an verfallenen Kloster- und Kirchenruinen. Hier hatten die spanischen Mönche einen ihrer Missionsstützpunkte errichtet - mit herrlichem Blick über das weite Meer. Im Jahre 1871 jedoch, unmittelbar vor einem verheerenden Vulkanausbruch, zertrümmerte ein Erdstoß die mächtigen Gebäude und machte alle Häuser dieses Ortes der Erde gleich. Wir erwandern schwitzend den steilen Kreuzweg, der sich den alten Vulkan hochwindet. Die lebensgrossen Stationsfiguren aus Beton (mit ihren langen westlichen Nasen) sind sicher zu Ostern erst frisch geweißt worden. Von oben schweifen unsere Augen über das dunkle Palmenmeer zu einem bei dem Erdbeben im Ozean versunkenen Friedhof, wo ein großes Gedenkkreuz aus den Wellen ragt.

Unten in einem Lokal an der Straße läuft ein Film mit Karaoke-Texten. Die Lautsprecher dröhnen. Eine Gruppe gutgekleideter Männer auf einem Betriebsausflug veranstaltet einen Gesangswettbewerb. Entlang der Straße nach Cetarna liegen ärmliche Hütten. Hier hält selten jemand an. Die Häuschen sehen windschief aus. Der neue Jeepney quält sich durch das felsige Flußbett. Bei den nächsten zwei Holzbrücken müssen wir sogar aussteigen, da der Fahrer befürchtet, daß die morschen Brücken das Gewicht des Wagens nicht tragen könnten. In einem Palmenhain stossen wir auf die "Kalte Quelle des Jesuskindes". Bunte Blüten umranken ein großes, durch eine kahle Betonmauer gestautes Naturbecken. In der hinteren Ecke des Beckens gurgelt unter den Steinen der Sand: hier ist die Quelle, deren Wasser ungewohnt kalt ist. Der Ausbau des Beckens gehört zu den Regierungsprojekten, die den Tourismus ankurbeln sollen. Aber noch fehlt es an der gewünschten Infrastruktur.

Die heißen Quellen von Tangub können nicht ausgebaut werden. Sie liegen bei Flut in der Meeresbrandung und sind erst ab den mittleren Gezeiten zugänglich. Zwischen Steinen im Meer sprudelt heißes Wasser. Bei Ebbe kochen die Fischer hier ihre Eier. Gut, daß die Wellen nachkühlen. Unser Begleiter bückt sich, um auch seine Schultern ins warme Naß zu tauchen. Im Städtchen Mambajao ist ein Imbiß fällig. An der Hauptstraße füllen wir unsere Wasserflaschen an einer Sodawasserquelle. Wir zwängen uns zwischen Markttischen durch und erstehen eine stachelige Paradiesfrucht. Die Guyabano-Früchte sind den Filipinos zu sauer, aber dem engli-

schen Globetrotter, den wir bei unserem letzten Halt als Anhalter mitgenommen haben, munden sie wohl. Beim Bäcker möchte unsere Tochter austreten. Nach einigem Beratschlagen führen sie die Ladenbesitzer ins Nachbarhaus. Ihr eigenes Plumsklo im Garten kann zur Zeit nicht benutzt werden, da man eine armdicke, etwa zwei Meter lange Python am 'stillen Örtchen' im hohen Gras gesichtet hat.

Auf halbem Weg den Wald hoch müssen wir unser treues Fahrzeug schieben: der Schotterweg wird zu steil. Am Fuße des Timosong-Berges finden sich noch einige majestätische Urwaldbäume. Farne, mehr als mannshoch, breiten sich hier aus, und Lianen hängen von schwindelerregend hohen Bäumen. Wir sind angekommen. Aus sechzig Metern Höhe fällt der Kalibawasan-Wasserfall in einer geraden Linie "wie aus dem Himmel" in ein Schwimmbecken. Tut die Kühlung im kalten Wasser gut! Noch in den nassen Kleidern fahren wir hupend durch den Wald. Kinder stehen am Straßenrand und hauen einander neckisch mit einem toten Leguan. Die fast zwei Meter lange Echse erinnert an einen kleinen Saurier; ihre Haut ist geschmeidig wie Leder. Sie haben das Tier mutwillig mit Steinen erschlagen. Die Becken der "Glühendheißen Quellen" liegen oben am Hang im Wald. Das 40 Grad heiße Wasser wirkt wie eine Sauna. Ein angenehmer Plausch mit westlichen Besuchern rundet den herrlichen Tag ab.

"Hallo", sagt da unerwartet eine bekannte Stimme. Ein Bekannter aus Dumaguete hat hier auf dieser verheißungsvollen Insel ein neues Frischfisch-Restaurant eröffnet. Er spekuliert mit der vielen Werbung, die neuerdings weltweit für diese Insel betrieben wird. Wohl ist mir nicht dabei zumute. Die letzten 'Paradiese' der Menschheit sollten dringend unter Naturschutz gestellt werden. Nicht "Ökotourismus" sollte hier geplant werden, sondern die höchst notwendige ökologische Sanierung. Die Müllkippe der Insel liegt an einem Strand; und wo Palmen und Buschwerk entlang der Küste gefällt wurden, wäscht das Meer die Felder ins Korallenriff.

Das Schicksal der Trauminsel Boracay sollte als Warnung gelten. Als vor etwa zwanzig Jahren die ersten Deutschen die Trauminsel Boracay "entdeckten", hielten sie sie "streng geheim". Der weiße Sand ist wirklich der feinste überhaupt, in dem man sogar in der Mittagshitze barfuß laufen kann, ohne sich die Füße zu verbrennen. Das Wasser leuchtet kristallen türkis über diesem Weiß. Aber im vermeintlichen Paradies, in dem sie gelandet waren, konnte man auch damals schon statt einem ehemals prächtigen Urwald einen abgeholzten "Toten Wald" mit verbrannten schwarzen Baumstümpfen besichtigen. Die Überreste stehen in angelegten, aber verkommenen Fischteichen auf deren Dämmen sich Landlose angesiedelt haben und ums Überleben kämpfen. Vor lauter Baumlosigkeit verwüstet das Inselinnere. Als die anstelle des Urwalds angelegten Kokosplantagen nichts mehr einbrachten, haben viele Einheimische die nur sieben Kilometer lange Insel mit dem vier Kilometer langen weißen Sandstrand verlassen. Die wenigen Daheimgebliebenen fühlten sich von jeglicher Entwicklung ausgeschlossen. Doch seit sich der "Geheimtip" von der Trauminsel herumgesprochen hat, sind über 12000 Arbeitssuchende aus anderen Teilen der Philippinen hierhergezogen. Das nur 400 m breite Inselinnere ist nun so dicht wie ein Slumgebiet besiedelt. Am Strand reiht sich Strandhotel an Strandhotel. Für die bis zu 700 Besucher täglich stehen auf der winzigen Insel 8000 Hotelbetten zur Verfügung. Die Besucherströme sind von durchschnittlich 9000 Menschen im Monat für das Jahr 1991 auf 6300 im besten Monat des Jahres 1992 gefallen. Unter den über 80000 Besuchern im Jahr befinden sich zwischen 67 % Filipinos immerhin rund 4000 Deutsche. Viele Touristen kommen durchs Wasser watend an, ohne einen Einblick in die Kultur des Landes zu gewinnen; sie wollen sich lediglich einen Strandurlaub leisten. Abends konkurieren die diversen Lokale mit dröhnender Diskomusik um die Kundschaft. Die Grundstückspreise sind ins Unerschwingliche gestiegen, und auch die Lebensmittelpreise sind inzwischen so hoch, daß sich die Einheimischen die Nahrung kaum leisten können. Viele Mädchen leben von der Prostitution - häufig mit der Hoffnung, sich einen westlichen Ehemann zu angeln. Manchmal klappt es, und manchmal hinterlassen ihnen Europäer Nachkommen ohne Unterhaltszahlungen. Und deutsche Aussteiger von einst, die sich ein angenehmes Leben auf einer Trauminsel erhofften, befinden sich wieder im Aufbruch zurück in die alte Heimat. Einige suchen wieder Ruhe, andere mögen sich verrechnet haben, denn seit die Preise in die Höhe schnellten, reicht ihre Kapitalrücklage nicht mehr aus. So mancher muß im Pensionsalter in die Heimat zurück, um wieder Arbeit zu suchen. Seine junge philippinische Gattin, die es in den Westen drängt, muß dann womöglich mit den Kindern auf der einst einsamen Insel zurückbleiben, da für die Familie in einer Industriestadt das Geld auf keinen Fall reichen würde.

Besonders die Ureinwohner dieses Eilandes, kraushaarige Negritos, die an den Inselrand gedrängt worden sind, haben bei der Entwicklung das Nachsehen. Das kristallklare Wasser über dem feinen Sand färbt sich jedes Jahr für einen längeren Zeitraum grün wegen zunehmender Veralgung. Ob das Meer "kippt"? Schon heute muß das Trinkwasser von einer Nachbarinsel hergeschifft werden. Und unter dem Sand lauert eine Zeitbombe: Einige Tausend vergrabener Batterien aus Radios und Taschenlampen. Denn erst seit Ende 1993 wird die Insel mit Strom versorgt.

Nein, mir wäre lieb, wenn sich unsere Ferieninsel mit ihren heißen und kalten Quellen nicht in diese Richtung entwickeln würde. Sie hat eine Chance, da sie etwas größer ist als Boracay und gesundes Wasser in Mengen vorhanden ist. Positiv ist auch, daß sich die Regierung gleichzeitig bemüht, andere Einkommensquellen zu schaffen, wie zum Beispiel durch die Herstellung von handgefertigtem Papier aus Gräsern. Noch ist fraglich, ob die großen Strandhotels mit ihren klobigen Kaimauern wirklich genügend Touristen anziehen werden, um profitabel wirtschaften zu können. Es wäre nicht das erstemal in den Philippinen, daß sich solche Großprojekte nach wenigen Jahren aus Mangel an Kundschaft in Ruinen verwandeln.

Es ist schon dunkel, als wir wieder in unserem schlichten "Schildkrötennest" eintreffen. Dorico hatte sich schon zwei Stunden zuvor zu Hause absetzen lassen. Er flüstert uns verschmitzt zu: "Auf die Fahrt hin seid ihr zum Abendessen eingeladen. Ich habe geschlachtet und ein Schwein am Spieß gegrillt. Wir wollen die Segnung des neuen Jeepneys feiern!" Wir freuen uns. Solange der Tourismus nicht die Überhand gewinnt, bleibt die unverfälschte Einfachheit der Menschen des schwindenden Paradieses sprudelndste Quelle.

Begegnungen auf Negros

Von Giselinde Schaut, OSB

Die deutsche Benediktinerin Giselinde Schaut kam im Dezember 1992 nach Negros, um in der St. Benedict Human Development Foundation in Bacolod einen dreijährigen Einsatz zu leisten. In diesem Beitrag schildert sie, wie sich ihr in den ersten zwei Jahren die Insel Negros durch Begegnungen erschlossen hat.

Zuerst kommt mir Nanay Millie in den Sinn (wir reden die Leute gemäß philippinischer Sitte je nach Alter und Stand mit "Mutter", "Vater", "ältere Schwester" oder "älterer Bruder" an). Von meinem Büro aus bin ich in wenigen Minuten in einigen Wohngebieten der Armen von Bacolod. An einem Tag bin ich mit unserer Sozialarbeiterin Mary Lou unterwegs. Wir gehen zuerst nach Yanson, einer Siedlung, die erst seit einigen Jahren existiert. Hier wurden Besitzlose (squatters) aus der Stadt neu angesiedelt. In dieser Siedlung spricht alles von dem Schicksal, das so vielen Armen in den philippinischen Städten widerfährt. Bacolod soll zu einer blühenden Stadt mit Industrie, Handel und Fremdenverkehr entwickelt werden. Diejenigen, die dabei im Weg sind, müssen weichen. Meistens wird ihnen ein neues Siedlungsgebiet angeboten, das außerhalb liegt. So war auch Yanson sehr abgelegen, als es begann: Es gab keine Verbindung zur Stadtmitte; Geschäfte und Schulen waren weit entfernt. Obwohl es die Leute sehr entmutigt, wenn sie immer wieder im Leben von vorn anfangen müssen, raffen sie sich doch dazu auf. In diese Siedlung kam ich also. Alles ließ mich erkennen, daß es kein gewachsenes Dorf war. Hier begegnete ich Nanay Millie in ihrem Haus. Mary Lou hatte mir erzählt, daß die Familie vor einigen Jahren noch sehr arm war, nicht wußte, wie sie genug zu essen herbeischaffen sollte. Heute, bei meinem Besuch, sah ihr Haus ganz ordentlich aus. Nanay zeigte mir stolz ihre Schweine. Der Schweinestall war unter demselben Dach wie die Küche. Durch den Verkauf der Schweine hat sie ein jährliches Einkommen, auf das sie bauen kann. Die ruhige Art von Millie strahlte aus, was sie selbst in ihrem Leben gelernt hat: Ausdauer, Fleiß, Langmut, Stärke und Hoffnung. Sie ist auch stolz auf das, was sie erreicht hat, und zeigt eine Selbstsicherheit, die von tief innen kommt und nicht leicht erschüttert werden kann. Wir gingen durch die Siedlung, sahen die verschiedenen kleinen "Tante-Emma-Läden", eine Mehrzweckkooperative und, als neueste Errungenschaft, eine Kindertagesstätte mit einer von der Regierung bezahlten Lehrkraft. Das Siedlungsgebiet entwickelte sich zu einem Dorf, nicht weil es die Politiker und Ingenieure der Stadt so geplant hatten, sondern weil die Menschen leben wollen.

Wir gingen weiter und kamen durch Zuckerrohr- und Reisfelder in die Siedlung Tonggoy. Sie liegt auf einer Hazienda, und fast alle Bewohner arbeiten auf den Zuckerrohrfeldern. Es war jedoch August und damit außerhalb der Saison. Das bedeutet, daß es auf den Feldern keine oder kaum Arbeit gibt, bis die Erntezeit im Oktober beginnt. Ohne Arbeit gibt es auch keinen Verdienst. In einem kleinen Bambushaus, das in einem heruntergekommenen Zustand war, begegneten wir

Pfahlbau in einer Meeresbucht von Negros

Nanay Engging. Sie freute sich sehr über unseren Besuch und zeigte uns ihr Haus und ihre Arbeit. Auch sie hält Schweine, die sie mästet und dann verkauft. Zudem hat sie einen kleinen Garten. Auf ihrer Hazienda ist jedoch kein Platz für Reisfelder. Es geht ihr und den acht Kindern nicht mehr so schlecht wie noch vor einigen Jahren, weil ihr Mann inzwischen als Gärtner eine feste Arbeitsstelle hat. Nany Engging selbst ist fleißig und strebsam und denkt an die Zukunft ihrer Kinder, die lebhaft und aufgeweckt sind und zur Schule gehen wollen.

Es ist schön, eine Familie zu besuchen, in der es eine Nanay Engging und einen Tatay Carlos gibt. Eine solche Strebsamkeit nach Unabhängigkeit und Selbständigkeit findet man nicht oft unter den Zuckerrohrarbeitern. Diese Qualitäten hat die Zuckerrohrkultur mit ihrem Feudalsystem den Menschen genommen. Die meisten haben ein geringes Selbstvertrauen. Seit Generationen leben sie in Abhängigkeit und müssen erst langsam lernen, an sich selbst zu glauben.

Mark begegnete ich in Lagsawon, einer Siedlung von Kleinbauern im Süden von Negros. Er war vielleicht sieben oder acht Jahre alt, und er fiel mir auf, weil er stiller als die anderen Kinder war. Wenn die anderen spielten, rannten und schrien, stand er abseits. Er ließ sich jedoch gern zum Mitspielen und -singen auffordern, obwohl er dann auch nur zaghaft mitmachte. Einmal bot ich ihm eine Banane an, die er gierig verschlang. Er mußte sehr hungrig sein. Ob er an diesem Morgen schon etwas gegessen hatte? Mit seinen großen Augen schien er alles Geschehen staunend zu beobachten. Was mochte in ihm vorgehen? Dann, an einem Nachmittag, konnte ich meine Schlußfolgerungen ziehen. Die Frauen und Männer von Lagsawon stellten in einem Rollenspiel dar, was sie Schreckliches erlebt hatten. Sie spielten ihre Erfahrungen mit den Soldaten der philippinischen Armee, wie diese ihre Häuser überfielen, nach den Männern suchten, die Hühner, ein Schwein mitnahmen und sogar einen Wasserbüffel töteten. Ich mußte gut aufpassen, damit ich alles verstehen konnte, und hatte nur Augen für die Erwachsenen. Aber dann sah ich Mark. Für ihn waren diese Szenen die Wirklichkeit: Mit Augen voller Angst blickte er auf die Spielenden; sein Herz schlug zum Zerspringen. Keine Träne kam aus seinen Augen, kein Laut kam von seinen Lippen. Er war starr vor Schrecken. Dann erinnerte ich mich an das, was mir seine Geschwister erzählt hatten, als ich in ihrem Haus war: Wenn sie Soldaten oder Milizionäre kommen sehen, verstecken sie ihren Vater und sagen, er sei bei der Arbeit auf einem weiter entfernten Feld. Die Szenen, die hier gespielt wurden, waren für Mark die Wirklichkeit, mit der er täglich lebte. Seine ganze kleine Person sagte, daß er die Schrecken nicht vergessen kann.

In Lagsawon leben fast 200 Kinder und über 100 Erwachsene mit der täglichen Bedrohung durch die Militarisierung. Wenn ihre Felder reif zur Ernte sind, werden sie zerstört. Und die Menschen haben wieder nicht genug Reis bis zur nächsten Ernte. Durch den Verkauf ihrer Schweine und Hühner hätten sie ein wenig Geld. Doch wenn sie ihnen genommen werden, bleibt auch dieses Einkommen aus. Wenn außerdem noch der eine oder andere Wasserbüffel getötet wird, können sie die Reis- und Süßkartoffelfelder nicht mehr bestellen. Die Leute von Lagsawon erzählten mir, daß sie seit der 'Operation Thunderbolt' im Jahre 1989 nicht mehr in Ruhe gelassen worden sind. Erst im Juli 1994 (fünf Wochen vor unserem Besuch) wurden sie erneut Opfer von Bordwaffenbeschuß und Bombenabwürfen. Dabei wurden eine Großmutter und ihr zehnjähriger Enkel getötet.

Ich war mit einer Gruppe vom Rehabilitationszentrum für Kinder in Lagsawon. An einem Nachmittag arbeiteten wir mit den Erwachsenen in Kleingruppen. Die Erinnerungen der vergangenen Jahre sollten langsam aufgearbeitet werden. In der Kleingruppe sollten die Männer und Frauen einander ihre schrecklichste Erinnerung erzählen. Ich spürte, wie es den meisten sehr schwer fiel. Manche konnten nur wenig sagen; sie konnten es nicht in Worte fassen. Andere erzählten ihre Erlebnisse in allen Einzelheiten und durchlebten noch einmal die Situation. Mir fiel dabei besonders Revilla auf. Sie war eine junge Frau, hatte drei kleine lebhafte Jungen und erwartete das vierte Kind. Sie schien immer fröhlich zu sein und lachte, wenn sie ihre manchmal etwas wilden Jungen disziplinierte. An diesem Nachmittag wurde mir deutlich, daß tief drinnen die Schrecken, die sie erlebt hatte, nicht überwunden waren. Mehrere Male versuchte sie, ihr Schicksal der Gruppe mitzuteilen. Doch ihr Weinen erstickte ihre Worte. Erst ganz am Ende brachte sie es fertig, über ihre Erlebnisse zu sprechen. Auch ihr Leben wurde geprägt durch die 'Operation

Thunderbolt' *und alle weiteren militärischen Aktionen, wodurch Tausende von Menschen gezwungen wurden, ihre Heimat - Dörfer und Felder in den Bergen von Negros - zu verlassen. Die meisten dieser Vertriebenen sind in die Städte gezogen, weil sie dort wenigstens in Ruhe gelassen werden. Diejenigen, die in den Bergen geblieben und in andere Bauernsiedlungen gezogen sind, leben immer noch mit der täglichen Präsenz der Soldaten, die sie verdächtigen, zu den Rebellen der* New People's Army *zu gehören.*

In Lagsawon hatten wir auch Stella bei uns. Sie arbeitet seit Jahren im Basisgesundheitsdienst in Bacolod. Sie gibt Behandlung sowohl als auch Ausbildung. Sie kam mit uns, um solche, die es wollten, mit Akkupunktur zu behandeln. Sie begann am frühen Morgen und leistete bereitwillig ihren Dienst. Wenn dann abends nach Einbruch der Dunkelheit noch einer kam, ging sie auch noch mit diesem, behandelte ihn und blieb in dieser Nacht in seinem Haus. Ihre Einfachheit und die Selbstverständlichkeit, mit der sie ihren Dienst leistete, haben mich sehr beeindruckt. Sie machte kein Aufhebens, und die Leute hatten keine Hemmungen, sie um eine Behandlung zu bitten.

Einmal machte ich einen Tagesausflug nach Guimaras, einer kleinen Insel, die zwischen Negros und Panay liegt. Wir überquerten die Insel teilweise zu Fuß, teilweise per Jeepney. Unser Mittagessen nahmen wir auf einem kleinen Bauernhof ein. Die Häuser liegen vereinzelt inmitten von Reisfeldern, Kokospalmenhainen oder Obstplantagen. Es war ein idyllisches Bild, das sich uns beim Laufen durch das hügelige Land bot. Wir waren zu dritt und fühlten uns ganz unbeschwert. Doch als wir auf der anderen Seite der Insel anlangten, stellten wir fest, daß das letzte Boot nach Negros bereits abgefahren war. Was tun? Uns kam Nilda in den Sinn, mit der wir am frühen Nachmittag Bekanntschaft gemacht hatten. Sie gehört zu einer Familie von Fischern. Zudem haben sie Reisfelder gepachtet. Sie war sehr freundlich bei unserer ersten Begegnung, gab uns zur Erfrischung gefrorenes Kokoswasser und lud uns ein, wieder zurückzukommen. Das taten wir nun wirklich. Vielleicht würde uns ihr Bruder mit seinem Boot noch vor Einbruch der Dunkelheit nach Negros bringen. Der war auch bereit dazu, jedoch nicht mehr an jenem Tag; dafür war es schon zu spät. Nilda lachte und freute sich, da wir gezwungen waren, ihre Gastfreundschaft anzunehmen und bei ihr über Nacht zu bleiben. Das Bambus- und Nipahaus war ziemlich groß; es hatte sogar drei Schlafzimmer. Eines davon wurde uns sofort angeboten. Es hatte ein großes Bambusbett mit einem Moskitonetz. Am nächsten Morgen würde uns in aller Frühe ihr Bruder mit seinem Fischerboot nach Negros bringen. Nachdem unser Schicksal somit bestimmt war, dachten wir ans Abendessen. Auf der Feuerstelle wurde schon Reis gekocht. Wir beschlossen, im Dorf Fisch oder Fleisch zu kaufen. Nilda ging mit uns zum Geschäft. Unterwegs erzählte sie ein paar Mal unsere Geschichte, da ihre fremden Gäste in dieser abgelegenen Gegend einiges Aufsehen erregten. Alle hatten Spaß an unserer Geschichte. Aber wir dachten auch an diejenigen, die zu Hause auf uns warteten. Wir konnten niemand benachrichtigen, denn auf dieser Insel gibt es kein Telefon. Am nächsten Morgen begleiteten uns zwei Frauen und drei Männer nach Negros. Wir brauchten etwa zweieinhalb Stunden mit unserem kleinen Motorboot. Die Wellen waren ziemlich hoch; aber durch das Geschick der Fischer wurden wir nicht einmal naß. Ich erinnere mich gern an Nildas Gastfreundschaft.

Romeo traf ich auf einem Wochende der Friedensgruppe Pax Christi Negros in Bacolod City. Bei diesem Seminar sollte eine Gruppe von Kleinbauern aus Candoni mit den Zielen von Pax Christi bekannt gemacht werden. Sie kamen aus den Bergen, wo sie sehr unter der Militarisierung zu leiden hatten. Einige von ihnen waren unter den Menschen, die vor einigen Jahren ihr Dorf zur "Friedenszone" erklärten, d.h. zu einem kleinen Gebiet, in welchem niemand Waffen besitzen oder bei sich tragen darf. Romeo, ein Mann zwischen 40 und 45 Jahren, sagte zu mir: "Pax Christi ist die richtige Organisation für uns. Mit ihren Zielen kann ich mich identifizieren. Denn ich glaube, daß wir in Negros nur Frieden schaffen können, wenn wir nicht mehr mit Waffen gegeneinander kämpfen. Wir müssen gewaltfreie Wege finden." Später erfuhr ich über Romeo, daß er eine Familie von zehn Kindern hat, daß er viele Jahre mit den Rebellen in den Bergen gekämpft hat; und daß er auch immer noch dieselben Ziele wie damals hat, jedoch zu der Überzeugung gekommen ist, daß sie mit gewaltfreien Mitteln erreicht werden müssen.

Deding begegnete ich auf demselben Seminar. Sie fiel mir auf, weil sie groß und kräftig gebaut, still und zurückhaltend war. Ihre großen Augen strahlten und machten sie sehr anziehend. Bei der Gruppenarbeit verhielt sie sich sehr ruhig, war jedoch am Ende diejenige, die das Gruppengespräch mit einem Plakat der gesamten Diskussion zusammenfaßte. Das hatte sie bestimmt nicht zum erstenmal getan. Ihr früherer Pfarrer erzählte mir, daß Deding Leiterin einer Basisgemeinde sei und daß sie dafür nicht nur gute Anlagen, sondern auch eine entsprechende Ausbildung erfahren hätte. Davor sei sie mit ihrem Mann drei Jahre lang "in den Bergen gewesen". Wegen ihrer drei Kinder sei sie ins Dorf zurückgekehrt. Ihr Mann jedoch führe immer noch das unruhige Leben eines Rebellen. Doch Deding war hier, um zu lernen, wie Frieden auf gewaltfreie Art nach Negros kommen kann.

Schließlich denke ich gern an Nanay Linda. Ab und zu besucht sie mich in meinem Büro. Sie ist eine kleine rundliche Frau, immer bereit, wenn wir sie um einen Gefallen bitten. Sie gehört zu den städtischen Armen und wohnt mit ihrer neunköpfigen Familie im Slumgebiet von Hua Ming, ungefähr 15 Minuten von uns entfernt. Vor einigen Monaten mußten die Slumbewohner endgültig weichen. Die Stadt Bacolod brauchte das Grundstück für einen anderen Zweck. Linda konnte in einem anderen Stadtteil zu einem für sie erschwinglichen Preis ein Grundstück erwerben. Inzwischen haben sie dort ein schönes großes Haus gebaut, das allen Kindern Platz bietet. Die Sozialarbeiterin staunte und wollte wissen, wie Nanay Linda das fertig gebracht hatte. Ich erkannte, daß sie nicht nur eine gemütliche und zum Lachen bereite Frau, sondern daß sie auch arbeitssam und sparsam war. Seit Jahren hatte sie jeden Monat für eine kleine Summe Nägel, Wellblech, Bauholz, Steine usw. gekauft, bis damit in diesem Jahr ein schönes eigenes Haus gebaut werden konnte.

Wenn ich über Negros nachdenke, sehe ich vor mir grüne Hügel und vor diesem Hintergrund die Gesichter der Menschen, durch die ich das Land kennen und lieben gelernt habe.

Tante Didings Haushalt

Von Jean-Paul Dumont

Tante Diding lebt in der Nähe des Ortes Lazi an der Küste Siquijors, einer Insel in Sichtweite von Dumaguete. Der Autor, ein amerikanischer Ethnologieprofessor, verbrachte in den 80er Jahren längere Zeit mit seiner Frau als Feldforscher auf dieser Insel und beschrieb einfühlsam und kenntnisreich das Leben dieser Witwe eines philippinischen Fischers und ihrer Familienangehörigen. Die Abhandlung ist mit freundlicher Genehmigung der Chicago University Press seinem Buch "Visayan Vignettes", Manila 1992, entnommen. Übersetzung: Rainer Neu

Obwohl sie vor etwa einem Jahr ihren Mann Pedro verloren hatte, hätte man nicht sagen können, daß Tante Diding untröstlich gewesen wäre. Sie hatte um ihn getrauert, wie es sich gehörte. Aber in vielen Gesprächen mit ihr gewann ich aus der Art und Weise, wie sie direkt oder indirekt ihr Verhältnis zu Pedro beschrieb, den Eindruck, daß ihre Beziehung schon seit langem nicht besonders eng gewesen war. Hatte es jemals so etwas wie Leidenschaft in dieser Ehe gegeben, die vor langer Zeit vereinbart worden war, als die jungen Leute noch eher durch die Übereinkunft ihrer Familien als durch ihre eigene Entscheidung verlobt und verheiratet wurden? Es wäre schwierig, darüber ein Urteil fällen zu wollen. Anstatt von Liebe zu sprechen, sollte man wohl besser sagen - wie sie es selbst tat - , daß sie einander geachtet hatten.

Es war in vielerlei Hinsicht offensichtlich, daß ihr der alte Mann zur Last gefallen war. Die Witwenschaft bekam ihr gut. Man konnte sogar sagen, daß sie neue Lebensfreude gewonnen hatte. Daher ihr Lachen. Nein, sie war nicht daran interessiert, noch einmal zu heiraten. Sie wollte es sich jetzt, wie sie es scherzhaft, aber nicht unzutreffend ausdrückte, noch einige Jahre gut gehen lassen.

Ihr verstorbener Gatte hatte ihr genügend hinterlassen, um sich diesen Wunsch erfüllen zu können. Sie besaß etwa drei Morgen Ackerland. Das war allerdings nicht besonders fruchtbar und so steinig, daß es schwer war, gerade Furchen zu ziehen. Bei jedem zweiten Schritt mußte sie den Pflug anheben, um einen Felsbrocken zu überwinden. Der rote eisenhaltige Erdboden war so arm, daß ein Großteil ihrer Maispflanzen und Erdnüsse - ihrer beiden Hauptanbauprodukte - jämmerlich einging. Gelegentlicher Nebel vom Meer (der dem Wachstum der Pflanzen wahrhaftig nicht förderlich ist) befeuchtete ihre Felder, die gleich am Strand lagen, nur allzu reichlich.

Ihren Kokosnußpalmen, etwa fünfzig Bäumen, erging es besser, und sie gediehen gut - nur, daß der Preis für Kopra (das getrocknete Kokosnußfleisch, eine leicht verderbliche Ware) in den vergangenen Jahren drastisch gesunken war. Dennoch bot die Tatsache, ein Kokosnußerzeuger zu sein, den Vorteil einer staatlichen Lebensversicherung. Sie hatte allerdings nur einen Teil von dem ausgezahlt bekommen, womit sie gerechnet hatte - gerade einige Hundert Mark.

Ihr Vermögen war bescheiden, besonders, weil - wie es der Brauch verlangte - das Meiste ein Jahr zuvor für die Beerdigungsfeier draufgegangen war. Und dennoch: sie hatte eine trächtige Kuh, die den Pflug zog, eine Sau mit einem Wurf Frischlinge und noch ein Schwein, das sie an die Pfeiler unserer benachbarten Hütte anband und das unser morgendliches Erwachen mit seinem Grunzen und unsere Nächte mit seinen Flöhen bereicherte.

Nicht zuletzt hatte sie von ihrem verstorbenen Gatten die geräumige und solide Unterkunft geerbt, worin sie und Pedro während ihrer ganzen Ehe gelebt hatten. Wie alle traditionellen Häuser in den Visayas auf Stelzen gebaut, stand das Haus am Strand unter wogenden Kokosnußpalmen in der Mitte einer zwanglosen Ansammlung locker miteinander verbundener Haushalte, der Siedlung Camingawan.

Unweit ihres Hauses besaß sie noch eine grasgedeckte Bambushütte, die ein Jahr zuvor als Unterkunft für einen Freiwilligen des amerikanischen Peace Corps errichtet worden war, der darin einige Monate gelebt hatte. Nach seiner Abreise war die Hütte in einen Schuppen für Angelzeug umgewandelt worden. Für die bescheidene Miete von 30 Mark im Monat mieteten wir sie für die Zeit unseres Aufenthaltes. Da der Boden nicht aus Dielen gezimmert worden war, sondern aus Bambusleisten, durch die die Luft zirkulierte, war die Hütte angenehm "klimatisiert", wie es einer unserer Nachbarn nannte. Von hier hatten wir einen großartigen Panoramablick auf die Insel Mindanao jenseits des Meeres, die Stadt Lazi auf der anderen Seite der Bucht, die Ansammlung der Häuser in unserer Nachbarschaft, die umgebenden Felder und den Strand, von wo Tag und Nacht Fischer kamen und gingen.

Durch ihre Ehe hatte Tante Diding, deren verheiratete Söhne in ihrer Nähe wohnten, in ihrer Gemeinde zudem den beneidenswerten Status einer reifen und einflußreichen Frau erworben, deren Wort im Ort respektiert wurde, besonders da sie eine scharfe Zunge hatte, die zu ihrem entschlossenen Auftreten paßte. Tante Diding, die Witwe, war also alles andere als mittellos, wenn sie auch nicht wohlhabend war. Um reich zu sein, hätte sie Ersparnisse und ein Einkommen haben müssen, an die im Leben eines philippinischen Landmanns gar nicht zu denken ist. Sie würde sagen, sie sei so arm wie jeder andere hier. Aber sie hatte stets genug, um sich ein Glas Palmwein oder ein Tabakblatt für ihre Pfeife zu gönnen.

Ihre Armut, so reell sie war im Vergleich zu uns oder zu den Bessergestellten in der benachbarten Stadt, war nicht auffallend im Vergleich zu der ihrer Nachbarn. Wenn sie sich beklagte, dann schien das immer zu der Art und Weise zu gehören, wie man sich mit Angehörigen einer höheren Schicht unterhält. Ihre Klagen waren, wie bei allen Nachbarn, diskrete und ganz indirekte Bittgesuche, die stets an uns herangetragen und doch nie beantwortet wurden. In Augenblicken persönlicher Offenheit, zum Beispiel wenn wir sie zu einer Tasse heißer Schokolade einluden, gestand sie uns, daß sie sich als "noch ganz in Ordnung" empfand.

Trotzdem gab es da etwas, das ihr durch den Verlust ihres Mannes verlorengegangen war. Sein Tod hatte ihren Haushalt verstümmelt; es fehlte ein Mann im Haus. Und in ihrem männerlosen Haushalt mangelte es an Fisch. Obwohl auch

Frauen auf Siquijor

Frauen den Strand nach Schalentieren und eßbaren Algen absuchen, ist der Fischfang (egal, ob mit der Angel, dem Netz oder der Harpune) eine reine Männersache. Frauen können mit einem Boot fahren, mit dem kleinsten Einbaum wie mit dem größten Schiff, aber Frauen dürfen beim Fischfang nicht dabei sein: sie würden dem ganzen Unternehmen nur Unglück bringen.

Folglich gab es in Tante Didings Haushalt keine regelmässige Versorgung mit frischem Fisch mehr, für die Pedro zu seinen Lebzeiten treu gesorgt hatte. Was die Versorgung mit tierischem Protein betraf, war sie jetzt auf die kulturell vorgeschriebene Großzügigkeit ihrer Fischersöhne angewiesen.

Als Tante Diding ihren Mann verlor, lebten ihre fünf Kinder noch. Sie hatte keine Fehlgeburt gehabt, und der Tod hatte keinen ihrer Nachkommen geholt. "Noch nicht", wie sie sich ausdrückte. Dann pflegte sie einen Moment innezuhalten und mit einem Lächeln fortzufahren: "Das ist ein Geschenk Gottes." Ich war mir nicht sicher, ob ich sie richtig verstanden hatte. "Was für ein Geschenk, Tante Diding?" "Daß meine fünf Kinder noch leben." Dann hatte sie an ihrer Pfeife gesogen, ausgespuckt, mich angeschaut und - zufrieden mit ihrer Pfiffigkeit - hinzugefügt: "Was denn sonst, J.P.?" - was eigentlich bedeutete: "Wie kannst du dich nur so dumm anstellen?" Worauf ich mich meines Vorrechts als Feldforscher besann und - bemüht, weitere Peinlichkeiten zu vermeiden - in einen höchst professionellen und neutralen Ton verfiel und einfältig wiederholte: "Klar,was sonst."

Wie der Leser wohl zu würdigen weiß, war die Zahl ihrer Kinder ziemlich klein, besonders in Camingawan, wo noch bis vor kurzem kein Mensch an Familienplanung gedacht hatte und wo die, die es eigentlich anging, keine Neigung zeigten, es zu praktizieren, sondem lachend darüber hinweggingen.

Alle Kinder der Witwe, drei Töchter und zwei Söhne, waren erwachsen. Ihre Söhne Oyo und Berto Dagatan waren nicht nur verheiratet, sondem jeder hatte Tante Diding bereits vier Enkelkinder geschenkt. Bertos fünftes Kind wurde während unseres Aufenthaltes in Camingawan geboren. Jeder von ihnen hatte seine eigene Familie und sein "Haus". Obwohl ihre recht bescheidene Bleibe eher einer Hütte als einem Haus ähnelte, war es nichtsdestoweniger ihr Heim. Außerdem lebten sie in unmittelbarer Nähe ihrer nächsten Verwandten, die sich in derselben Siedlung niedergelassen hatten. Der Tradition entsprechend lebten sie zwar nicht in ihrem Elternhaus, aber in der Siedlung ihrer Mutter und waren deren nächste Nachbarn.

Tante Diding war froh, daß ihre beiden Söhne dem Brauch gefolgt waren und sich nach der Heirat in ihrer Nähe angesiedelt hatten, während die Töchter zu den Familien ihrer Ehemänner gezogen waren. Das einzig Störende an diesen ansonsten glücklichen Umständen war, daß Oyo und Berto, dadurch, daß sie diesem Brauch folgten bzw. durch Sitte und Umstände zu folgen gezwungen waren, arme Fischer blieben und sich selbst der größeren wirtschaftlichen Möglichkeiten beraubten, die sie an der Nordküste Mindanaos hätten finden können.

Für die, die weder besonders unternehmungslustig noch mit irgendeinem Kapital gesegnet waren noch eine genügende Ausbildung hatten, bot Mindanao mehr den Anreiz als die Realität einer offenen Grenze zum Süden. Für Leute jedoch, die nichts als ihre eigene Arbeitskraft zu verkaufen hatten, klassische Proletarier also, gab es nicht viel zu verlieren bei diesem Versuch, auf einer weniger notleidenden Insel ihre Lebensverhältnisse zu verbessern. Kein Wunder, daß so viele junge Leute aus dem übervölkerten und völlig rohstofflosen Siquijor nach Mindanao auswanderten und versuchten, ihrer Armut zu entfliehen. Sie waren sich der wirtschaftlichen Risiken und der Gefahr an Leib und Leben durchaus bewußt bei diesem kollektiven Vordringen der Christen aus dem Flachland in islamisches Gebiet. Aber sie wollten es lieber auf diese Gefahren ankommen lassen als zu Hause zu verzweifeln. Manchmal genügte der Gedanke an eine Ortsveränderung oder die Ermunterung durch einen Freund oder Verwandten, die schon auf der südlichen Insel lebten, um ausreichend motiviert zu sein. Aber weder Oyo noch Berto waren wirtschaftlich in so aussichtsloser Lage, noch hatte sie die Erzählung eines erfolgreichen Auswanderers hinreichend begeistern können. Ihr Unternehmungsgeist war begrenzt, und ihre Ausbildung war so bescheiden, daß sie kaum die richtigen Kandidaten waren, ihre Insel zu verlassen. In vieler Hinsicht waren die beiden Brüder Traditionalisten: konservativ in ihrem Lebensstil und anhänglich an Lapyahan, den Ortsteil ihrer Geburt.

Tante Didings ältestes Kind, ihre Tochter Graciana, hatte offenbar eine andere Art von Mann geheiratet. Angel Duhaylungsod, den ich nie traf während unseres Aufenthaltes in Camingawan, hatte sie mit an die Nordküste von Mindanao genommen, in die Nachbarschaft von Iligan. Dort ging er wahrscheinlich ohne größeren Erfolg als auf der Insel Siquijor auf Fischfang, aber er war in der Lage, sein Einkommen mit verschiedenen Gelegenheitsjobs aufzubessern. Graciana folgte ihrem Mann nach Mindanao, wie es als Frau von ihr erwartet wurde. Aber ohne Freunde und Verwandte, fern von allem, was ihr vertraut und lieb war, hätte sie sich alleingelassen gefühlt - als Opfer einer Situation, die ganz untragbar erscheint in einer Kultur, in der größter Wert auf Geselligkeit gelegt wird. Aus diesem Grund überzeugte sie eine ihrer jüngeren Schwestern, Marilyn, mit ihr nach Mindanao zu gehen.

Sie brauchte sie nicht lange zu überreden: für Marilyn, die noch nicht verheiratet war und sich zu Hause nach dem Märchenprinzen sehnte, von dem sie auch nur höchst indirekt eine Vorstellung hatte durch die täglichen Liebesgeschichten, die im Radio ausgestrahlt wurden, war dies eine günstige Gelegenheit, von der Insel Siquijor fortzukommen und auszukundschaften, was ihr die Welt draußen zu bieten hatte im Blick auf einen zukünftigen Ehegatten und ein mögliches Einkommen. Als ich sie bei einem ihrer jährlichen Besuche zu Hause kennlernte, hielt sie noch immer nach beiden Ausschau. Für die unmittelbare Gegenwart hatte sie eine gewisse häusliche Sicherheit durch eine Anstellung als "Helferin" gefunden. Arbeitgeber wie auch Angestellte verwenden gerne diesen umschreibenden Begriff, womit Mägde und Hausmädchen bezeichnet werden. Da sie Unterkunft und Essen frei haben, schaffen es Frauen in ihrer Position manchmal, genügend Geld zu sparen, um etwas nach Hause zu schicken und gelegentlich heimzufahren, bei einem Gehalt, das oft nur zwischen 30 und 40 DM liegt. Soviel wie ich wußte, sandte Marilyn zwar kein Geld nach Hause, zumindest nicht zu Tante Diding, aber sie kam ein- oder zweimal im Jahr zu Stippvisiten nach Lapyahan.

So wäre es allmählich einsam um Tante Diding geworden, wenn da nicht noch Virgie gewesen wäre. Virgie Dagatan war das jüngste von den Kindern der Witwe. Wie ihre Schwester Marilyn war sie eine dalaga. So bezeichnet man junge Frauen, die keine Kinder mehr sind, da sie schon das Pubertätsalter erreicht haben. Sie bleiben eine dalaga, bis sie verheiratet sind. Mit ihren achtzehn Jahren war Virgie weder zu jung noch zu alt, sondern gerade im idealen Heiratsalter. Attraktiv und temperamentvoll, voller Energie und engagiert bei allen möglichen öffentlichen und kirchlichen Veranstaltungen - Tanz, Basketball, Andachten - war sie fürwahr gesellig und aus diesem Grunde beliebt unter den heiratsfähigen Männern ihres Alters. Aber sie hatte mit dem Heiraten keine Eile. Für ihre Mutter war es auf jeden Fall ein Segen, daß sie jetzt noch unverheiratet war, denn sonst wäre sie schon von ihrer Mutter fortgezogen und würde bei ihren Schwiegerverwandten wohnen.

Vielleicht war auch sie einmal versucht gewesen, ihren Schwestern nachzueifern und in Mindanao nach einer besseren Zukunft Ausschau zu halten. Doch ihr Vater starb genau in der Zeit, als sie sich mit dem Gedanken getragen haben mochte, solch einen Schritt zu wagen. Ohne daß Tante Diding oder eines der anderen Kinder auch nur ein Wort zu sagen gebraucht hätten, war sie durch ihre Kultur verpflichtet, ihre Mutter nicht zu verlassen. Es wäre für sie in einer Gesellschaft, wo allein zu sein fast als sozialer Makel angesehen wird, in der Tat ganz undenkbar gewesen, ihre Mutter alleinzulassen. Außerdem erforderte ein striktes Senioritätsprinzip, daß Jüngere ihren älteren Verwandten Respekt erweisen. Virgie konnte also nicht einfach aus eigenem Antrieb nach Mindanao ziehen, wenn sie nicht gegen das innere Wesen ihrer Kultur verstoßen wollte.

Bevor an eine Abreise auch nur zu denken gewesen wäre, hätte sie nicht nur die ausdrückliche Zustimmung ihrer Mutter gebraucht, sondern auch die ihrer älteren Geschwister. Aus einer ganzen Reihe von Gründen also - teilweise aus eigenem Pflichtbewußtsein, teilweise wohl wissend, daß das Begehren fortzuziehen von ihren älteren Verwandten zu diesem Zeitpunkt nicht genehmigt worden wäre, aber auch aus Anhänglichkeit an ihre Mutter und wegen ihrer Beliebtheit in der Siedlung- behauptete sie, daß ihr der Sinn nicht danach stünde, von zu Hause fortzugehen. Damit war sie nicht nur die ideale Gesellschafterin für ihre Mutter, sondern sie konnte auch anstrengende Arbeiten wie Pflügen, Wasserholen oder das Sammeln von Schalentieren bei Ebbe ausführen oder sich zumindest daran beteiligen, Arbeiten, die Tante Diding schnell ermüdeten. Virgies Gegenwart war schön und gut, und doch: es fehlte ein Mann im Haus von Tante Diding.

Diese Stelle nahm derweil Soy ein, ein Enkel von Tante Diding, der Sohn von Graciana und Angel Duhaylungsod aus Mindanao. Er sollte einen Schulabschluß machen, und es war am einfachsten für ihn, in Lazi zur Schule zu gehen und jeden Abend zu Tante Diding heimzukehren. Aber der eigentliche Grund, daß er bei Tante Diding wohnte, war doch Pedros Tod. Weil Graciana von zu Hause fortgezogen war, fühlte sie sich verpflichtet, ihren ältesten Sohn zu ihrer Mutter zu schicken. Wenn er auch noch nicht ganz erwachsen war, so war er es doch schon fast. Die offensicht-

liche Absicht dieser Übereinkunft war, daß er sich mehr oder weniger permanent in Camingawan niederlassen sollte, und - da er in seinen Jünglingsjahren von Tante Diding aufgezogen worden war - sie später dauerhaft versorgen sollte.

Und schließlich gab es noch jemanden, der in Tante Didings Haushalt aufwuchs: Trina, ein kleines, sechs Jahre altes Mädchen. Ich hatte große Schwierigkeiten, mich mit ihr zu unterhalten. Sobald ich auch nur versuchte, sie anzusprechen, zog sie sich zurück und verschwand im Inneren des Hauses. Selbst als sie sich mit der Zeit an meine Gegenwart gewöhnt hatte, galt es für sie als kleines Mädchen weiterhin als angemessenes Verhalten, öffentlich zur Schau zu stellen, wie scheu sie war, und jeglichen Kontakt zu einem älteren Mann zu vermeiden, der nicht zu ihrer unmittelbaren Familie gehörte. Ich fand diese Vermeidungshaltung ärgerlich; aber das Kind war natürlich so erzogen worden. In meiner Gegenwart wiesen sowohl Virgie wie Tante Diding Trina höflich und demonstrativ an, sich nicht vor mir zu fürchten. Gleichzeitig billigten und unterstützten sie jedoch, daß Trina ihre Scheu zur Schau stellte, das heißt, auf Distanz ging und jeglichen Kontakt vermied.

Trina war Tante Didings Enkelkind, das zweite Kind ihres Sohnes Berto, und somit eine Nichte Virgies. In der Anfangszeit verstand ich nicht richtig die Beziehung zwischen Tante Diding und Trina. Da die Hütte ihrer Eltern gleich in der Nachbarschaft stand, keine hundert Meter entfernt, glaubte ich, sie sei nur auf Besuch. Erst als mir auffiel, daß sie auch über Nacht bei Tante Diding blieb, wunderte ich mich, warum. Tante Diding versuchte, es mir so zu erklären: "Sie ist zwar nicht adoptiert worden, aber sie gehört zu uns." Tante Diding war sichtbar vergnügt über ihre gelungene Ausdrucksweise. Sie wiederholte diesen Satz so lange, bis ich ihn in meinem Notizbuch festhielt. Ich verstand jedoch nicht, was sie damit sagen wollte. Glücklicherweise erklärte mir Virgie das Rätsel: "Trina wird von Tante Diding großgezogen, genau wie Soy. Sie ist gewissermaßen ihr Pflegekind."

Es ist in den Philippinen nichts Ungewöhnliches, daß Eltern ein Kind bei einem älteren Verwandten oder bei einem kinderlosen Ehepaar wohnen lassen, dem es Gesellschaft leistet. Solche Pflegevereinbarungen zwischen Haushalten mit einer Überzahl an Kindern und solchen ohne Nachkommen oder solchen, die sich durch einen Todesfall aufzulösen drohen, gelten für beide Seiten als vorteilhaft. Das Überlassen eines Kindes an einen Haushalt hat den Nutzen, eine Familie zu erhalten, die sich aufzulösen droht. Es hat zudem den emotionalen Effekt, daß die Beziehungen zwischen den betreffenden Haushalten gestärkt werden, wenn auch die eigentliche Person - ein Kind oder ein Heranwachsender - bei der ganzen Angelegenheit nichts zu sagen hat, weil sie entweder noch zu jung ist oder weil eine Entscheidung, die von älteren Verwandten getroffen wird, nicht hinterfragt werden kann.

Virgie spielte für Trina die Rolle der Mutter, die ihr all die Sachen beibrachte, die sie in ihrer Kultur kennen mußte. Zwischen Trina und den Mitgliedern der Gastfamilie hatte sich eine herzliche Beziehung entwickelt. Außerdem sorgte sie für eine lebhafte Verbindung zwischen ihrer Pflegefamilie und dem Haushalt ihrer Eltern. Sie übermittelte nicht nur Botschaften, sondern sie wurde auch oft als Bote geschickt, um Haushaltsgegenstände auszuleihen, wie z.B. eine Angelleine, ein Stück Seife, Trockenfisch oder eine Tasse Mehl, oder sie überbrachte Geschenke, wie z.B. einen Fisch, ein paar Bananen oder Erdnüsse.

Vielleicht bestand die wichtigste Rolle, die Trina in diesem Spiel innehatte, darin, unter der Anleitung dieser beiden älteren Verwandten ihre Rolle als Frau zu erlernen. Natürlich spielte sie mit Kindern ihres Alters, einschließlich ihrer eigenen Geschwister. Aber sie betete mit Virgie und Tante Diding, und ihre intensivsten Spiele waren Kochen, Bügeln, Waschen und Saubermachen mit Virgie. Und deshalb war es allen klar, daß sie erzogen wurde, eines Tages Virgie zu ersetzen, wenn diese aus Lapyahan fortziehen würde, weg von Lazi, vielleicht sogar weg von Siquijor, weit übers Meer irgendwo nach Mindanao - eine Vorstellung, an die Tante Diding nur schweigend und mit Schaudern denken konnte.

Citos Hoffnung

"Weißt du, was bleibt mir in meiner Lage anderes übrig als zu beten und zu glauben? Aber mein Gott ist eigen. Ich glaube an den Gott der Natur, der die Galaxien geschaffen hat und die Planeten lenkt. Ich habe so viele Fragen im Herzen und keinen, mit dem ich darüber sprechen kann. Die anderen Jungs lachen mich aus, wenn ich etwas davon erwähne. Sie kennen nur das Trinken und Marijuanarauchen. Wenn ich dann Ananasblätter kaufe, um die Fasern zu verweben, sehe ich schon an ihren Mienen, was sie über mich denken. Ich versuche, mir nichts daraus zu machen. Weißt du, ich denke nach. Erst kommt 'eins'....". Cito zeigt seinen Daumen und setzt zum Zählen an. "Dann kommt 'zwei'....". Er streckt einen weiteren Finger. "Nimmt man aber die Eins weg", er senkt den Daumen, "dann ist die Zwei keine Zwei mehr. Sie wird zur Eins. So hängt alles zusammen."

Cito ist mit anderen jungen Männern vorgestern abend wieder von der Polizei gefaßt worden. Seine ehemaligen Kollegen waren unter dem Vorwand, Eis kaufen zu wollen, in sein Haus gekommen. Sie hatten Bier und Marijuana mitgebracht.

"Sie können mich nicht in Ruhe lassen. Sie wissen doch, daß ich nur zur Bewährung frei bin. Wie oft habe ich mich von meiner Mutter verleugnen lassen: 'Sag ihnen, daß ich schlafe'."

An jenem Abend war er vom Weben nach Hause gekommen und hatte für seine todkranke Mutter gekocht. Als er sich niedergelassen hatte, um Gitarre zu spielen, drängten die Kollegen ins Haus, und gleich darauf kam die Polizei. Sie machten gerade in der Gegend eine Razzia. Drei der jungen Leute entkamen. Cito wurde mit zwei anderen mit Handschellen abgeführt und verbrachte die Nacht mit acht Männern in einer winzigen Zelle. Morgens wurde die Nachricht von ihrer Festnahme im Lokalfunk verbreitet. Cito war bereits im Jahre 1991 wegen Drogenkonsums inhaftiert und ins Staatsgefängnis Muntinlupa bei Manila gebracht worden.

Wir fuhren ins Gefängnis von Dumaguete und unterhielten uns mit dem Untersuchungsinspektor. "Wenn man ihn damals wegen der Pflanzen im Blumentopf angeklagt hätte, hätte er lebenslänglich bekommen können. Seit Januar 1994 steht auf Drogenhandel sogar Todesstrafe. Er ist nur zur Bewährung frei. Wenn bewiesen werden kann, daß er Drogen nimmt, droht ihm Haft - lebenslänglich. Ich weiß, in einigen amerikanischen Staaten ist Marijuana erlaubt. Ihr unterschätzt aber die Gefahr. Es gibt allein auf Negros drei neuere Fälle, wo Süchtige im Drogenrausch ihre eigene Mutter umgebracht haben. Wo ihr da wohnt, ist ein Nest. Da stehen die Hütten dicht an dicht, und die Leute haben keine Arbeit."

Cito

Wir zeigen dem Drogeninspektor ein gerade erst veröffentlichtes Kalenderbild, das Cito beim Weben von Ananasfasern zeigt. Es ist ein eindrückliches Foto. Citos Augen glänzen. So hat er sich selbst noch nicht gesehen. Er arbeitet mit Begeisterung bei der Kooperative mit. "Weißt du, unser Ananasfaserprojekt ist ein gutes Projekt, weil wir alle zusammenarbeiten müssen. Ich könnte nicht weben, wenn nicht andere die Blätter schaben würden, um Fasern zu gewinnen, und wieder andere die Fasern zusammenknoten würden. Und dann die Pflanzen! Gott hat uns die Pflanzen gegeben, damit wir ein Einkommen haben."

So entschlüsselt Cito für den Inspektor die Zusammenhänge. Das Projekt wirkt gemeinschaftsfördend. Fleißig hat er die Fasergewinnung erlernt. Die Fasern sind ein herrliches seidenähnliches Material und werden durch einfaches Schaben der Ananasblätter gewonnen. Cito bewies Fleiß und Ausdauer, als er endlich in seinem Leben etwas lernen durfte. In kürzester Zeit wurde er zu unserem besten Weber, entwickelte eine starke Persönlichkeit und ausgesprochene Führungskraft. Seit Beginn des Webtrainings war er täglich regelmäßig erschienen und hatte sogar selbst die Leitung übernommen. Uns war daran gelegen, ihn so schnell wie möglich aus der Untersuchungshaft herauszubekommen. "Das ist die beste Rehabilitation, falls er eine braucht", überlegte der Inspektor. "Ich merke die Veränderung, die in ihm vorgegangen ist. Er ist ein guter Junge." Cito durfte von der Zelle in das Büro des Inspektors umziehen und knotete dort Fasern, bis er nach drei Wochen frei kam.

Cito war erleichtert. Er steckte voller Kreativität. In seinem Garten zeigte er mir eine Sammlung Bonzai-Bäumchen, die er selbst gezüchtet hatte. Wo er wohl diese japanische Kunst erlernt hatte? "Weißt du, ich hatte nie ein Vorbild, wie man zu Hause leben kann. Mein Vater war ständig besoffen und prügelte uns. Meine Mutter flüchtete sich in rührselige Radiohörspiele und drehte den Apparat überlaut auf. Ich sagte ihr immer, sie nicht vor meiner kleinen Schwester zu hören, aber sie verstand nicht den schlechten Einfluß, die solche Sendungen auf das Kind haben können. Weißt du, meine Geschwister... wir sind sechs. Meine Schwester arbeitete als Prostituierte, als sie einen Schweden kennenlernte. Der hat sie geheiratet und mit nach Schweden genommen. Mein Schwager hat mich dann dorthin eingeladen, aber eine Woche nach meiner Ankunft wurden sie geschieden. Ich wollte meine Schwester schützen. Immerhin bekam sie vom Staat eine Stelle. Ich habe beobachtet, daß die Leute in Schweden nicht einfach nur herumlungern. Das gibt es dort nicht. Ich habe aus Muscheln Lampen hergestellt. Aber ich hatte nur ein Touristenvisum. Als dann das Flugzeug über Manila zur Landung ansetzte und ich die armseligen, kaputten Dächer sah, da überfiel mich eine Art Hoffnungslosigkeit ....".

Nachdenklich erörterte Cito nun, was es eigentlich ist, das seine Kumpels an seiner neuen Begeisterung nicht verstehen. "Weißt du, wenn ich frühmorgens zu weben anfange und zum erstenmal das Schiffchen schiebe, schießt es nur bis zur Hälfte durch, und ich muß sehen, wie ich es wiedererlange. Dann, etwa beim fünften Mal, geht es ganz geschmeidig hin und her. Dann läuft alles wie ein geheimes Uhrwerk - ähnlich den Galaxien und Planeten. Die Harmonie des Universums kehrt in mich ein. Das ist es, was mich so erfüllt. Und das ist es, was die anderen nicht nachvollziehen können."

Die Philippinen unter Ramos

Der ehemalige Marcos-General Fidel V. Ramos, der in jenen bewegten Wochen des Februars 1986 auf die Seite der Demonstranten überwechselte, sich den rebellierenden Truppen in der Hauptstadt anschloß und damit den Sturz der Marcos-Diktatur bewirkte, rettete auch Präsidentin Corazon "Cory" Aquino während ihrer sechsjährigen Amtszeit (1986-1992) über sechs Umsturzversuche und einen regionalen Aufstand hinweg. Der einstige Chef der kasemierten Bundespolizei war damit zum anerkannten Verteidiger der Demokratie geworden. Er schloß sich zunächst der führenden Partei "Laban ng Demokratikong Pilipino" (LDP = "Kampf des demokratischen Filipino") an. Als er bei der parteiinternen Nominierung eines Präsidentschaftskandidaten scheiterte, gründete er im Januar 1992 seine eigene Partei "Lakas EDSA" ("Macht des EDSA", EDSA = Schauplatz des Sturzes des Marcos-Regimes). Wenige Monate später wurde er mit 23,58 Prozent der Stimmen zum Präsidenten der Philippinen gewählt. Obwohl sich Ramos massiven sozialen und wirtschaftlichen Problemen gegenübersieht, steht jetzt ein Präsident an der Spitze des Landes, dem auch seine Kritiker Aufrichtigkeit, Planungsvermögen und Durchsetzungswillen bescheinigen müssen. Manchen Beobachtern scheint es, als wenn der demokratische Wiederaufbau der Philippinen erst jetzt begonnen hätte.

Marcos' Leichnam in die Philippinen überführt

Siebeneinhalb Jahre nach der Vertreibung des Diktators ins Exil nach Hawaii und vier Jahre nach seinem Tod in Honolulu ist die Leiche von Ferdinand Marcos in die Philippinen überführt worden. Nach Trauerfeierlichkeiten in Honolulu und Guam mit philippinischen Auswanderern landete ein von seiner Familie und Getreuen gechartertes Flugzeug am 7. September 1993 in Laoag (Ilocos Norte) und beendete damit zumindest vorläufig ein jahrelanges politisches Tauziehen. Corazon Aquino, die Marcos nach dessen Sturz im Februar 1986 als Präsidentin folgte, hatte die Überführung des Leichnams "aus Sicherheitsgründen" strikt abgelehnt. Der jetzige Präsident Ramos, der Marcos als Polizeichef diente, genehmigte zwar die Überführung des Leichnams, schloß jedoch eine Landung der Maschine in Manila aus, um politische Unruhen in der Hauptstadt zu vermeiden. Einen Antrag auf ein Staatsbegräbnis wies Ramos entschieden zurück.

Die Regierung befürchtete allerdings, die Marcos-Familie könne trotz Verbots versuchen, in Manila zu landen oder nach einer Landung in Laoag mit der Leiche von Ort zu Ort zu ziehen, um frühere Anhänger zu mobilisieren und einen Umsturzversuch vorzubereiten. Eine Militärmaschine beschattete deshalb die Chartermaschine mit der Marcos-Leiche, sobald sie philippinisches Territorium erreicht hatte, um ihre Landung in Laoag zu gewährleisten. Doch selbst für die Provinzhauptstadt Laoag im fernen Norden der Philippinen erwartete die ehemalige "First Lady" den Aufmarsch einer Million Anhänger. Schließlich galt die Provinz Ilocos Norte in Marcos' Regierungsjahren politisch als der "solide Norden" oder kurz als "Marcos-Land". Imeldas Träume zerplatzten indes wie Seifenblasen. Nur einige Tausend Anhänger und Schaulustige hatten sich am Flughafen versammelt, um mitzuerleben, wie der schwarzlackierte Sarg aus der Boeing 727 entladen und von 16 Generälen im Ruhestand auf eine Tribüne getragen wurde, wo er von der weinenden Witwe geküßt wurde. Es folgte ein Kulturprogramm mit philippinischer Folklore, und schließlich wurde der Sarg auf einer Kutsche zur katholischen Kathedrale von Laoag gefahren. Die Menge der Schaulustigen zerstreute sich bald unter den Güssen eines starken Taifunregens und ließ erkennen, wie sehr die Schar der letzten Marcos-Anhänger geschrumpft ist. Nach dem politischen Trubel der Marcos-Zeit haben sich die Bürger von Laoag inzwischen verläßlicheren Tätigkeiten zugewandt. Es machen sich inzwischen Anzeichen eines unternehmerischen Geistes und eines beginnenden Wohlstandes bemerkbar, besonders seitdem Chartermaschinen große Gruppen taiwanesischer Touristen in das Luxushotel "Fort Ilocandia" bringen. Selbst die Parade von Laoag über die Landstraße zu Marcos' Elternhaus in Batac, an der den Organisatoren die Teilnahme von allein zehntausend Fackelträgern vorschwebte und die zu einer Art Triumphzug werden sollte, mußte abgeblasen werden.

Zudem ging in der Öffentlichkeit das Gerücht um, der Sarg enthielte gar nicht Marcos' Leiche, sondern eine Wachsfigur. Es wurde bezweifelt, daß der einbalsamierte Leichnam, der seit vier Jahren in einer luftgekühlten Krypta auf dem Friedhof "Tal der Tempel" in Honolulu aufbewahrt wurde, den Transport in die Philippinen unbeschadet überstanden haben könne. Zudem hatten Bilder aus Hawaii eine aufgedunsene Leiche gezeigt, während in den Philippinen ein frisch aufgeputzter Toter erschien, den ein Reporter als einen Mann beschrieb, der bei seinem Tod in seinen frühen 40ern und völlig gesund gewesen sein mußte.

Inzwischen liegt die Leiche oder zumindest deren Ebenbild in einem Glassarg in einem Mausoleum auf dem Grundstück der ehemaligen Marcos-Familienresidenz in Batac aufgebahrt, eben dort, wo wir manchen unserer Besucher die eingefrorene Leiche seiner im Mai 1988 verstorbenen Mutter Doña Josefa gezeigt haben. In Batac hat sich in den vergangenen Jahren eine katholische Sekte gebildet, "Alpha Omega", die Marcos als "Gott" und "König der Könige" verehrt und weissagte, mit seiner Rückkehr würde sich ein Wunder ereignen und die Philippinen würden zum Ausgangspunkt des "Neuen Jerusalems" werden. Doch Glanz und Spektakel der Heimkehr hielten nur wenige Tage an. Imelda Marcos, eine ehemalige Schönheitskönigin aus ärmlichen Verhältnissen mit dem Hang zur Extravaganz, hatte ihren Auftritt mit gewohnter Perfektion vorbereitet. Als die erwarteten Massen ausblieben, erklärte sie den Reportern gerührt, sie täte dies doch nur "aus Liebe, nicht der Show wegen".

Obwohl es sich eine Reihe ranghoher philippinischer Politiker, unter ihnen auch Vizepräsident Joseph Estrada, nicht nehmen ließ, an den Feierlichkeiten teilzunehmen, hielten sich andere deutlich auf Distanz. Präsident Ramos, ein Vetter zweiten Grades des Toten, sandte seine Schwester nach Laoag, die derzeitige Senatspräsidentin Shahani.

Die Reaktion der großen Mehrheit der Bevölkerung hat deutlich gemacht, daß sie die Marcos-Ära hinter sich lassen will. Schon bei ihrer Präsidentschaftskandidatur im Jahre 1992 hatte Imelda Marcos eine empfindliche Niederlage hinnehmen müssen, wenn es auch ihrem Sohn Ferdinand Jr. gelang, einen Sitz im Kongreß zu erlangen. Hier repräsentiert er die Provinz Ilocos Norte, die schon immer eine Marcos-Hochburg war. In den anderen Provinzen, besonders auch in der Hauptstadt Manila, dürfte Marcos' Heimkehr eher alte Wunden aufgerissen haben. Die Mehrzahl der Filipinos ist sich heute bewußt, daß die zwanzig Jahre der Marcos-Herrschaft das Land in eine tiefe politische und wirtschaftliche Krise gestürzt haben. Acht Jahre lang regierte Marcos durch Kriegsrecht, ließ Tausende politischer Gegner verhaften und viele foltern und töten. Etliche bürgerliche Rechte wurden aufgehoben und Marcos mißliebige Institutionen geschlossen, unter ihnen vorübergehend unsere Silliman Universität in Dumaguete. Man nimmt an, daß Marcos Milliarden Dollars in die eigenen Taschen fließen ließ, die bis heute auf ausländischen Konten ruhen und deren Wiedergewinnung genügen würde, sämtliche Auslandsschulden der Philippinen zu bezahlen. Ein Gerichtshof in Honolulu, USA, hat entschieden, daß 1,2 Milliarden US Dollar an die etwa 10.000 Opfer von Menschenrechtsverletzungen in den Philippinen zur Zeit des Kriegsrechts gezahlt werden sollen.

Nun ruht der ehemalige Diktator also in Batac, ganz in der Nähe der nach seinem Vater benannten Mariano Marcos Staatsuniversität, und gilt, so Bürgermeister Nalupta, als der Stadt "größte Touristenattraktion". Bislang erinnerten in Batac nur zwei wenig ansehnliche Denkmäler an die berühmten Söhne dieser Stadt: an den Priester Gregor Aglipay, der in Auflehnung gegen den spanischen Klerus die Unabhängige Philippinische Kirche (Iglesia Filipina Independiente) begründete, und an den General Artemio Ricarte, der im Jahre 1898 im Revolutionskrieg gegen die Amerikaner die Filipinos aufrief, "sich gegen die Vereinigten Staaten zu erheben", der die revolutionäre philippinische Armee befehligte und nach dem Krieg 28 Jahre lang bis zu seinem Tod im Exil in Japan lebte. Heute steht Einheimischen und Touristen ein kostenloser Besuch im Mausoleum des Ferdinand Marcos offen.

Allerdings soll dies keineswegs Marcos' endgültige Ruhestätte sein. Denn auch in Batac wurde der Leichnam ja nicht beigesetzt, sondern er wird vorübergehend in einem gekühlten Sarg aufbewahrt. Imelda und Sohn Bongbong haben ihre eigenen Pläne mit der Leiche und möchten ihre Show noch einige Jahre fortsetzen. Bongbong (= Ferdinand Marcos jr.) wurde 1992 bereits zum Kongreßabgeordneten gewählt und soll davon träumen, zum Senator aufzusteigen. Währenddessen stricken sie unverdrossen an ihrer Legendenbildung fort, daß "ein großer Führer einer dunklen Verschwörung zum Opfer gefallen" sei und sein guter Ruf wiederhergestellt werden müsse. Dazu gehöre es, daß der Verstorbene nach Manila überführt werde, um dort eine angemessene Grabstelle zu finden - auf dem Heldenfriedhof.

Aus für Manilas Rotlichtviertel

Am 1. Juli 1993 gingen in den einschlägigen Lokalen in Manilas Rotlichtviertel Ermita die letzten Lichter aus. Bürgermeister Alfredo Lim, ein früherer Polizeigeneral, der in Manilas Armenviertel Tondo aufwuchs und nationalen Ruhm erwarb, als er im Jahre 1987 mit einer Gruppe Polizisten mit der Waffe in der Hand die Aquino-Regierung vor putschenden Militärs verteidigte, erklärte vor der Presse: "Heute versetzen wir der Prostitution in Ermita den letzten Schlag." Auf seine Anordnung hin führte die Polizei eine Großrazzia im berühmt-berüchtigten Vergnügungsviertel in der Nähe der Manila Bay durch, wo sich in der Vergangenheit allabendlich Touristen, Seeleute, ausländische und philippinische Geschäftsleute zu Tausenden einfanden.

Schon in den Monaten zuvor hatten Sextouristen in Manila eine Überraschung erlebt. Leichtgeschürzte Mädchen waren von den Straßen Ermitas verschwunden, und manche Lokale, von denen reiseerfahrene Arbeitskollegen in der Heimat schwärmerisch berichtet hatten, waren mit Balken vernagelt. Auf Brettern und Eingangstüren prangten in roten Lettern die Worte: "Geschlossen auf Befehl des Bürgermeisters." Manch ein Freier geriet zudem in eine der allnächtlichen Polizeirazzien und mußte sich erklären lassen, daß Prostitution in den Philippinen illegal ist.

Damit löste Lim sein Versprechen ein, das er der Bevölkerung bei seinem Amtsantritt im Juni 1992 gegeben hatte: Manilas Sündenbabel würde in ein Zentrum des gehobenen Tourismus verwandelt werden, und der ehemalige Glanz Ermitas, das vor den Bombenteppichen des 2. Weltkrieges das vornehmste Viertel Manilas war, würde wiederhergestellt werden.

Über 300 Nachtclubs, Discos und Bars wurden auf Anordnung des Bürgermeisters geschlossen. Den übrigen Amüsierbetrieben wurde eine Frist von 90 Tagen eingeräumt, ihre Pforten freiwillig zu schließen. Den Rest erledigten Polizisten und Handwerker in der Nacht zum 1. Juli. In einem alten Bus fuhren sie durch Ermita und vernagelten die letzten Bumslokale. Darunter befinden sich auch harmlos wirkende Imbißbuden, die Prostituierten und Freiern, Teenagern und Pädophilen als Kontaktlokale dienten.

Lim gibt sich mit der Schließung solcher Honkytonk-Schuppen nicht zufrieden. Er hat ein Gesetz durchgesetzt, mit dem außer den Prostituierten auch Ladeninhaber, Zuhälter und Kunden bestraft werden können. Dieser Erlaß erfreut sich großer Zustimmung in Frauengruppen, die seit langem fordern, die einseitige Kriminalisierung der betroffenen Frauen aufzuheben.

Verschiedene Barbesitzer gingen vor Gericht, um Lims Verfügung juristisch anzufechten. Doch nur vier Tage nach dem endgültigen "Aus" entschied der zuständige Gerichtshof bereits, daß Manilas Stadtrat rechtens gehandelt habe. Dem Einspruch der Barbesitzer, die Anordnung sei "nicht verfassungsgemäß", wurde nicht stattgegeben. Der Richter erklärte, entsprechend den philippinischen Gesetzen gehöre zu den Aufgaben eines Stadtrats auch "die Förderung der öffentlichen Moral".

Lims entschlossenes Vorgehen sollte allerdings nicht allzu 'moralisch' beurteilt werden. Tatsächlich betrifft seine Säuberungsaktion nämlich nur Ermita, und sein Hauptinteresse dürfte darin bestehen, diesen Stadtteil möglichst rasch für die geplante Sanierung freizubekommen, um den alten Charakter Ermitas aus glanzvolleren Zeiten wiederherzustellen. Jedem Barbesitzer steht es frei, sich nach einem geeigneten Lokal in einem anderen Viertel umzusehen. Eine Frau, die angab, als Sekretärin in einem der geschlossenen Clubs gearbeitet zu haben, berichtete: "Als unser Betrieb dicht gemacht wurde, wurden 300 Leute arbeitslos. Das sind auch menschliche Wesen, die essen müssen." Und so bemühen sich jetzt Tausende von Gaststätteninhabern, Prostituierten, Zuhältern und Angestellten, ihr Gewerbe an einem anderen Ort innerhalb oder außerhalb Manilas fortzusetzen. Olongapo, dem nach dem Abzug der amerikanischen Basen der Untergang prophezeit worden war, befindet sich schon wieder im Aufwind. Und die Straßen Ermitas werden in den Nachtstunden weiterhin von einer großen Zahl "Freischaffender" bevölkert.

Doch manch ein Sextourist steht jetzt in Manila erst einmal vor verschlossenen Türen. Einer von zwei grauhaarigen Deutschen, die während der letzten Razzia an einer Theke in Ermita Bier tranken, bemerkte verärgert zu einem Reporter: "Mich können sie als Extouristen betrachten. Mich hält hier nichts mehr. Ich bin heute angekommen und werde schon morgen wieder abreisen."

Todesstrafe wiedereingeführt

Fast sieben Jahre nach ihrer Abschaffung ist die Todesstrafe in den Philippinen wiedereingeführt worden. Am 21. Dezember 1993 unterzeichnete Präsident Ramos ein Gesetz, für das er sich bereits vor seiner Wahl ausgesprochen hatte. In den Wochen zuvor hatten das Repräsentantenhaus und der Senat den Gesetzentwurf bestätigt. Von nun an können dreizehn Verbrechensarten mit dem Tod bestraft werden.

Die Wiedereinführung der Todesstrafe findet in weiten Kreisen der Öffentlichkeit Zustimmung, nachdem in den letzten Jahren fürchterliche Verbrechen das Land erschüttert haben und das Ausmaß der organisierten Kriminalität in den Philippinen erkennbar wurde.

Ein Jahr nach dem Sturz der Marcos-Regierung war die Todestrafe im Zuge der Verfassungsreform von 1987 abgeschafft worden, um die Rechtsprechung in den Philippinen westlichen Vorstellungen anzupassen. Es stellte sich jedoch bald heraus, daß es dazu an den erforderlichen institutionellen Voraussetzungen fehlte. Die westlich-demokratische Maxime "heilen statt strafen" setzt finanzielle Mittel voraus, die in einem Entwicklungsland nicht gegeben sind. Die Vorstellung vom Strafvollzug zur Besserung des Täters scheitert schon an der Tatsache, daß in den Philippinen bis zu einhundert Häftlinge in einer Zelle untergebracht werden müssen.

Verschiedene Verbrechensarten haben sich zu einer Art Landplage entwickelt. Dazu gehören erpresserischer Menschenraub, bewaffnete Raubüberfälle auf öffentliche Verkehrsmittel oder Privatwagen und Seeräuberei auf den Meeren. An diesen organisierten Verbrechen sind häufig Polizisten, Soldaten und Milizsoldaten beteiligt, die zum Schutze der Gesellschaft ausgebildet und bezahlt werden und ihre

In den drei Zellen des Provinzgefängnisses von Dumaguete sitzen 250 bis 300 Häftlinge ein

Macht gegen die Gesellschaft kehren. Im September 1992 gab Vizepräsident Estrada bekannt, daß 90% der in letzter Zeit verhafteten Entführer "Kriminelle in Uniform" gewesen seien. In einigen Fällen handelte es sich bei ihnen sogar um die Anführer solcher Banden. Der philippinische Geheimdienst gab im Oktober 1992 bekannt, daß mindestens achtzig Verbrechersyndikate im Land aktiv seien, vierzehn davon allein in der Hauptstadt Manila. Die meisten dieser Banden sind wohlorganisiert und mit hochkalibrigen Waffen und modernster Kommunikationstechnik ausgerüstet. Sie entführen ihre Opfer am hellichten Tag auf offener Straße und scheinen Polizei und Regierung mitunter verspotten zu wollen.

Während in westlichen Ländern hinter besonders abscheulichen Verbrechen oft emotional und psychisch gestörte Menschen am Rande der Gesellschaft stehen, handelt es sich in den Philippinen bei den Drahtziehern oder sogar Ausführenden solcher Gewaltakte häufig um Politiker und andere hochgestellte Persönlichkeiten des öffentlichen Lebens, die ihre Stellung skrupellos für den Ausbau ihrer Machtposition, für finanzielle Vorteile oder zu ihrem "Vergnügen" mißbrauchen.

Im Dezember 1993 standen in verschiedenen Landesteilen allein fünf Bürgermeister vor Gericht, deren Verbrechen landesweites Aufsehen erregten. Einer von ihnen ließ eine ganze Familie von einem seiner Leibwächter auslöschen. Der zweite erschoß wiederholt Leute, die ihm unbequem waren - darunter einen Zeitungsreporter während eines Interviews. Der dritte ließ ein oppositionelles Ratsmitglied umbringen. Der vierte, dem eine ganze Liste von Gewalttaten zur Last gelegt wird, ließ sich von seinen Leibwächtern eine Studentin "als Geschenk zuführen" und anschließend (sowie ihren männlichen Begleiter) umbringen. Dem fünften Bürgermeister wird vorgeworfen, daß seit seinem Amtsantritt im Jahre 1988 mindestens 24 Menschen von ihm und seinen Männern ermordert worden sind.

In der philippinischen Öffentlichkeit war der Eindruck entstanden, daß die Zunahme der Gewaltverbrechen durch die Abschaffung der Todesstrafe begünstigt wurde. Wenn es auch kaum möglich sein wird, zwischen diesen beiden Sachverhalten einen statistischen Zusammenhang überzeugend nachzuweisen, wird doch der Wunsch der Öffentlichkeit verständlich, besonders dem organisierten Verbrechen sowie dem Amtsmißbrauch durch Politiker und Beamte den Kampf anzusagen.

Kritiker bezweifeln allerdings, daß die Todesstrafe jemals gegen einflußreiche Persönlichkeiten verhängt werden wird, da diese in den Philippinen traditionsgemäß über genügend Mittel und Wege verfügen, der Strafverfolgung zu entgehen. Man befürchtet, daß die Todesstrafe kleine Leute treffen wird, die kein Geld haben, sich entsprechende Anwälte zu leisten oder Bestechungsgelder zu zahlen.

Bis September 1994 war über 12 Filipinos die Todesstrafe verhängt worden. In neun Fällen wurde ihnen Vergewaltigung, in einem Fall Raub mit Totschlag und in einem weiteren Fall Mord zur Last gelegt. Zehn der Verurteilten stammten aus armen Familien, in den beiden anderen Fällen handelte es sich um zwei Polizisten, die einen Studenten erschossen hatten. In keinem Fall war die Todesstrafe jedoch schon vollstreckt worden.

Zuckerkrise auf Negros

Von Walter Eberlei

Der Name der Insel Negros steht oftmals für Monokultur - für Zucker, Elend und Unterdrückung. Der Autor dieses Beitrages, Leiter des Referates Inlandsarbeit der Kindernothilfe in Duisburg, diskutiert den Verfall des Weltmarktpreises für Zucker und die Chancen einer Landreform auf Negros. Der Artikel wurde erstmals veröffentlicht in: Philippinen. Eine Länderinformation der Kindernothilfe, Duisburg 1993, S. 12-14.

Die Insel Negros war jahrzehntelang der Wirtschaftsmotor der Philippinen. Jeder dritte Dollar, den das Land durch den Export verdiente, wurde hier erarbeitet. Die Provinzhauptstadt Bacolod strotzte vor Reichtum. Hier wohnten mehr Multimillionäre als in jeder anderen Gegend des Landes, einschließlich Manila. Die Masse der Bevölkerung lebte in ärmlichen Verhältnissen, aber nicht im Elend. Diese Zeiten sind vorbei. Negros ist heute das Armenhaus der Republik. Der Grund für Reichtum und Armut: Zuckerboom und Zuckerkrise. Das Genußmittel, einst Devisenbringer Nummer eins, ist heute auf dem Weltmarkt fast wertlos. Weniger Anbau bedeutet weniger Beschäftigung für die Zuckerarbeiter. Wenn es überhaupt Arbeit gibt, dann ist sie völlig unterbezahlt und reicht nicht, um die Familie zu ernähren. Eine Krise ohne Ausweg?

Im 16. Jahrhundert brachten chinesische Händler das Zuckerrohr auf die philippinische Inselgruppe. Unter spanischer, vor allem aber unter US-amerikanischer Kolonialherrschaft wurde der Anbau von Zucker für den Export stark ausgedehnt. Zucker wurde zum bedeutendsten Exportprodukt der Philippinen. Daran änderte sich auch nach der politischen Unabhängigkeit des Landes 1946 zunächst nichts, im Gegenteil: Als Fidel Castro 1959 in Kuba die Macht übernahm und damit die enge strukturelle Verflechtung zwischen dem karibischen Inselstaat und den USA löste, verloren die Amerikaner einen wichtigen Zuckerlieferanten. Die Philippinen erlebten im Gefolge dieser Ereignisse einen wahren Zuckerboom. Die Anbaufläche für Zukker verdoppelte sich in den Jahren 1959 bis 1972. Selbst Getreideflächen wurden dem Zuckeranbau geopfert. Japanische und europäische Unternehmen (darunter auch westdeutsche Firmen) konnten den Philippinen noch in den 70er Jahren neue Zuckermühlen verkaufen. Finanziert wurden diese Anlagen über Kredite: ein Beitrag zur philippinischen Außenverschuldung.

Höhepunkt des Zuckerbooms und zugleich Beginn der Krise wurden durch das Jahr 1974 markiert. Die Rübenzuckerernte in Europa fiel sehr schlecht aus; dies trieb den Weltzuckerpreis noch einmal nach oben. Doch seither fallen die Preise für Zucker auf dem Weltmarkt und erreichen immer neue Tiefststände. Die vier bis fünf Millionen Filipinos, die direkt vom Zuckeranbau und -export abhängig waren, wurden durch die Zuckerkrise hart getroffen. Nur jeder dritte Zuckerarbeiter findet heute noch Arbeit auf den Zuckerrohrfeldern, zumindest gelegentlich, häufig zu einem Tagessatz, der weit unter dem vorgeschriebenen Mindestlohn liegt. Die Armut auf Negros ist in den 80er Jahren auf ein nie zuvor gekanntes Ausmaß angewachsen. Insbesondere die Monate Juli und August, dann also, wenn es keine Arbeit in den Zuckerplantagen gibt, gelten als tiempo muertos, als tote, todbringende Zeiten.

Die Ursachen für den Verfall des Zuckerpreises auf dem Weltmarkt sind vielfältig. Seit den 60er Jahren haben Zuckerersatzstoffe (z.B. Mais- oder Kornsirup) einen großen Teil des Marktes erobern können. Da der Verbrauch insgesamt relativ gleichbleibend ist, muß jeder Zuwachs hier zu Verlusten bei den traditionellen Zuckeranbauern führen. Allein die 1984 von Coca-Cola und Pepsi-Cola getroffene Entscheidung, ihre weltweit begehrten Getränke fortan nicht mehr mit Zucker, sondern mit Zuckerersatz-Sirup zu versüßen, bedeutete einen Nachfrage-Rückgang nach Rohrzucker um jährlich 650.000 Tonnen (das entspricht etwa dem Doppelten der gesamten Zuckerexporte der Philippinen Mitte der 80er Jahre).

In den siebziger Jahren drängte ein neuer Großexporteur auf den längst gesättigten Markt: die Europäische Gemeinschaft mit ihrem Rübenzucker. Nach marktwirtschaftlichen Kriterien hätten die Europäer auf dem Weltmarkt nie eine Chance bekommen; dazu sind die Produktionskosten für Rübenzucker viel zu hoch. Doch seit Ende der 60er Jahre subventionieren die Europäer die Produktion ihrer Zuckerbauern. In der Gewißheit auf einen garantierten Absatz steigerten diese die Produktion von Rübenzucker in der EG von Jahr zu Jahr. In der Bundesrepublik *beispielsweise wurden 1955 insgesamt 7,9 Millionen Tonnen Zuckerrüben geerntet, Mitte der 80er Jahre waren es 20 Millionen Tonnen. Um die schon bald über dem eigenen Bedarf liegende Zuckerernte auf dem Weltmarkt verkaufen zu können, mußte die EG tief in die Tasche (der Steuerzahler) greifen. Ein Beispiel: 1978/79 lag der Zuckerpreis für die EG-Bauern bei 120 Mark je 100 Kilogramm, der Weltmarktpreis gab aber nur 35 Mark für 100 Kilo her - den Rest legte die EG zu. 1976 war die EG noch Nettoimporteur von Zucker - das ist seit Ende der 70er Jahre vorbei. Inzwischen zählt die mit Milliardenbeträgen subventionierte Europäische Gemeinschaft zu den größten Zuckerexporteuren auf dem "freien" Weltmarkt. Beschwerden der Entwicklungsländer über diese Praxis änderten daran nichts.*

Auch ohne US-Maiszucker, EG-Rübenzucker und auch ohne die zusätzlich noch zu nennenden chemischen Zuckerersatzstoffe, die ebenfalls im Kommen sind, ist der Weltzuckermarkt seit den 70er Jahren gesättigt. Allein die Produktion von Rohrzucker überschritt den Weltbedarf zeitweilig um 40 Prozent: Folge auch der kolonialzeitlich verwurzelten einseitigen Wirtschaftsstruktur in vielen Entwicklungsländern (einseitige Orientierung auf landwirtschaftliche Exportprodukte).

Diese hier skizzierten Faktoren sind für den Verfall des Zuckerpreises verantwortlich. Die "Zuckerkrise" auf den Philippinen hat aber auch interne Gründe. Schon in den 60er Jahren hätten Zuckerbarone und Politiker erkennen müssen, wohin die Entwicklung führen kann. Eine rechtzeitige Auffächerung der Agrarproduktion hätte die schlimmsten Auswirkungen der Katastrophe verhindern können. Das bedeutet: Wenn schon in den 60er und 70er Jahren zunehmend weniger Zucker, dafür aber andere zukunftsträchtige landwirtschaftliche Güter angebaut worden wären, hätte dies sicher die schwere Krise verhindert. Doch die mächtigen Interessen der einheimischen "Zuckerlobby" verhinderten jeglichen Strukturwandel, geschweige denn eine Landreform zugunsten der Millionen von Landlosen auf den Philippinen (ein Problem, das z.B. in Lateinamerika ganz ähnlich ist - auch hier spielen gemeinsame koloniale Wurzeln eine Rolle).

Die Mitte der 70er Jahre einsetzende Politik des Marcos-Regimes zur Rettung der Zuckerindustrie brachte keine Wende, im Gegenteil: Sie begünstigte weiterhin die großen "Zuckerbarone", die im Gegenzug auf dem Land jeglichen Widerstand gegen das Marcos-Regime blutig unterdrückten. Als Marcos 1986 die Philippinen verließ, wurde er von den beiden Zuckerbaronen von Negros, Eduardo Cojuangco und Roberto Benedicto, begleitet. Die philippinische Zuckerindustrie lag vollends am Boden zerstört. Auf Negros hungerten und verhungerten die Menschen. Dem süßen Reichtum (von dem nur wenige profititierten) folgte die bittere Armut (für den Großteil der Bevölkerung).

Die Krise der Zuckerwirtschaft hat sich bis heute nicht entschärft. Was tun? Die Hoffnung auf alte Zeiten hat keinen Sinn: Die Zeit der gewinnträchtigen Zuckerproduktion ist vorbei; die ungeheuren Gewinne landeten in den Taschen der philippinischen Oberschicht oder auf den Bankkonten ausländischer Handelsunternehmen - statt in vernünftige Umstrukturierungsmaßnahmen investiert zu werden. Daß sich auf internationaler Ebene Entscheidendes ändern könnte (zum Beispiel, daß die Europäer auf Subventionierung und protektionistische Maßnahmen verzichten könnten), darauf dürfen zuckerexportierende Länder wie die Philippinen nicht hoffen. Die Chance, durch ein Zucker-Kartell den Preis nach oben zu treiben, ist aussichtslos. Der Sieg der Zuckerersatzstoffe wäre vorprogrammiert.

Notwendig ist eine Neuorientierung - weg vom Zucker auf Großplantagen für den Export, hin zur Produktion anderer Agrarprodukte für den einheimischen Markt. Der Bankrott vieler philippinischer Zuckerpflanzer in den 80er Jahren hat eine solche Entwicklung begünstigt: Auf Negros (und in anderen Teilen des Landes) kommt sehr mühsam und langsam eine Landreform in Gang. Nicht zuletzt auf Druck der größten Zuckerarbeiter-Gewerkschaft ("National Federation of Sugar Workers", NFSW) werden mehr und mehr der nun brachliegenden Zuckerrohrfelder an vorher landlose Kleinbauern und Kooperativen vergeben: allein unter Organisation der NFSW bereits an mehrere tausend Familien. Bei diesem Land handelt es sich bislang um weit von den Städten entfernt liegende Ländereien, zumeist mit schlechten Böden. Doch für die Kleinbauern entsteht nun erstmals eine tragfähige Lebensperspektive. Das Zuckerrohr wird mehr und mehr ersetzt durch andere Produkte, vor allem Lebensmittel für den lokalen Markt.

Land für die Arbeiterfamilien ist neben dem Abbau der Ausbeutung von lohnabhängigen Zuckerarbeitern das wichtigste Ziel für die NFSW. "Wenn die Familien eigenes Land haben, geht es ihnen besser. Ihr Einkommen steigt. Die Kinder müssen nicht mehr mitarbeiten; sie können endlich zur Schule gehen", erklärte Serge Cherniguin, Generalsekretär der NFSW. Er ist optimistisch, daß die Landreform auch unter Ramos weitere Kreise ziehen wird. Allerdings sei die Situation auf Negros brüchig: "Wenn der Zuckerpreis steigt, wird den Arbeitern das Land wieder abgenommen, um Zucker für den Export anzubauen. Wir wollen Land, um die Menschen satt zu machen, nicht höhere Zuckerpreise."

So entsteht ein entwicklungspolitisches Paradoxon: Einerseits fordern Entwicklungsländer und auch Stimmen in den Industrieländern höhere Preise für die landwirtschaftlichen Produkte der Dritte-Welt-Länder. Die Exporteure brauchen dringend Devisen für ihre Entwicklung. Andererseits beinhaltet gerade der Zusammenbruch der exportorientierten Landwirtschaft mancherorts - zum Beispiel auf Negros - die Chance für einen grundlegenden Neuanfang: Ohne eine Überwindung kolonialer und feudaler Agrarstrukturen, die nur auf den sehr verwundbaren Export und nicht auf die Versorgung der eigenen Bevölkerung ausgelegt sind, ist ebenfalls keine tragfähige Entwicklung denkbar. Beide Problemstränge müssen auch aus europäischer Sicht sorgfältig abgewogen und zusammengeführt werden: Es bleibt ein Skandal, daß beispielsweise die Agrarpolitik der Europäischen Gemeinschaft den Entwicklungsländern schwere Schäden zufügt. Hier ist die Politik in Europa gefordert, die diese Schadenszuführung abbauen muß und gleichzeitig Bemühungen um Landreform in den Entwicklungsländern fördern sollte. Für die Verbraucher in Deutschland besteht eine ganz praktische Möglichkeit, zugunsten "gerechter Preise" für Zuckerprodukte einzutreten und gleichzeitig die Landreform-Bewegung auf Negros zu unterstützen: durch den Kauf von alternativ gehandeltem "Mascobado"-Zucker, der in jedem "Eine-Welt-Laden" in Deutschland erhältlich ist.

Im Zuge der Landreform werden brachliegende Felder an Kleinbauern und Kooperativen vergeben. Der Anbau von Zuckerrohr wird zunehmend ersetzt durch Erzeugnisse für den lokalen Markt

Auf dem Sprung zur Industrienation?

Präsident Ramos, seit gut zwei Jahren im Amt, hat seinem Land mit dem Programm "Philippinen 2000" ein ehrgeiziges Ziel gesetzt: die Philippinen sollen bis zum Jahr 2000 zu einer Industrienation entwickelt werden. Zum Vorbild hat sich die philippinische Regierung Länder wie Singapur und Taiwan genommen, die den Anschluß an die moderne Welt ebenfalls binnen weniger Jahre dadurch schafften, daß sie ausländischen Unternehmen günstige Investitionsmöglichkeiten und dank niedriger Löhne attraktive Gewinnspannen boten. Ramos hat erkannt, daß die Philippinen im Zuge weltwirtschaftlicher Veränderungen ihre Chance, die in der zunehmenden Bedeutung Südostasiens als Wirtschaftsmacht liegt, nutzen können.

Die Staaten dieser Region nehmen mit 4,5 Mill. km² zwar nur 3 Prozent der gesamten Landfläche der Erde ein; doch leben hier fast 10 Prozent der Weltbevölkerung. Durch die günstige Lage im Schnittpunkt internationaler Schiffahrtslinien verkehren seit Jahrhunderten Händler aus aller Welt in diesem Raum. Mit den Entdeckungen und Eroberungen der Portugiesen, Spanier, Briten, Holländer, Franzosen und schließlich Amerikaner kamen die Länder Südostasiens schon früh in den Einflußbereich Europas und Nordamerikas. Seit dem Zweiten Weltkrieg begann der Prozeß einer langwierigen Dekolonialisierung, der politisch (wenn auch nicht wirtschaftlich und kulturell) im wesentlichen im Jahre 1973 mit dem Abzug der USA aus Vietnam abgeschlossen wurde.

Zum damaligen Zeitpunkt galten die Philippinen als eines der Schwellenländer Südostasiens, denen Wirtschaftsexperten - ebenso wie Südkorea und Taiwan - eine hoffnungsvolle industrielle Entwicklung voraussagten. Der Schein trog. Zwanzig Jahre danach gehörte das philippinische Prokopfeinkommen von weniger als 800 US-$ im Jahr zu den niedrigsten der Region. Die hohe Auslandsverschuldung, die geringen Währungsreserven und eine unzureichende Exportfähigkeit ließen die wirtschaftlichen Entwicklungsmöglichkeiten als wenig rosig erscheinen. Das letzte Jahr der Aquino-Regierung wurde zu einem ausgesprochenen Krisenjahr, in dem der Golfkrieg und der Ausbruch des Pinatubo-Vulkans die Philippinen in eine wirtschaftliche Flaute abdrängten.

Erst mit dem Amtsantritt der Ramos-Regierung im Juni 1992 richtete sich das Konjunkturbarometer wieder nach oben. Während das durchschnittliche Wirtschaftswachstum zu Beginn der 90er Jahre nur bei etwa 2 Prozent lag und zeitweise sogar nach Null tendierte, kletterte es in der ersten Jahreshälfte 1994 auf über 5 Prozent. Ebenso stieg die Industrieproduktion, die im Jahre 1993 noch leicht schrumpfte, in diesem Zeitraum um 6,1 Prozent. Die Investitionen stiegen im ersten Quartal 1994 sogar um 19 Prozent.

Auf dem Arbeitsmarkt verschärft sich die Lage allerdings weiterhin. Zur Jahresmitte 1991 war die Arbeitslosenquote, die 1990 bei 12,5 Prozent lag, auf ein Rekordniveau von 17 Prozent geschnellt (wobei die versteckte Arbeitslosigkeit besonders unter der Landbevölkerung nicht mitgezählt wird). Bei einem jährlichen Bevölkerungswachstum von 2,5 Prozent muß die Wirtschaft jedes Jahr allein 800.000 neue Arbeitsplätze schaffen, um die Neuzugänge auf dem Arbeitsmarkt aufzufangen.

Rund 2500 obdachlose Familien lebten bis Ende 1994 in Pfahlhütten entlang des Pasig-Flußes in Manila. Dann wurden sie im Zuge der Sanierung des Flusses umgesiedelt und die Hütten abgerissen. Im Wasser spiegeln sich die Hochhäuser des Geschäftsviertels Binondo

Während die Preissteigerungsrate im Jahr 1991 19 Prozent betrug (1990: 12,6 Prozent), konnte sie 1994 auf unter 10 Prozent gedrückt werden und betrug im September sogar nur 8,6 Prozent. Einen Erfolg kann die Ramos-Regierung auch bei der Eindämmung des staatlichen Etatdefizits verbuchen. Nach dem 1990er Rekordfehlbetrag von 3,3 Prozent des Bruttosozialproduktes wird die Regierung im Jahr 1994 ihren Haushaltsplan zum erstenmal in der neueren Geschichte der Philippinen nicht durch Kredite decken, sondern sogar Anstrengungen zur Schuldentilgung unternehmen. Während in der Schlußphase der Marcos-Diktatur 42 Prozent des Haushaltes zur Rückzahlung von Schulden verwendet werden mußten, sollen diese Aufwendungen bis zum Jahre 1995 auf 28,7 Prozent gesenkt werden können. Noch sind die Philippinen mit rund 32 Mrd. US-$ gegenüber dem Ausland verschuldet. Diese Summe entspricht rund zwei Dritteln des Sozialprodukts und fast dem Zweieinhalbfachen der gesamten Exporterlöse.

Für ihr Programm braucht die Regierung ein höheres Steueraufkommen. In den Philippinen gibt es traditionell viele Wege, die lästigen Steuerzahlungen zu umgehen. Die Regierung schätzt selber, daß nur etwa 50 Prozent der fälligen Einkommen- und Umsatzsteuer in die Staatskasse fließen. Diese "Lecke" sollen geschlossen werden. Zudem soll die Umsatzsteuer auf 14 Prozent erhöht werden. Obwohl dieses Reformwerk der Regierung in der Öffentlichkeit aus verschiedenen Gründen außerordentlich unbeliebt ist, wird sich dieser Schritt kaum vermeiden lassen.

Die chronisch defizitäre Handelsbilanz schloß 1990 mit einem Rekordminussaldo von 4 Milliarden US-$ ab (1989: 2,6 Mrd. US-$). Erst 1994 zeichnet sich eine Trendwende in Richtung Bilanzausgleich ab. In der ersten Jahreshälfte stieg die Exportrate um stolze 27 Prozent. Die wichtigsten Ausfuhrgüter sind elektrotechnische Erzeugnisse, Bekleidung, Kupfer und Kupfererzeugnisse, Kokosnußöl und Fisch. Allerdings exportieren die Philippinen immer noch nur ein Drittel soviel wie zum Beispiel Thailand. Positiv ist zu vermerken, daß ein steigender Anteil der Exporte auf industrielle Fertigerzeugnisse entfällt, die inzwischen mehr als 70 Prozent der Ausfuhr ausmachen. Der Rolle des Rohstofflieferanten sind die Philippinen damit inzwischen entwachsen. Die große Abhängigkeit von den Handelspartnern USA und Japan stellt absatzpolitisch allerdings ein Risiko dar, das durch eine weitere Streuung der Wirtschaftsbeziehungen verringert werden müßte. So gingen 1990 in die USA 37,8 und nach Japan 19,7 Prozent aller Exporte. Die Bundesrepublik Deutschland erhielt nur 4,8 Prozent der Ausfuhren und verlor im Warenaustausch mit den Philippinen in den vergangenen Jahren weiterhin an Bedeutung. Daran änderte auch die Vereinigung der beiden deutschen Staaten nichts. Die Länder der Europäischen Gemeinschaft kamen insgesamt nur auf eine Quote von 17,7 Prozent der philippinischen Exporte.

Die USA und Japan sind ebenfalls die bedeutendsten Lieferanten der Philippinen; wohingegen Deutschland noch hinter Ländern wie Taiwan, Hongkong und Saudi-Arabien liegt und weniger Waren in die Philippinen exportiert, als es von dort erhält. Die wichtigsten Einfuhrgüter sind Rohöl, Spezial- und Kraftwerksmaschinen, Vorerzeugnisse für die Elektroindustrie, Telekommunikationsausrüstungen, Eisen und Stahl. Unter den Lieferanten Deutschlands lagen die Philippinen 1991 auf Platz 50 und unter den Abnehmern auf Platz 52.

Auch die Investitionstätigkeit der deutschen Industrie in den Philippinen zeigt ein relatives Desinteresse. Obwohl bereits Präsidentin Aquino ausländischen Direktinvestoren etwa durch die Verlängerung der maximalen Pachtlaufzeit für Grundstücke von 25 Jahren auf 50 Jahre, durch die Möglichkeit des Erwerbs von Grundbesitz innerhalb ausgewiesener Industriezonen oder durch Steueranreize neue Möglichkeiten einräumte, liegen die Deutschen nur auf Platz 10 unter den ausländischen Investoren in den Philippinen. Durch eine Devisenliberalisierung hat Präsident Ramos die Anreize für ausländische Investoren noch erhöht: jetzt ist es statthaft, Kapital und Gewinne ohne vorherige Genehmigung ins Ausland zu transferieren. Doch die Interessen deutscher Investoren richten sich weiterhin auf Indonesien und Thailand, aber auch Singapur und Malaysia. Die politischen und wirtschaftlichen Verhältnisse in den Philippinen scheinen ihnen noch zu instabil zu sein, um hier ihr Kapital anzulegen.

In den Philippinen finden sich zur Zeit etwa 100 Unternehmen mit deutscher Kapitalbeteiligung, die rund 11.000 Mitarbeiter beschäftigen. Die Gewinne dieser Unternehmen gelten im allgemeinen als gut. Die Unternehmer loben die Geschicklichkeit und die gute Ausbildung der Beschäftigten sowie die einfachen sprachlichen Verständigungsmöglichkeiten. Dafür stellen sie gewöhnlich allerdings auch nur

Zeichen des Aufschwungs: Neubau des Divisoria-Marktes in Manila

Collegeabsolventen ein, unter denen sich Krankenschwestern und Ingenieure, Lehrer und ehemalige Beamte finden. Ein Lehrer mag als Arbeiter in einem deutschen Betrieb sein Gehalt verdoppeln, denn die Löhne in diesen Unternehmen liegen deutlich über dem Landesniveau. Dennoch sparen deutsche Unternehmer bei Investitionen in den Philippinen die Hälfte bis zwei Drittel an deutschen Lohnkosten ein.

Während seiner Europareise im September 1994 hat Präsident Ramos den Ländern der Europäischen Gemeinschaft die Philippinen als Handelspartner näherzubringen versucht. Für die Deutschen brachte er einen besonders lukrativen Auftrag mit. Die Firma Hoechst wird eine führende Rolle beim Bau des ersten petrochemischen Werkes in den Philippinen spielen.

Präsident Ramos' Versuch, die Philippinen bis zum Jahre 2000 zu einem Industrieland werden zu lassen, setzt auf eine ungeheuere ausländische Investitionstätigkeit. Die wichtigste Voraussetzung dazu, innenpolitische Stabilität, hat der ehemalige General herstellen können. Im Unterschied zur putschgeplagten Regierungszeit Aquinos ist in der ersten Hälfte der Amtszeit Ramos' noch kein Putschversuch unternommen worden. Der ehemaige Oberstleutnant Gregorio Honasan, der mindestens drei Putschversuche gegen Cory Aquino anführte, wirbt heute in öffentlichen Auftritten für die Ziele der Ramos-Regierung und möchte bei den nächsten Senatswahlen kandidieren. Mit der größten islamischen Rebellengruppe, der MNLF, führt die Regierung Friedensverhandlungen. Und der Einfluß der kommunistischen Rebellen ist im Schwinden. Nur die zahlreichen Entführungsfälle, von denen auch immer öfter Ausländer betroffen werden und die das Bild der Philippinen in der internationalen Öffentlichkeit trüben, hat die Regierung noch nicht eindämmen können. Doch Vizepräsident Joseph Estrada hat gegen die Kidnapper-Syndikate einen blutigen Kampf aufgenommen, bei dem schon mehrere Dutzend Entführer auf der Strecke geblieben sind.

Befinden sich die Philippinen also auf dem Sprung zur Industrienation? Ohne Zweifel vollziehen sich gegenwärtig atemraubende Entwicklungen in den Philippinen, besonders im Bereich technischer Innovationen und im Bauwesen. Doch Senator Wigberto Tanada bemerkte treffend: "Es gibt offensichtlich zwei Länder in den Philippinen. Während sich in dem einen Wachstum und Entwicklung ereignen, herrschen in dem anderen Niedergang und Verzweiflung." Während man in den Führungsetagen diskutiert, ob man sich nach der Einführung von Telefax nun auch um einen E-Mail-Anschluß bemühen soll, flickt der Bauer zum wiederholten Male sein palmblattgedecktes Hüttendach, da er feststellen muß, daß es für die Anschaffung eines Wellblechdachs auch in diesem Jahr noch nicht reicht. Während in Manilas Finanzviertel Makati die Wolkenkratzer dicht an dicht stehen und es inzwischen als außerordentlich schick gilt, sein Büro oder seine Wohnung in einem der überall in der Stadt aus dem Boden schießenden "Türme" einzurichten, schätzen Experten, daß 30 Prozent der Bevölkerung der Hauptstadt noch immer in Slums wohnen. Und Romulo de la Cruz, Bischof von Basilan, erklärte: "Unsere Führer palavern über 'Philippinen 2000'. Aber die armen Leute sorgen sich, was sie heute essen sollen."

Geplündertes Land

Holzeinschlag führte zur Begründung ganzer politischer "Dynastien" in den Philippinen. Als in den späten 60er und frühen 70er Jahren die Philippinen als eines der wirtschaftlich hoffnungsvollsten Länder in Südostasien galten, wurde durch Holz ein Drittel der Exportgewinne dieses Landes erwirtschaftet. Damals verstanden es verschiedene einflußreiche Familien, die am Holzgeschäft beteiligt waren, ihren Reichtum in politischen Einfluß umzumünzen, den sie während der Marcos-Diktatur erfolgreich zu festigen verstanden.

Erst im Wahlkampf um die Präsidentschaft im Jahre 1992 entdeckten einige Politiker den Umweltschutz als ein politisches Thema. Fidel V. Ramos, der die Wahl gewann und dessen Familie früher selbst Konzessionen für den Holzeinschlag besaß, erklärte den Umweltschutz zu einem Grundanliegen seiner Wahlplattform. Nach seiner Wahl zögerte Ramos nicht, seine Ankündigungen in die Tat umzusetzen. Zunächst entließ der Präsident - allerdings nicht ohne öffentlichen Druck und nach einer längeren Auseinandersetzung - den damaligen Umweltminister Edelmiro Amante, der früher selbst in die Holzwirtschaft investiert und als Rechtsanwalt die Interessen einflußreicher Holzfäller-Gesellschaften in Mindanao vertreten hatte.

In diesen Tagen erlangten die Krokodile, die nur 200 m von unserem Haus in Wasser und Schlamm den Tag verschlafen, über Nacht landesweiten Ruhm. Ihr Ziehvater, Dr. Angel Alcala, Professor für Meeresbiologie und damaliger Rektor der Silliman-Universität, erhielt am 31. August 1992 eine der höchsten Auszeichnungen der Philippinen, den Magsaysay-Preis, für seine Verdienste im Umweltschutz. Alcala züchtete nämlich außer Krokodilen auch Riesenmuscheln, da beide Arten in den Philippinen nahezu ausgerottet sind und von Alcala wiederausgesetzt wurden. Er setzte sich für den Schutz der Korallenriffe ein, führte als erster künstliche Riffe an den philippinischen Küsten ein und lehrte Fischer, mit ihren Fanggründen schonend umzugehen. Alcala, der seinen Doktorgrad in den USA erworben hatte, verhalf Sillimans Fakultät für Meeresbiologie zu internationalem Ansehen.

Noch ahnten Lehrkörper und Studentenschaft nicht die Folgen dieser Ehrung. Denn etwa gleichzeitig fragte Präsident Ramos bei Alcala an, ob er bereit sei, das Amt des Umweltministers zu übernehmen. Empfohlen hatten ihn verschiedene Umweltschutzorganisationen. Ramos dürfte die Idee bereitwillig aufgegriffen haben, da die beiden seit Jahren befreundet waren und zur evangelischen Vereinigten Kirche Christi in den Philippinen (UCCP) gehörten. Alcala lehnte das Angebot zunächst jedoch ab, da er an seiner wissenschaftlichen Arbeit hing und erst anderthalb Jahre zuvor bei seiner Vereidigung zum Rektor versprochen hatte, die Geschäfte der Universität für sechs volle Jahre zu lenken. Seitdem hatte er mit Geschick und Erfolg dringend notwendige Reformen eingeleitet, die ihm in seiner Amtsführung schnell zu Ansehen verhalfen. Vergrößerung der Dozentenschaft,

Steigerung der Anzahl der immatrikulierten Studenten, bauliche Verbesserungen, ökologische Gestaltung des weitläufigen und grünen Hochschulgeländes, Bemühung um ausländische Hilfsprogramme und nicht zuletzt eine größere Sicherheit auf dem Hochschulgelände waren die unverzüglich in Angriff genommenen Ziele seiner Verwaltungspolitik, die nach Jahren der Vernachlässigung dringend erforderlich waren. An der Silliman-Universität wehte ein frischer Wind.

Alcalas Berufung zum Umweltminister löste erst einmal Beunruhigung aus. Viele wollten ihn nicht gehen lassen. Auch im Leitungskollegium der Universität blieb ein Drittel der Mitglieder bis zuletzt bei einem "Nein". Dennoch überwog am Ende eine Mehrheit besonnener Geister, die das Gesamtwohl der Nation höher als das Interesse der Universität stellte. Denn die Alternative zu Alcala in der Umweltbehörde wäre womöglich ein Abgeordneter aus Mindanao gewesen, der im Verdacht stand, ebenfalls mit illegalen Holzfällern unter einer Decke zu stecken. Unter Umweltschützern erwartet man von Alcala, gerade mit der Korruption aufzuräumen. Ausschlaggebend für Alcalas schlußendliche Einverständniserklärung dürfte auch das Verhalten der UCCP-Mitglieder im Leitungskollegium der Universität gewesen sein, die Alcala ermutigten, diese einmalige Chance zu einem Beitrag zum Umweltschutz auf nationaler Ebene zu ergreifen: schließlich setzte sich die UCCP vehement für ein 25jähriges Holzeinschlagverbot in den Philippinen ein, um die Vernichtung der Restbestände des Regenwaldes in letzter Minute zu stoppen.

Mit der Zustimmung und Ermutigung dieses Gremiums sagte Alcala schließlich zu. An der Universität machte der Kommentar die Runde: "Ein Verlust für die Universität, ein Gewinn für die Nation."

Katastrophenland Philippinen

Anfang Februar 1993: Etwa 100 Menschen fallen dem Ausbruch des Vulkans Mayon im Süden der Hauptinsel Luzon zum Opfer. In einem Umkreis von 6 km um den Vulkan müssen die Menschen ihre Siedlungen verlassen und in Evakuierungszentren umziehen. 42.000 Menschen leben derzeit unter primitivsten Bedingungen in 40 Sammellagern. Täglich bebt die Erde, und der Berg katapultiert glühend heiße Brocken aus pilzförmigen Staubwolken.

Zur gleichen Zeit überschwemmen anhaltende Regenfälle große Gebiete in der Provinz Surigao del Sur im Norden der Hauptinsel Mindanao, wo mehr als 25.000 Menschen ihre Häuser verlassen müssen. In den überschwemmten Gebieten breiten sich Masern- und Durchfallepidemien aus. Der Schaden an Material und Ernteerträgen wird auf 16 Millionen Pesos geschätzt. In der Nachbarprovinz Agusan del Sur tritt der Fluß Agusan über die Ufer und überflutet weite Landstriche und Siedlungen in 14 Kommunalgemeinden. 31.000 Einwohner müssen ihre Häuser verlassen. Präsident Ramos erklärt die betroffenen Provinzen zu Notstandsgebieten.

Das "Zentrum zur Erforschung der Häufigkeit von Katastrophen (CRED)" in Brüssel, das u.a. von der Weltgesundheitsbehörde (WHO) und den Vereinten

Nationen finanziert wird, fand jetzt heraus, daß die Philippinen das Land sind, das in diesem Jahrhundert von den meisten Katastrophen heimgesucht wurde. Zwischen den Jahren 1900 und 1991 waren hier 702 Katastrophen zu verzeichnen, das sind durchschnittlich fast 8 Katastrophen pro Jahr. Das Land mit den zweitmeisten Unglücksmeldungen in diesem Jahrhundert ist Indien, in dem allerdings "nur" 369 Katastrophen zu verzeichnen waren, also etwa die Hälfte der philippinischen Unglücksbilanz. Die USA folgen mit 368, Hongkong mit 334 und China mit 256 Meldungen.

Insgesamt starben 51.757 Filipinos bei diesen Naturkatastrophen, wohingegen in China 13.284.633 Opfer im gleichen Zeitraum gezählt wurden. In der ehemaligen UDSSR und in Indien waren jeweils über 8 Millionen Opfer zu beklagen. Nicht berücksichtigt werden in dieser Studie die unmittelbar von Menschen ausgelösten Katastrophen und Kriege, denen in den meisten Ländern - besonders auch in den Philippinen - eine wesentlich höhere Zahl von Menschen zum Opfer gefallen sind. Man muß nur einmal eine philippinische Tageszeitung zur Hand nehmen, um das tägliche Morden ermessen zu können.

Ein leitender Beamter des philippinischen Gesundheitsministeriums erklärte zu diesen Veröffentlichungen, daß das Land nach wie vor ungenügend auf mögliche Katastrophen vorbereitet ist und Mängel in der Organisation von Hilfsmaßnahmen bestehen. So gibt es zum Beispiel in den Philippinen kein offizielles Ausbildungsprogramm für Katastrophenmanagement. Besonders deutlich wurde die Unbeholfenheit der amtlichen Stellen beim Erdbeben in Luzon im Jahre 1990, bei der Überschwemmungskatastrophe in Ormoc 1991 und beim Ausbruch des Pinatubo 1991, deren Folgen noch heute von Tausenden von Filipinos zu tragen sind.

Die Vereinigte Kirche Christi in den Philippinen (UCCP) hat 1991 ein Handbuch zur Katastrophenbekämpfung herausgegeben, mit dem kirchliche Mitarbeiter während Schulungen auf Unglücksfälle vorbereitet werden. In den genannten Krisengebieten hat die UCCP mit ausländischer Unterstützung Hilfsprojekte zur Evakuierung von Betroffenen und zum Wiederaufbau zerstörter Gebiete eingerichtet. Psychologische Betreuung der Betroffenen und Schulung in Selbsthilfe zur Organisation von Kooperartiven und Kleinstbetrieben gehören mit dazu.

Deutscher Chemiekonzern gerät in die Schlagzeilen

Im Jahre 1969 wurden die Deutschen durch ein Massensterben von Fischen im Rhein aufgeschreckt: Endosulfan, ein stark giftiges, halogenhaltiges Insektenvernichtungsmittel, war in größeren Mengen ins Wasser des Stromes gelangt. Noch heute wird dieser Giftstoff von einer deutschen Firma in den Philippinen in großen Mengen angeboten und verkauft.

Insektenvernichtungsmittel mit Endosulfan sind zwar für die Anwendung im Reisanbau nicht zugelassen; doch hat sich bei philippinischen Reisbauern rasch herumgesprochen, wozu sie sich hervorragend eignen: zur Bekämpfung der Goldenen

Schnecke, eines gefürchteten Schädlings, der die Blätter junger Reispflanzen frißt und Teile frisch bepflanzter Reisfelder in kurzer Zeit vernichtet.

Dabei gehört die Goldene Schnecke gar nicht zu den einheimischen Tierarten. Erst im Jahre 1984 war sie aus Lateinamerika in die Philippinen eingeführt worden. Da sie von Lateinamerikanern als Nahrungsmittel geschätzt wird, hatten 'Entwicklungsexperten' empfohlen, sie als billigen Fleischlieferanten auch in die Philippinen einzuführen. In verschiedenen Landesteilen wurden die importierten Schnecken an die Landbevölkerung verteilt. Die tropischen Naßreisfelder erwiesen sich als eine optimale Umgebung. Die Tiere vermehrten sich erfolgreich und rasch, ohne jedoch als Nahrungsmittel beliebt zu werden. Ursprünglich sollten die Schnecken wohl nur in besonderen Becken gezüchtet werden. Doch in kurzer Zeit hatten sie ihre Umwelt erobert. Damit nahm das Verhängnis seinen Lauf.

Melvin ist ein Reisbauer auf der Insel Negros. Einer von 12 Millionen in den Philippinen. Zweimal im Jahr pflanzt er Reis in den sumpfigen Boden seines Ackerlandes. In den vergangenen Jahren hat er mitunter bis zu 25 Prozent seines Pflanzgutes durch Schneckenfraß verloren. Um die Pflanzen vor diesen Schädlingen zu schützen, spritzt er sie inzwischen mit einem Insektizid. Bei dieser Arbeit bindet er sich zum Schutz ein angefeuchtetes Tuch vor Mund und Nase. Doch nach dem Giftspritzen klagt er jedesmal ein oder zwei Tage lang über Kopfschmerzen und Benommenheit. Gelegentlich litt er schon unter Krampfanfällen. Einmal trat ihm sogar Schaum vor den Mund. Melvin spritzt Thiodan. Und Thiodan enthält Endosulfan. Vertrieben wird das Mittel in den Philippinen von Hoechst.

Melvin ist kein Einzelfall. Schon zwischen 1980 und 1987 wurden in staatlichen philippinischen Krankenhäusern 4031 Patienten mit Vergiftungserscheinungen durch Insektenvernichtungsmittel behandelt. Jeder siebte Fall verlief tödlich. Fachleute gehen davon aus, daß nur ein sehr kleiner Teil der Erkrankten ein Krankenhaus aufsucht und die tatsächlichen Zahlen viel höher liegen. Der übliche Schutz, sich ein Tuch vor Nase und Mund zu binden, ist unzureichend: die Giftstoffe gelangen nicht nur durch Einatmen, sondern auch durch die Haut in den Körper. Immer häufiger werden Insektizide zudem zum Selbstmord und zu Mordanschlägen verwendet.

Schon im Dezember 1991 hatte die philippinische "Behörde für Düngemittel und Schädlingsbekämpfungsmittel" (FPA) die Verwendung von Endosulfan als Insektenvernichtungsmittel verboten. Ärzte der medizinischen Fakultät der University of the Philippines in Manila hatten herausgefunden, daß die Verwendung dieses Mittels einer der Hauptgründe für Vergiftungen in den Philippinen ist.

Hoechst zeigte sich von dieser Anordnung wenig beeindruckt. Die Firma klagte gegen diese Entscheidung vor Gericht und setzte den Verkauf des umstrittenen Mittels fort. Richter Julio Logarta untersagte der Behörde, gegen Hoechst vorzugehen. Die Firma ließ durch ihren Rechtsberater Cesar Cruz verlauten, daß Schädlingsbekämpfungsmittel zwar giftig seien, Gefahren jedoch durch sachgemäßen Gebrauch vermieden werden könnten. Tatsächich werden manche Insektizide in westlichen Ländern nur mit Schutzkleidung gespritzt. In den Philippinen laufen die Bauern beim Spritzen allerdings mitunter nur mit einer kurzen Hose und einem T-

Philippinischer Reisbauer spritzt Insektenvernichtungsmittel mit unzureichender Schutzbekleidung

Shirt bekleidet barfuß durch die bewässerten Reisfelder und "schützen" sich bestenfalls mit einem Mundtuch.

Richter Logarta und Rechtsberater Cruz entpuppten sich indes bald als alte Freunde. Wie das "Philippine Center for Investigative Journalism" herausfand, arbeiteten sie in den 80er Jahren gemeinsam als Rechtsanwälte für die Firma Marblecraft, die mit Hoechst Philippines zur selben Unternehmensgruppe gehört.

Logarta verhinderte nicht nur ein Vorgehen der Behörde gegen Hoechst, sondern bewirkte im Mai 1992 sogar einen Gerichtsbescheid, der die Einfuhrquote für Endosulfan nahezu verdoppelte.

Hoechst verlangte in der Zwischenzeit öffentliche Anhörungsverfahren über die Risiken von Thiodan. Ein solches Verfahren hätte einen endgültigen Gerichtsentscheid über den Vertrieb des gefährlichen Mittels um Jahre hinausgezögert. Gegen Kritiker reichte die Firma Gerichtsklagen ein. So verklagte sie die Journalistinnen Sophie Bodegon und Josephine Calderon (beide arbeiten für die Nachrichtenagentur Philippine News and Features) und den Arzt Dr. Romeo Quijano auf 22 Millionen Pesos Schadenersatz, da diese Endosulfan als krebserregend bezeichnet hatten. Auch Vertretern der philippinischen Behörde ließen sie über ihre Rechtsanwälte mit Gerichtsverfahren drohen. Philippinische Beamte sind mit der Androhung solcher Klagen, die sich über Jahre hinziehen können, leicht einzuschüchtern. Beamte, die in den Ruhestand treten und eine Klage anhängen haben, bekommen keine Pension ausgezahlt. Einen ersten Erfolg konnte allerdings die Journalistin Jo Calderon verbuchen: sie wurde vom philippinischen Presseinstitut mit dem Preis für technischen und wissenschaftlichen Journalismus ausgezeichnet.

Hoechst weiß, was ökonomisch auf dem Spiel steht. In den Philippinen ist Thiodan sein Spitzenprodukt. 300 Millionen Pesos (= 20 Millionen DM) soll die Firma jährlich allein an dem Verkauf dieses Produktes in den Philippinen verdienen. Im Jahre 1992 machte der Verkauf von Thiodan 52% ihres Gesamtumsatzes im Landwirtschaftsbereich aus.

Inzwischen haben die Behörden im Umgang mit Hoechst einen schärferen Ton angeschlagen. Im Dezember 1993 entzog die FPA der Firma alle Lizenzen zum Vertrieb ihrer agrochemischen Mittel. Die Firma sollte gezwungen werden, den Anordnungen der philippinischen Ämter Folge zu leisten. Die Einfuhr des Mittels Endosulfan wurde gestoppt. Die Tageszeitung "Philippine Daily Inquirer" meldete allerdings in ihrer Ausgabe vom 27.1.94, daß das ebenfalls verbotene Insektizid Brestan von Malaysia aus über den Hafen von Dumaguete ins Land geschmuggelt werde.

Im Januar 1994 untersagte der Oberste Gerichtshof mit einer einstweiligen Verfügung dem Richter Logarta, sich weiterhin mit Fällen von Hoechst zu befassen. Die AFP verlangte von Hoechst, seine Vorräte an Schädlingsbekämpfungsmitteln überprüfen zu lassen. Erst im Februar erhielt die Firma ihre Lizenzen zurück, nachdem eine Inventarüberprüfung keine Unregelmäßigkeiten ergeben hatte. Ob es der Firma allerdings erlaubt werden wird, die verbotenen Mittel Thiodan und Brestan weiterhin zu verkaufen, bleibt abzuwarten. Eine Entscheidung des Obersten Gerichtshofes steht noch aus.

Der Regenwald verschwindet

Als wir im Jahre 1988 in die Philippinen ausreisten, hegten wir noch eine schöne Illusion: Wir wollten Urwälder sehen und Affen und Papageien auf Baumriesen beobachten. Wir besaßen Landkarten von den Philippinen, nach denen weite Gebiete dieses Landes mit jungfräulichem Regenwald bedeckt zu sein schienen. Tatsächlich waren 1969 von den 30 Millionen Hektar Land, welche die philippinischen Inseln umfassen, noch 16 Millionen Hektar mit Wald bedeckt. Doch schon 1988 war das Waldland auf 6,4 Millionen ha oder 20% der Gesamtfläche geschrumpft. 1991 gab der damalige Umweltminister Fulgencio Factoran bekannt, daß nur noch 800.000 ha Regenwald übriggeblieben seien. Und noch immer verringert sich der Bestand von Jahr zu Jahr. Experten gehen davon aus, daß schon im Jahr 2000 der letzte philippinische Wald abgeholzt sein wird.

Im Mai 1992 wanderte ich zehn Tage lang durch das entlegene Hochland im Inneren Mindanaos. Ich kam durch Gebiete, die in den 70er Jahren noch von Regenwald bedeckt waren und jetzt völlig entwaldet sind und unter katastrophaler Dürre leiden. Im November 1993 wanderte ich sechs Tage lang durch das Innere der Insel Negros. Ich sah noch in vielen Feldern die Stümpfe alter Urwaldriesen und in unzugänglichen Schluchten die kümmerlichen Reste des einstigen Dschungels. Zweimal hatte ich Gelegenheit, bei klarer Sicht und in relativ niedriger Höhe die philippinischen Kordilleren zu überfliegen, deren angeblich große Kiefernbestände noch heute durch Touristenprospekte geistern. Tatsächlich sind die Kordilleren zu einem schauderhaft abgeholzten Gebirge geworden, das von oben mitunter einer Mondlandschaft gleicht. Die berühmten Ifugao-Holzschnitzer müssen sich ihre Harthölzer inzwischen von außerhalb besorgen.

Die gegenwärtige philippinische Regierung hat den Holzeinschlag im Urwald weitgehend verboten. Doch die illegalen Abholzungen gehen weiter. Weihnachten 1993 brachte den Küstenbewohnern Dumaguetes und seiner Nachbarorte eine unerwartete Bescherung. Während einer stürmischen Nacht wurde der Strand auf vielen Kilometern Länge mit auf Maß geschnittenen und geschälten Stämmen von hervorragender Qualität überschwemmt. Die Behörden setzten Wachen ein, um herauszufinden, wer versuchen würde, die Stämme abzutransportieren. Doch niemand hat die Eigentümerschaft an diesem Holz reklamiert. Es muß sich um illegal abgeholzte Bäume handeln, die übers Meer geflößt werden sollten. Der Transport geriet in einen Taifun, die Stämme rissen sich los, und die 'Bescherung' wurde an Dumaguetes Küste gespült. Inzwischen, nachdem die Wachen abgezogen wurden, haben unsere Nachbarn manche Stämme in großen Erdlöchern verbuddelt, um sie wieder auszugraben, wenn "Gras" über die Angelegenheit gewachsen ist.

In den vergangenen 30 Jahren hatten 480 Firmen eine Konzession für den Holzeinschlag in den Philippinen. Es wird geschätzt, daß sie einen Profit in Höhe von 42 Milliarden US-Dollar machten. In den 60er Jahren war die Holzindustrie die wichtigste Einnahmequelle des Landes. Holzexporte sorgten dafür, daß ausländische Währung ins Land kam. Mehr als 100 Millionen Kubikmeter Qualitätsholz wurden ins Ausland verschifft. Japan kaufte die Ware in ungeheuren Mengen auf. Mit ihrem billigen Exportholz finanzierten die Philippinen ungewollt einen Teil des japanischen Wirtschaftsbooms. Die Einnahmen sollten gemäß der offiziellen Ideologie der Industrialisierung der Philippinen dienen. Tatsächlich wurde ein großer Teil der Exporterlöse im Ausland angelegt, in Ländern wie den USA oder in Hongkong. Die philippinische Bevölkerung dürfte davon kaum einen Peso gesehen haben. Und bevor die Industrialisierung des eigenen Landes beginnt, haben die Filipinos ihre Holzvorräte bereits verschleudert.

Zudem führen die Abholzungen neben den ökologischen Schäden zur Vertreibung ethnischer Minderheiten in den ehemaligen Waldgebieten und zur Verarmung unzähliger Kleinbauern und Fischer.

Nach den von großen Firmen vorgenommenen Abholzungen ziehen Siedler aus dicht bevölkerten Landstrichen in das Neuland. Durch ihr System der Brandrodung beseitigen sie auch das Unterholz und verhindern den sekundären Aufwuchs von Pflanzen. Der Boden ist damit schutzlos der Erosion preisgegeben, und es fehlt an Pflanzen, deren Wurzelwerk das Wasser der Regenzeit speichern könnte. Überschwemmungen und die Versandung der Flüsse sind die unmittelbaren Folgen. Fachleute schätzen, daß 20% des Erosionsmaterials in Flüssen, Wasserreservoiren und Bewässerungskanälen landen und damit den Bauern im Flachland erheblich zur Last fallen. Sand und Gestein aus den Bergen zerstören zudem die Korallenriffe vor der Küste und gefährden damit die Fischbestände in Küstennähe, von denen die philippinischen Fischer abhängig sind. In zunehmendem Maße sind ganze Landstriche von Überschwemmungen bedroht.

Die Bevölkerungsexplosion in den Philippinen sorgt dafür, daß auch gut gemeinte Wiederaufforstungsprojekte nur sehr begrenzte Erfolge erzielen werden. Von den 63 Millionen Filipinos leben immerhin 18 Millionen im (vormals bewaldeten) Hochland. Wiederaufforstungen werden am ehesten dort erfolgreich sein, wo sie der örtlichen Bevölkerung neue Einnahmequellen durch Forstwirtschaft versprechen.

Entwaldung und Wiederaufforstung auf Negros

Von Martin Stahlhut

Der Verfasser dieses Beitrages ist Diplom-Forstwirt und arbeitet seit 1993 als Entwicklungshelfer des Deutschen Entwicklungsdienstes (DED) in Wiederaufforstungsprojekten in der Provinz Negros Oriental mit.

Die Insel Negros liegt im Zentrum des philippinischen Archipels. Von ihrer Nordspitze aus, rund 460 km südwestlich von Manila, erstreckt sie sich 220 km nach Süden. Ein Bergmassiv teilt die Insel in Nord-Süd-Richtung, mit dem 2465 m hohen Vulkan Kanlaon in der nördlichen Hälfte und dem Talinis-Massiv (1903 m) im Süden. Der östliche Küstenstreifen, von der Nachbarinsel Cebu durch die Tanon-Meeresenge getrennt, ist im Durchschnitt nur wenige Kilometer breit, im Gegensatz zu dem weiten Flachlandgürtel westlich der Bergkette.

Im Vergleich zum Landesdurchschnitt von 216 Einwohnern pro km² ist die Provinz Negros Oriental mit 171 Einwohnern pro km² (925 000 Einwohner auf 5400 km²) dünn besiedelt. Verläßliche Zahlen zum Bevölkerungswachstum gibt es nicht. Landesweit liegt die Wachstumsrate bei 2.7 % und damit im Spitzenbereich Südostasiens. Rund 65 % der Beschäftigten in Negros Oriental sind in der Landwirtschaft tätig. Mehr als Dreiviertel der Familien verfügen über ein Einkommen, das unterhalb der Armutsgrenze liegt. Im Jahre 1992 waren 17,4 % der Bevölkerung in dieser Provinz unterernährt. Der Prozentsatz lag damit höher als der nationale Durchschnitt von 14,0 %.

Eine Ausdehnung der landwirtschaftlichen Nutzfläche ist nur auf Kosten der ökologisch sensibleren Hanglagen mit einer Neigung von mehr als 18 % möglich. Dieses im Staatsbesitz befindliche Forstgebiet (1992 waren das 52 % der Gesamtfläche = 281.000 ha) wird von Farmern als frei verfügbar angesehen, während sämtliche Flächen mit einem geringeren Gefälle bereits genutzt werden.

Als 1979 die letzten Holzeinschlagskonzessionen in der Provinz ausliefen, wurden die leergeräumten Rest-Wälder zum bevorzugten Ziel für Brandrodung. Zusammen mit illegalem Holzeinschlag liegt hierin der Grund für die zunehmende Entwaldung der Provinz: der "5-Year Provincial Development & Investment Plan" beziffert den Waldanteil auf 5% (1988): von den 29.200 ha sollen 18.500 ha Tiefland-Regenwälder sein und 10.700 ha Bergregenwälder. Nur noch die Bergwälder bilden geschlossene Bestände von erwähnenswerter Ausdehnung; bei dem Naturwald handelt es sich zumeist um kleine, verstreute Parzellen, in die sich von den Rändern her die landwirtschaftliche Nutzung hineinfrißt.

Durch ungeregelte Nutzung von Forstland ist die Bodenerosion heute zu einem sehr ernsten Problem geworden. Durch den zunehmenden Verlust des fruchtbaren Oberbodens nehmen die Erträge rapide ab, und die Farmer weichen auf immer ungünstigere Standorte aus. Der Grundwasserstand sinkt ab, die Wasserführung der Flüsse wird immer unausgeglichener: in Zeiten geringeren Niederschlags trocknen sie aus, während in der Regenzeit nicht mehr durch die Vegetation zurückgehaltene Wassermassen Steine und Schlamm zu Tal hinabwälzen. Die starke Sedimentation führt zu einer Verminderung der Fischbestände in den küstennahen Gewässern. Mittlerweile betreiben auch Fischer in den Bergen Landwirtschaft, um so abnehmende Erträge aus dem Fischfang zu kompensieren.

Dem bedrohlichen ökologischen Zustand, insbesondere in den Berggebieten, aber auch der unzulänglichen ökonomischen Situation der dortigen Bevölkerung, sollte mit einem Entwicklungsprojekt abgeholfen werden, das die Weltbank mit 15 Mio. US-Dollar finanzierte - auf Darlehensbasis. Das Central Visayas Regional Projekt (CVRP) *umfaßte die Inseln und Provinzen Cebu, Bohol, Siquijor und Negros Oriental. Zur Durchführung des Programms mit einer Laufzeit von 8 Jahren wurde eine umfangreiche eigene Administration aufgebaut, parallel zu den zuständigen Behörden und völlig unabhängig davon.*

Ziel des Vorhabens war unter anderem, Einkommen und Lebensstandard der ländlichen Bevölkerung anzuheben und Wälder in den Berggebieten zu bewirtschaften. In den wenigen, nach politischen Gesichtspunkten ausgewählten Projektgebieten, die nur wenige hundert Hektar umfaßten, begann man mit der Durchführung von Trainings und anderen Fortbildungsmaßnahmen, um eine leistungsfähige Verwaltungsstruktur aufzubauen und die Gemeinden in die Lage zu versetzen, später selbst ihre Ressourcen bewirtschaften zu können. Es folgte die Einführung technischer Maßnahmen wie zum Beispiel konturparalleler Anbau, Erosionsschutzhecken, Konturwälle, kombinierter Anbau von landwirtschaftlichen Nutzpflanzen und Bäumen, womit an Berghängen die Erosion vermindert werden sollte. Auch die Wiederaufforstung brachliegender Flächen war Bestandteil des Projektes.

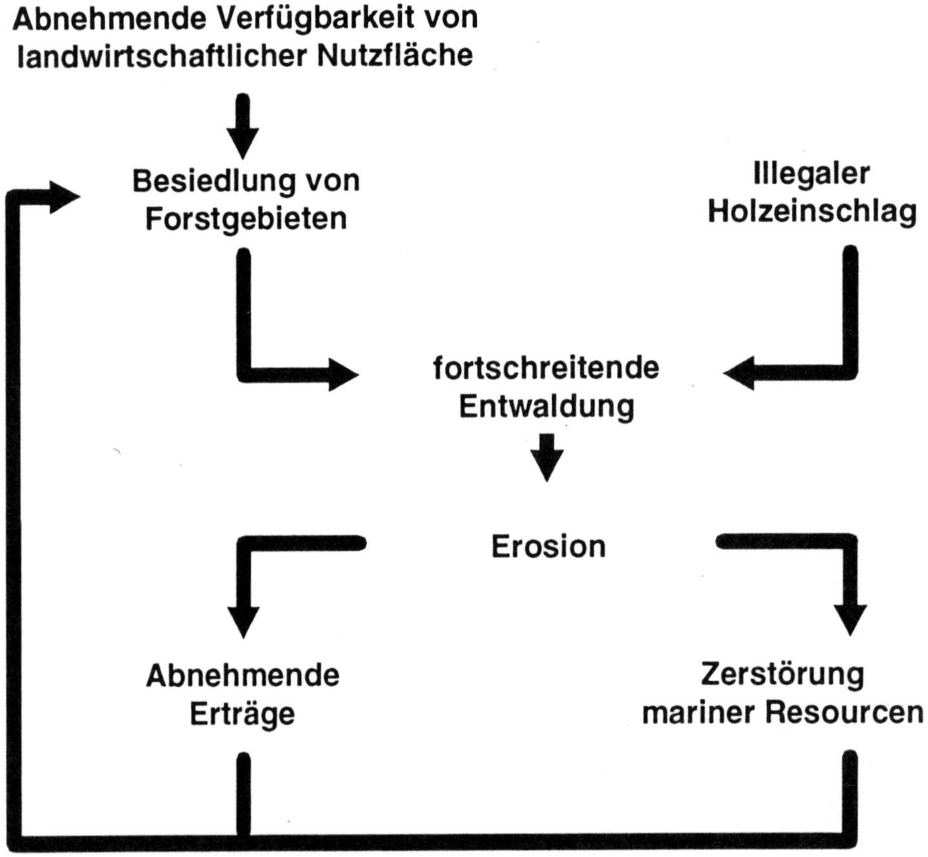

Verflechtung von Armut und Umweltzerstörung

Um die Mitarbeit der lokalen Bevölkerung zu erreichen, wurde ein umfangreiches Instrumentarium eingesetzt: durch den Ausbau von Zufahrtswegen, die Errichtung von Versammlungsgebäuden, den Bau von Wassertanks und Leitungen wurde die Infrastruktur verbessert; die Finanzierung einkommenschaffender Maßnahmen sollte den Druck auf die natürlichen Ressourcen vermindern; den Farmern wurde die Legalisierung ihrer widerrechtlichen Bewirtschaftung des Waldlandes in Aussicht gestellt, wenn sie bestimmte bodenpflegliche Maßnahmen durchführten; und nicht zuletzt wurden sie für die Teilnahme an Wiederaufforstungsvorhaben großzügig entlohnt - zusätzlich zu einer vertraglich zugesicherten Beteiligung an den späteren Ernteerlösen.

Mit einer erfolgreichen Durchführung des Programms verband man die Erwartung, daß es in die benachbarten Gemeinden ausstrahlen und somit nach und nach eine große Breitenwirkung entfalten würde. Heute, rund 10 Jahre nach dem Beginn des Projektes und 2 Jahre nach seiner Beendigung, wird es von ehemaligen Mitarbeitern nur noch als von vornherein so konzipierte "Pilotphase" dargestellt, aus der man - immerhin - viel gelernt habe. Denn die Erfolge halten sich - im Vergleich zu dem immensen Aufwand - in bescheidenen Grenzen.

Die Zufahrtsstraßen sind an vielen Stellen fortgespült, die Gebäude verfallen, Wassertanks und -leitungen lecken: es fehlt am Interesse der Betroffenen, aber auch am Geld für die Instandhaltung. Die einkommenschaffenden Maßnahmen waren häufig am Schreibtisch entworfen worden und nur in Ausnahmefällen erfolgreich: als Grundstock zum Aufbau einer Zucht verteiltes Vieh überlebte häufig nicht die nächste Feier; Bauernkooperativen dienten nicht immer den Mitgliedern, aber oft als Selbstbedienungsläden für ihre Funktionäre. Wenn Flächen zur Wiederaufforstung rar wurden, begannen die Farmer mancherorts damit, die erst kurz zuvor gepflanzten Setzlinge auszureißen, um sofort für Nachpflanzungen bezahlt zu werden; denn die Beteiligung an den Ernteerlösen würde sich erst in ferner Zukunft bezahlt machen - wenn überhaupt. Und was die zugesicherten Rechte an der Landnutzung betrifft: Verpflichtungen der Pächter den vorgeblichen Besitzern gegenüber (die ihren - rechtlich unhaltbaren - Anspruch auf Staatsland durch Zahlung von Grundbesitzsteuern an die Gemeinden untermauern) und Verflechtungen mit lokalen Politikern (die sich hier ihr Wählerpotential sichern) werden allemal ernster genommen als der kurze Arm der Regierung, mit deren Verträgen so mancher Farmer schlechte Erfahrungen gemacht hat. Dazu kommt, daß die Regierung mittlerweile ein totales Holzeinschlagverbot erlassen hat. Damit wurde das illegale Fällen immer lukrativer, und in den abgelegenen Bergregionen verfügen Angehörige von Militär, Polizei und der Forstbehörde nicht nur über Waffen, sondern auch über Kettensägen und Lastkraftwagen.

Dessen ungeachtet versuchen die Umwelt- und Forstbehörde der Zentralregierung, die Provinzregierung und regionale gemeinnützige Organisationen, mit Unterstützung aus- und inländischer Kreditgeber und Spenderorganisationen, die negative Waldbilanz umzukehren. Nicht überall sind Konsequenzen aus den Fehlern der Vergangenheit gezogen worden: so liegen die Sympathien bei Verantwortlichen der Weltbank, welche die (ursprünglich nicht beabsichtigte) zweite Phase des Central Visayas Regional Project *finanzieren wird, bei der Anlage von Eukalyptus-Plantagen. Damit lassen sich zweifelsohne rasch große Flächen bewalden. Doch geht dies nicht nur auf Kosten einheimischer Baumarten, für die es in diesen Plantagen keinen Platz gibt, sondern auch der lokalen Bevölkerung, die wieder Gefahr läuft, zu Statisten degradiert zu werden, wie bereits zuvor, als sie an der Nutzung der Wälder so gut wie keinen Anteil hatte, denn Eukalyptus eignet sich vorzugsweise für eine großindustrielle Nutzung.*

Dennoch ist dies ein erster Schritt, eine geregelte Nutzung von Bäumen zum Motor der Entwicklung ländlicher Gebiete zu machen. Der nächste ist, sowohl die Interessen als auch das Potential der Zielgruppen in den Projektgebieten zu berücksichtigen.

Wichtig ist nach wie vor, die Nutzungsrechte der Bevölkerung an den Früchten ihrer Bemühungen sicherzustellen. Der legale Rahmen dazu existiert. Allerdings ist es nach schlechten Erfahrungen der Farmer mit Behörden unabdingbar, daß sich eine für die Bergbauern akzeptable, zuverlässige Interessenvertretung etabliert, die sie bei der Aushandlung von Verträgen mit den "Grundbesitzern" und mit der zuständigen Umwelt- und Forstbehörde unterstützt.

Als nächstes zu nennen ist die aktive Partizipation der Zielgruppe. Sie ist von zweifelhafter Zuverlässigkeit, wo sie durch als einkommenschaffende Maßnahmen deklarierte Geschenke erkauft wurde, und dort am größten, wo mit der Waldnutzung selbst die Bedürfnisse erfüllt werden. Darüber hinaus ist es entscheidend, Erfahrungen und Kenntnisse der lokalen Bevölkerung einzubeziehen, wenn die betroffenen Gemeinden das Vorhaben als ihr eigenes ansehen sollen.

Das Spektrum einheimischer Baumarten, das den in den Bergen lebenden Menschen vertraut ist, ist nicht nur ökologisch stabiler, sondern bietet oft auch für eine Verarbeitung vor Ort die besseren Möglichkeiten als exotische Wunderbäume, die sich vor allem für eine industrielle Verwertung eignen. So könnte die handwerkliche Anfertigung hochwertiger Möbel aus der Rattanpalme oder der Hartholzart Narra (zur Zeit kaum noch verfügbar) längerfristig Einkommen vor Ort schaffen. Aus dem einheimischen Nadelbaum Agathis dammara läßt sich in aufwendiger Handarbeit ein für Spezialzwecke begehrtes Harz gewinnen. Und schon wenige Jahre nach seiner Pflanzung läßt sich der "Holzkohlebaum" Trema orientalis ernten - die Nachfrage nach Holzkohle in den urbanen Zentren ist beträchtlich - , wobei aber grundsätzlich geklärt werden muß, welches Vermarktungspotential im einzelnen die möglichen Holz- und Waldprodukte haben.

Bedeutsam ist die Kombination von langsamwüchsigen Arten, die ihr volles ökonomisches Potential erst nach längerer Zeit erreichen, mit solchen, die schon nach wenigen Jahren Erträge abwerfen, um den Betroffenen möglichst bald einen Gewinn zu verschaffen.

Aber auch auf den Philippinen reifen Bäume nicht innerhalb weniger Monate heran - genausowenig wie die Kenntnisse ihrer nachhaltigen Bewirtschaftung. Die Begleitung eines umfassenden Projektes über die Pflanzung hinaus bis hin zur

Abholzung und Erosion in den philippinischen Kordilleren: die Geröllmassen eines Flusses haben Reisfelder im Tal vernichtet

Im Hochland von Mindanao: Vor zwanzig Jahren stand hier noch Urwald. Als letzter Zeuge des ehemaligen Regenwaldes blieb allein dieser Baum zurück, der als Wohnsitz von Geistern gilt

Nutzung ist eine Herausforderung über einen längeren Zeitraum. Erfolgversprechende Ansätze werden derzeit in Vorhaben eines gemeinnützigen Vereins durchgeführt, der Ting Matiao Foundation (TMF), *die Ende der 80er Jahre von einem örtlichen Rotary-Club gegründet wurde, und in dem neben einheimischen Fachkräften auch Mitarbeiter des* Deutschen Entwicklungsdienstes (DED) *ihre Kenntnisse unterschiedlicher fachlicher Disziplinen einbringen. Durch Nutzung der ökologischen und Entwicklung der ökonomischen Möglichkeiten soll das Einzugsgebiet eines Flusses geschützt werden, der die Provinzhauptstadt mit Trinkwasser versorgt. Von der Effektivität dieses Schutz- und Nutzungskonzeptes wird es abhängen, ob in ein paar Jahren das Trinkwasser in Flaschen herbeigeschafft werden muß. Bisher hat es den Anschein, als werde die Mineralwasserindustrie in diesem Fall leer ausgehen.*

Bedrohter Lebensraum Korallenriffe

Von Helge Vogt

Der Autor ist Mitarbeiter des Zentrums für Marine Tropenökologie an der Universität Bremen und lebt zur Zeit in Dumaguete (Provinz Negros Oriental). Gegenwärtig arbeitet er für CEMRINO, ein von der Europäischen Union gefördertes Projekt, das sich zum Ziel gesetzt hat, von den Fischern selbstverwaltete Korallenriffschutzgebiete einzurichten. Von besonderer Bedeutung ist hierbei die Zusammenarbeit mit der Resource Management Division (Dumaguete) und dem Deutschen Entwicklungsdienst (DED). Der nachfolgende Artikel wurde - in gekürzter Fassung - mit freundlicher Genehmigung des Focus Verlags dem Band Un-endliches Meer, hg. v. N. K. Gelpke, Reihe Ökozid, Gießen 1992, S. 125-158, entnommen.

Ungestörter Badeurlaub unter Kokospalmen, die einsame Südseeinsel, die Ganzkörperbräune, das Robinsonsyndrom, Tauchen in tropischen Riffen umschwärmt von bunten Fischen, Sonne, Sand und Superdrinks.

Besteht dieses Klischee auch heute noch zu Recht; oder muß dieses Bild revidiert werden? Überdüngung, städtische Abwässer, Schwermetalle, Radioaktivität, Überfischung und Ölverschmutzung sind nur einige Punkte der Problemliste, die die International Union for Conservation of Nature (IUCN) *für die Korallenriffe der Tropen aufgestellt hat.*

Wo zwischen diesen beiden Extremen, der ungestörten Südseeidylle einerseits und der düsteren Endzeitvision andererseits, befindet sich tatsächlich der Zustand der Korallenriffe?

Vor der Kolonialzeit

Auf den häufig kleinen Inseln der Tropen war die landwirtschaftliche Nutzfläche sehr begrenzt, und die Versorgung mit Nahrungsmitteln erfolgte im wesentlichen aus dem Meer. Auf diese Weise konnten mindestens 90% aller Proteine aus dem Meer bzw. den Korallenriffen gewonnen werden.

Die Welt der Menschen bestand aus ihren Inseln, den sie umgebenden Korallenriffen, den Lagunen und dem Meer. Auch die zur Verfügung stehenden natürlichen Ressourcen waren gleichermaßen begrenzt. In diesem System regelten überlieferte Gesetze den Fang von Fischen, Schildkröten und Seevögeln. Das Recht, in einer bestimmten Region zu fischen, wurde von einem Clan, einem Chief oder einer Familie überwacht. In den weitaus meisten Fällen war es die Küstenbevölkerung, die ihre Belange natürlicherweise selbst regelte. Zusätzliche Beschränkungen gab es in Form religiöser Tabus. Fischgründe konnten für eine begrenzte Zeit gesperrt sein; während der Paarungszeit durfte nicht gefischt werden; und wurde zuviel gefangen, dann wurde das Übermaß wieder freigelassen. Während schlechten Wetters durfte nicht gefangen werden; und für den Fang von Schildkröten galt, daß junge Schildkröten nicht gesammelt werden durften, wenn sie sich noch am Strand befanden. In dieser Subsistenzwirtschaft wurden hauptsächlich Fische, Schildkröten, aber in kleineren Mengen auch wirbellose Tiere, wie z.B. Muscheln, Schnecken und Krebse, genutzt. Im Vergleich zu den gemäßigten Breiten standen den Bewohnern tropischer Küsten mit den zahlreichen riffbewohnenden Arten ein wesentlich reichhaltigeres Nahrungsangebot zur Verfügung.

Die gegenwärtige Situation

Die momentane Situation ist das Ergebnis einer Entwicklung, die mit der Eroberung durch die Kolonialmächte, im wesentlichen Spaniens, Frankreichs, Großbritanniens und auch Deutschlands, vor ca. 200 Jahren begann. Auch wenn die Kolonialmächte sich als solche inzwischen fast überall zurückziehen mußten, so hat doch ihre Anwesenheit tiefgreifende Veränderungen im gesamten Leben der Ureinwohner der Tropen hinterlassen. Die alten, überlieferten Regeln und Restriktionen, die geholfen haben, die Riffe über Jahrhunderte zu erhalten, sind ebenso wie die gesamte Kultur, die soziale Struktur und die Religionen zumindest teilweise durch westliche Werte und Lebensweisen ersetzt worden. Für den Fischfang bedeutet dies einen Wandel von der Einstellung "ich fange so viel, wie ich benötige und mir erlaubt ist" hin zur westlichen Einstellung "je mehr Fisch ich fange, um so mehr verdiene ich". Diese neue Grundhaltung veränderte nicht nur das soziale und wirtschaftliche Leben, sondern führte auch zum Verlust überlieferten Wissens. So wußten alte einheimische Fischer häufig mehr über Korallenfische als die moderne Wissenschaft heute.

Korallenabbau

Ein direkter Eingriff ist das Abschlagen und Absammeln von Korallenblöcken (coral mining) *zur späteren Verwendung als Baumaterial oder zur Zementgewinnung.*

Wissenschaftliche Untersuchungen ergaben, daß sich einmal als "Minen" benutzte Riffe auch nach 3 Jahren nicht oder nur wenig von diesen Eingriffen erholt haben. Darüber hinaus wird auch der Fischbestand nicht nur am unmittelbar betroffenen Riffdach, sondern auch am Riffhang deutlich verringert. Durch die geringe Anzahl an Schutz bietenden Korallen wird der natürliche Lebensraum der Fische deutlich verkleinert.

Der Korallenabbau bringt neben der erhöhten Gefährdung der Inseln durch Stürme auch deutliche wirtschaftliche Nachteile mit sich. Das gilt besonders für Riffe, die leicht zugänglich und sowohl vom Korallenabbau als auch von einer starken Befischung betroffen sind.

Zu diesen direkten Eingriffen an den Riffen selbst können sich u.U. auch globale, ebenfalls durch den Menschen hervorgerufene, nachteilige Veränderungen addieren. Der zu erwartende Anstieg des Meeresspiegels könnte für Länder in unmittelbarer Meereshöhe fatale Auswirkungen haben.

Baumaßnahmen

Auch wenn Touristen häufig durch das exotisch Neue angelockt werden, so bedeutet dies doch keinesfalls, daß sie sich auch auf den landesüblichen Lebensstil einlassen wollen. Ein in der Regel wesentlich höherer Standard muß erreicht werden. Zu diesem Zweck entstehen manchmal gegen den massiven Widerstand der einheimischen Bevölkerung luxuriöse Vielsternehotels.

Da Korallen gewisse Mindestmengen an Licht zum unbeeinträchtigten Wachstum benötigen, können Trübungen das Licht im Wasser erheblich reduzieren und ihr Wachstum verzögern. Werden z.B. Häfen, ufernahe Hotels, Truppenunterkünfte, Wellenbrecher oder auch nur ein befahrbarer Anleger gebaut, dann werden große Mengen Erdreich ins Wasser gekippt und können mit der Strömung zum Riff verdriftet werden. Neben der Trübung des Wassers und der daraus folgenden verringerten Photosyntheseleistung der im Korallengewebe lebenden einzelligen Algen ergibt sich noch ein weiterer, gravierender Eingriff. Das verdriftete Baumaterial sinkt zu Boden und lagert sich auch auf den Korallen ab, die versuchen, sich durch das Ausscheiden von Schleim (dem sog. Mucus) von den Sandpartikeln zu befreien. Dabei kann die Koralle ihre gesamte Energie auf die Ausscheidung von Mucus konzentrieren und sich erschöpfen oder nicht mehr in der Lage sein, sich von den sedimentierten Partikeln zu befreien, und dann ersticken.

Von großer Schutzbedeutung für die Korallenriffe sind in diesem Zusammenhang die tropischen Regenwälder. Abholzungen und Brandrodungen führen zu schwerwiegenden Bodenerosionen, und große Mengen an Erdreich werden in die Korallenriffe gespült. Von besonderer Bedeutung ist daher der Schutz riffnaher Waldbestände und die Aufforstung mit tiefwurzelnden, langlebigen Baumarten zum Schutz der Korallenriffe.

Dredgen

Mit dem Begriff "Dredge" bezeichnet man ein Metallgestell, das von einem Schiff über Grund gezogen wird. In der meeresbiologischen Forschung werden so seit vielen Jahrzehnten Proben der bodensiedelnden Flora und Fauna gewonnen. Die Dredge wird auch zum Vertiefen von Häfen, zur Gewinnung von Bodenschätzen z.B. von Zinn oder zur Sandgewinnung genutzt. Erfolgt dies in der Nähe von Korallenriffen, treten für die Riffe vergleichbare Nachtteile auf wie bei Bautätigkeiten.

Schnorcheln, Tauchen

Viele Urlauber wollen die Formen- und Farbenvielfalt der Korallen nicht nur durch das Fenster eines Glasbodenbootes sehen, sondern möglichst dicht an die Fische und Korallen herankommen. Mit Maske und Schnorchel 'bewaffnet', lassen sich zahlreiche Touristen auf organisierten Halbtages- und Tagestouren zu den Riffen fahren. Häufig ist es dann der Anker, der die ersten Korallen zerbricht. Beim Hineinspringen vom Boot ins Wasser werden dann weitere Korallen von den Flossen der Urlauber zerbrochen. Beim Ankerlichten wird der Anker oft mehrere Meter über den Grund gezogen und gefährdet dabei besonders die feinverzweigten Korallenarten.

Diese Formen der Zerstörung können jedoch sehr leicht vermieden werden. Die Ausflugsboote müssen an festverankerten Bojen festmachen und nachfolgende Boote hängen sich an bereits vertäuten Booten an. Flossen sollten den Urlaubern vom Veranstalter nicht angeboten und von deren Verwendung im Korallenriff abgeraten werden.

Für den mit Preßluftgeräten ausgerüsteten Taucher sind Flossen jedoch eine unverzichtbare Notwendigkeit. Sind effektive Maßnahmen gegen die Zerstörung durch Schnorchler und Schwimmer noch relativ einfach zu treffen, so scheint beim Tauchtourismus nur eine Begrenzung der Anzahl der Taucher pro Riff und Tag eine sinnvolle Reduzierung der Schäden zu bewirken.

Aufklärung über umweltgerechtes Verhalten sollte für jede Tauchschule auch im Eigeninteresse zur selbsternannten Pflicht gehören.

Es scheint selbstverständlich, daß sowohl Taucher als auch Schnorchler weder Korallen noch Muscheln oder irgendein anderes Tier oder eine Pflanze zu Sammelzwecken mitnehmen. Dies wird auch zunehmend respektiert. Dennoch werden den Riffen Korallen, Muscheln und Schnecken in großen Mengen entnommen. Touristen sollten sich mit dem Aufsammeln von Skeletten, Schalen und Gehäusen am Ufer begnügen.

Sammeln von Korallen, Muscheln und Schnecken

a) Korallen

Mit dem Begriff Koralle kann eine Vielzahl unterschiedlicher Tiergruppen gemeint sein. Als Riffbildner kommen jedoch im wesentlichen nur die Steinkorallen (Ordnung Scleractinia) in Betracht.

Dekorative Steinkorallen, deren weiße Kalkskelette problemlos in allen Farben eingefärbt werden können, werden seit Beginn der siebziger Jahre vorwiegend aus den Philippinen exportiert. Wohlhabenden Staaten, wie z.B. Australien, ist es relativ einfach möglich, ihre Riffe dauerhaft unter Schutz zu stellen. Die Great Barrier Reef Marine Park Authority überwacht, daß auch in Zukunft das Verhältnis zwischen Nutzung und Naturschutz im Riff, d.h. sowohl Einnahmen durch das Tourismusgeschäft als auch ein dauerhafter Fortbestand der Riffe, gewährleistet ist. Bezeichnend ist jedoch die Tatsache, daß nur wenige Meter von der Behörde entfernt, am örtlichen Busbahnhof, in bonbonfarben gefärbte Korallen im Sammelpack zusammen mit Muscheln und Schnecken erhältlich sind: ein kleiner Aufkleber verrät das Herkunftsland - "Made in the Philippines".

Aber auch bei uns lassen sich die Skelette von Steinkorallen entweder in ihrem natürlichen Kalkweiß oder auch in grellen Farben eingefärbt in Schaufenstern finden. Juweliere verwenden die dekorativen Korallen gerne, um darauf ihren Schmuck zu präsentieren. Sicherlich ließe sich Schmuck auch auf andere Weise ansprechend zur Geltung bringen. Deshalb handelt es sich hierbei um eine unnötige Zerstörung von Korallen, die sich besonders in den Riffen wirtschaftlich armer Länder negativ auswirkt, da gerade diese Länder jede Chance zur Devisenbeschaffung nutzen müssen.

b) Muscheln und Schnecken

Zahlreiche in den Riffen vorkommende Schnecken und Muschelarten werden besonders in den Ländern der sogenannten Dritten Welt als eine Hauptproteinquelle genutzt. Daneben hat sich aber auch eine exportierende Perlmuttindustrie entwikkelt, an deren Spitze wiederum die Philippinen und auch Indonesien stehen. Aber selbst auf abgelegenen Inseln des Südpazifiks bildet das Sammeln von Schnecken für viele Einheimische die Haupteinnahmequelle.

Das intensive Absammeln von besonders farbenreichen, leicht auffindbaren Weichtieren (Mollusken) führt dazu, daß diese an leicht zugänglichen Stellen selten geworden sind. So sind die größeren Exemplare der Riesenmuscheln im Indo-Pazifik von vielen Riffen verschwunden.

Fischerei

Die Fischbestände in Korallenriffen sind schon seit altersher von den einheimischen Fischern zur Selbstversorgung und zu einem begrenzten Handel genutzt worden. In den letzten Jahrzehnten haben sich jedoch neue Absatzmärkte und neue, häufig destruktive Fangtechniken entwickelt, die in vielen Ländern, darunter die Philippinen, zur Überfischung und z.T. zur Erschöpfung der Fischbestände geführt haben.

a) Dynamitfischerei

Als ein Hauptfaktor der Korallenriffzerstörung gilt die Fischerei mit Dynamit. Durch die bei der Explosion ausgelösten Druckwellen werden nicht nur die Fischbestände getötet, sondern auch die Korallen im Umkreis der Explosion zu Bruchstücken zerkleinert. Rund 70% aller philippinischen Korallenriffe sollen auf diese Weise schon in Trümmerfelder verwandelt worden sein.

Ungefähr 38 Jahre benötigt ein Riff, um eine Bedeckung von 50% wieder zu erreichen. An einigen Riffen in den Philippinen sind jedoch 9 bis 10 Jahre nach der Dynamitfischerei noch keinerlei Anzeichen einer Wiederbesiedlung zu beobachten. Es ist daher zu erwarten, daß die Regenerationszeiten für stark geschädigte Riffe noch wesentlich länger sind.

Das Dynamit tötet nicht selektiv, d.h., auch nicht eßbare Arten oder nicht verwertbare Jungfische werden getötet. Nach der Explosion sammeln Taucher den Fang ab, so daß sicherlich nur ein Teil der toten Fische gefunden wird. Es besteht noch Unklarheit über den Prozentsatz der genutzten und tatsächlich getöteten Fische. Trotz der hohen Verluste beim Fang und der Schäden im Korallenriff ist der Gebrauch von Sprengstoffen in der Fischerei keineswegs selten. Als extremes Beispiel können hier die rund 700.000 philippinischen Fischer angeführt werden. Rund 50% von ihnen benutzen zumindest zeitweise Sprengstoff zum Fischfang. Die Versorgung mit den entsprechenden Explosivstoffen erfolgt durch dunkle Kanäle des Militärs. Obwohl die Dynamitfischerei schon seit 1972 offiziell verboten ist, scheint sich seitdem nur wenig verändert zu haben.

b) Fischfang mit Gift

Gift ist auch ein traditionelles Mittel zum Fischfang. Häufig waren diese Gifte pflanzlichen Ursprungs, z.T. wurden aber auch in Seegurken vorkommende Gifte verwendet. Kommerziell hergestellte Gifte basieren meist auf Chlorderivaten oder bestehen aus Zyaniden. Von tauchenden Fischfängern wird häufig Natriumzyanid zur Betäubung von Fischen verwendet. Auf diesem Wege gelangen rund 300.000 kg Zyanid pro Jahr in philippinische Korallenriffe.

Die Fangtechnik besteht darin, daß eine Plastiktüte über einen Korallenstock gestülpt wird, in die dann das Gift eingeleitet wird. Rund 50% der Fische sterben hierbei jedoch an einer Überdosis, und nur ca. 10% der Fische können tatsächlich gefangen werden. Von diesen verbleibenden 10% sterben dann weitere 80% auf dem langen Weg bis zum Aquarium.

Der mehrfache Gebrauch von Natriumzyanid über derselben Korallenkolonie kann zu einem Absterben führen. Einer Schätzung zufolge werden auf den Philippinen mehr als 33 Millionen Korallenkolonien mit Zyanid besprüht. Damit führt die Verwendung von Giften im Riff nicht nur auf direktem Wege zu einem Rückgang der Fischbestände, sondern auch indirekt, da den Fischen durch das Absterben der Korallen zusätzlich auch noch der Lebensraum entzogen wird.

Erfreulicherweise hat die International Marinelife Alliance (IMA) ihre Umschulungsprogramme im Sommer 1991 intensiviert. In zweiwöchigen von der philippinischen Regierung finanzierten Kursen können die Fischer lernen, wie auch Korallenfische mit nur wenigen Meter langen Stellnetzen gefangen werden können. Um Verluste beim Transport und der Haltung so gering wie möglich zu halten, werden ebenfalls neue, optimierte Techniken vermittelt. Als eine weitere Verbesserung wird angestrebt, daß in Zukunft nur noch auf Bestellung gefangen werden soll.

c) Weitere destruktive Fischfangmethoden

Ausschließlich das Angeln mit Haken und Leine verursacht keine Schäden am Riff. Andere Methoden, wie das Aufstellen von Fallen, das Fischspeeren sowie das Unterwasserjagen mit Waffen, können Schäden geringen Ausmaßes verursachen. Das Fischen mit Netzen, insbesondere die Muro-ami- und die Kayakas-Methode, verursachen Riffzerstörungen größeren Ausmaßes und sollen deshalb nachfolgend erläutert werden.

Muro-ami

Diese Fangtechnik wurde vor Beginn des 2. Weltkrieges von Japan ausgehend auch auf den Philippinen und in Indonesien eingeführt. Sie besteht im wesentlichen darin, daß bis zu 300 Schwimmer die Fische in ein halbkreisförmiges, bis zu einer Wasseriefe von 30 m reichendes Netz treiben. Dieses Netz verjüngt sich zur geschlossenen Seite hin, so daß die gefangenen Fische leichter entnommen werden können. An der offenen Seite treiben die Schwimmer die Fische ins Netz. Hierzu verwenden sie einen an einer Leine befestigten Stein oder auch eine schwere Eisenkette. Diese zwischen 3 und 6 kg schweren Gewichte werden von den

Schwimmern mit Hilfe der Leine und einem an der Wasseroberfläche angeknüpften Schwimmkörper auf die Korallen aufgeschlagen. Die so erzeugten Schallwellen sowie die an der Leine befestigten Plastikstreifen scheuchen die Fische in Richtung des Netzes.

Kayakas

Kayakas kann als eine Abwandlung des Muro-ami betrachtet werden. Die Unterschiede bestehen im wesentlichen darin, daß für gewöhnlich beim Kayakas eine Wassertiefe von 4 m nicht überschritten wird und zum Aufscheuchen der Fische die Korallenblöcke mit Holzstangen umgedreht werden.

Durch das Aufschlagen der Gewichte bzw. das Umdrehen der Korallen mit Stangen verursachen beide Fangtechniken Schäden großen Ausmaßes. Hiervon sind im besonderen die Riffe der Philippinen betroffen, wo jedes Jahr ca. 36.000 ha geschädigt werden.

In welchem Umfang Muro-ami betrieben wird, verdeutlichen die folgenden Zahlen: Von zwei dieses Geschäft beherrschenden Firmen unterhält eine allein 50 Schiffe mit einer Besatzung von 350 Männern und Kindern pro Schiff.

Mehrere Zeitungsartikel im Jahre 1986 prangerten die Riffzerstörungen und auch die Ausbeutung der als Schwimmer dienenden Kinder an. Seit Dezember 1986 wurden dann sowohl Muro-ami als auch Kayakas offiziell verboten; unklar ist jedoch, ob dieses Verbot tatsächlich eingehalten wird.

Abwässer und Überdüngung

Häusliche und industrielle Abwässer sowie Abwässer aus der Landwirtschaft leiten immer wieder erhebliche Mengen an Nährstoffen, chemischen Verbindungen, Giften, Schwermetallen, Säuren, Chlorverbindungen und auch Bakterien und Viren ins Meer ein. Die Auswirkungen auf die Korallenriffe sind bisher nur unzureichend untersucht worden. Beispiele aus Hawaii (Kaneohe Bay) zeigen jedoch deutlich, daß besonders die in großen Mengen zugeführten Nährstoffe fatale Auswirkungen auf die dortigen Riffe hatten. Das zusätzliche Nährstoffangebot führte zu einem intensiven Planktonwachstum und damit zu einer Trübung des Wassers. Die für ein Wachstum notwendigen Lichtmengen standen den Korallen nicht mehr zur Verfügung, Gleichzeitig wurde das Wachstum von Algen durch die zusätzlichen Nährstoffe gefördert, was zu einem Überwuchern der Korallen führte. Schließlich starben die Korallen zu 99% ab.

Seit 1977/78 wurden die Einleitungen in die Kaneohe Bucht gestoppt, und schon ein Jahr später zeigten sich erste Anzeichen einer Erholung des Ökosystems. Verringerte Nährstoffgehalte und geringere Planktonmengen verbesserten die Lichtdurchlässigkeit des Wassers. Trotz der gemachten Anstrengungen und der daraus resultierenden positiven Auswirkungen wurde das Problem der Abwasserbeseitigung jedoch nicht wirksam gelöst. Die Einleitungen erfolgen jetzt nur etwas weiter entfernt in den offenen Ozean, wo sie zur chronischen Verschmutzung der Meere beitragen. Eine überzeugendere, aber zunächst kostenintensive Lösung wäre das Aufarbeiten der Abwässer in einem mit modernster Technik arbeitendem Klärwerk gewesen.

Goldrausch in Mindanao

Von Joey R. B. Lozano

Der Autor dieses Beitrages, der mit freundlicher Genehmigung des Philippine Center for Investigative Journalism dem Buch "Saving the Earth. The Philippine Experience", hg. von Eric Gamalinda und Sheila Coronel, Manila 1993, entnommen worden ist, lebt als freischaffender Journalist in Südcotabato, wo er einer Umweltschutzgruppe vorsteht. Die Erstfassung dieses Artikels wurde am 30. Mai und 1. Juni 1991 in den Tageszeitungen Philippine Daily Inquirer, Malaya und The Manila Times veröffentlicht. Übersetzung: Rainer Neu

Die Stadt Kematu war einst ein Symbol der Hoffnung für die 80.000 Mitglieder der Volksgruppe der T'boli in den Südphilippinen. Hier ließ ihnen der frühere Vorsitzende des Büros für Nationale Minderheiten (PANAMIN), *Manuel Elizalde, in den frühen 70er Jahren ein Hospital bauen und hatte stets ein offenes Ohr für ihre Sorgen.*

Aber Elizaldes Lieblingsprojekt hat sich am Ende zu einem Monster entwickelt, das dieser Stadt mit inzwischen mehr als 32.000 Einwohnern, 60% von ihnen T'bolis, schweren Schaden zufügt.

In nur zwei Jahrzehnten haben zügelloser und ungenehmigter Goldbergbau und illegale Abholzungen die Hügel rund um Kematu entlaubt und den Wasserspiegel der Flüsse sinken lassen. Es gibt unbestreitbare Beweise für das Vorkommen von Quecksilber im Fluß Kematu, das die Grundwasservorräte gefährdet. Der neu gewählte Bürgermeister Dad Tuan prahlte damit, daß auf dem Höhepunkt des Goldrausches von Mitte 1989 bis 1991 etwa 1000 T'boli in den Bergwerken Arbeit gefunden und zwischen 150 und 400 Pesos am Tag verdient hätten. Doch viele Jugendliche und Frauen der T'boli wurden in diesem illegalen Goldgeschäft auch ausgebeutet. Und die Regierungsstellen schienen unfähig zu sein einzugreifen. Nur 16 Monate nachdem der Goldrausch im Juni 1989 begann, waren schon 105 Stollen in den Berg getrieben worden. Jeder grub auf eigene Faust drauflos. Es wurden keine Genehmigungen eingeholt und keine Vorschriften beachtet. Umweltschützer warnten, daß Erdbewegungen Leben und Eigentum in Kematu bedrohen würden.

Zu den wenigen T'boli, die tatsächlich an dem Bergbau verdienen, gehören die Gebrüder Tuan, die seit der Gründung bis auf den heutigen Tag die einflußreichsten Leute in dieser Stadt sind. Ein anderer ist Sarse Atam, ein Polizist, der hinter seinem Bungalow im Herzen der Innenstadt Gold verarbeitet, gerade dreihundert Meter vom Rathaus entfernt. Alle anderen der gegenwärtig fünfzig gewinnbringenden Stollen gehören Nicht-T'boli. Zu ihnen gehören Hauptmann Cesar Daquil und einige andere Offiziere und Soldaten der Armee, die hier stationiert sind.

Kematu gehört zum Wassereinzugsgebiet des Flusses Banga, das sich in einem sehr kritischen Zustand befindet. Die rasante Entwicklung des Bergbaus führte zu einem großen Bedarf an Grubenholz mit der Folge eines illegalen Holzeinschlags. Obwohl die Betreiber der Bergwerke 1000 Pesos Umweltgebühren

an die örtliche Bergwerksvereinigung bezahlen müssen, werden keine Anstrengungen unternommen, die geschädigten Gebiete zu sanieren. Die Verschlammung des Flusses Banga hat sich durch diese Arbeiten wesentlich verschlimmert.

Das größte Problem bei der Goldverarbeitung ist vielleicht der Gebrauch und die Beseitigung von Quecksilber. Als der Bergbau begann, fand die Goldverarbeitung an den Ufern des Flusses Sepali, eines Nebenflusses des Flusses Banga, statt. Später, im Dezember 1989, wurde sie in eine Industriezone verlagert, als örtliche Gesundheitsberater Alarm schlugen über die reichliche Verwendung dieses giftigen Metalls. Nachdem das Gold vier Monate lang an den Ufern des Sepali verarbeitet worden war, überschritt die Verseuchung mit Quecksilber bereits den von der Umweltbehörde zugelassenen Wert.

Nicht alle Bergwerke haben die vorgeschriebenen Auffangbecken für ihre Rückstände. Oft werden die Abfälle direkt in einen Bach abgeleitet. Quecksilber vermischt sich schnell mit dem Grundwasser und gelangt so in den Körper des Menschen - entweder durch Trinken, durch Einatmen oder über offene Wunden. Quecksilbervergiftung schädigt Gehirn und Nervensystem und führt zu Lähmung oder Tod.

Die alarmierendste und unmittelbarste Gefährdung der Gesundheit geschieht durch Amalgamation. Bei diesem Verfahren wird dem Erz das Gold durch eine Legierungsbildung mit Quecksilber entzogen. Anschließend wird das Quecksilber durch Erwärmen des Amalgams wieder ausgetrieben. Dieser Prozeß findet zwar innerhalb der Industriezone statt, doch diese befindet sich nur einen Steinwurf von der Grundschule, dem Markt, den Wohn- und Geschäftsvierteln entfernt. Die Arbeiter tragen keine Schutzmasken und Handschuhe und atmen die Quecksilberdämpfe unvermeidlich ein. Keiner im Ort kann sich davor schützen.

Zur Goldgewinnung wird auch Cyanid verwendet, wobei die Ausbeute noch größer ist. Bei diesem Verfahren, Cyanidlaugung genannt, wird Blausäure freigesetzt, wenn Cyanid in Wasser gerät. Das Landwirtschaftsministerium warnte bereits im Mai 1989 die Einwohner von Monkayo in der Provinz Davao del Norte vor dem Genuß des Fleisches von Wasserbüffeln und anderen Tieren, die daran gestorben sein könnten, daß sie Wasser aus Flüssen und Bächen getrunken haben, die durch Cyanid aus Bergwerken im Gebiet des Diwalwal-Berges verseucht sein könnten. Wasseranalysen hatten bedenkliche Spurenelemente von Cyanid in Wasserproben aus Monkayo ergeben. Doch die Stadtverwaltung in Kematu erteilt Genehmigungen für Cyanidlaugung nach eigenen Richtlinien und hält sich nicht an die Normen der staatlichen Umweltschutzbehörde.

Das ganze Problem ist verwickelter, als es auf den ersten Blick erscheint. Illegaler Bergbau, menschenunwürdige Lebensbedingungen und eine zügellose Umweltzerstörung sind Auswüchse einer industriellen Entwicklung, die von der ortsansässigen Familie Tan gesteuert wird, die mit mafiaähnlichen Verbindungen zu Militär und Regierungsstellen arbeitet.

Obwohl es zu mindestens fünf Schachteinstürzen und Bergrutschen kam, wobei rund hundert Menschen ums Leben kamen, gingen den Regierungsstellen darüber keine Berichte zu. Die örtliche Polizeidienststelle wurde mit dem Hinweis, daß das Bergbaugelände "Tuan-Gebiet" sei, davon abgehalten, ihre eigenen Untersuchungen durchzuführen. Undokumentierte Berichte von Grubenunglücken und Todesfällen und Anschuldigungen von Bestechlichkeit hört man in Kematu in Fülle.

Mai Tuan war früher Bürgermeister von Kematu. Neben der staatlichen Umweltbehörde sind hier noch zwei weitere Ämter für den Bergbau verantwortlich. Das eine ist die örtliche Bergbauvereinigung, die von Fludi Tuan geleitet wird, und das andere ist das T'boli-Dienstleistungszentrum, dem früher der jetzige Bürgermeister vorstand, der zugleich das örtliche Amt für die ethnischen Volksgruppen im Süden der Philippinen leitete. Ein weiterer Bruder, Yani Tuan, ist Vorsitzender der Vereinigung der T'boli-Goldkäufer. "Wir haben vier Bürgermeister", klagt ein Mitglied des Stadtrates. Er berichtet, daß der Stadtrat gegenüber den Tuans machtlos ist, besonders gegen ihre Erhebung überhöhter Gebühren. Die Bergwerksvereinigung stellt Verträge aus und erhebt von den Betreibern der Bergwerke Gebühren und kontrolliert alle Vereinigungen im Rahmen des Amtes für die ethnischen Volksgruppen.

Dad und Fludi Tuan wissen nicht, welche Arbeiter in den einzelnen Stollen arbeiten, und führen keine Liste über Bergrutsche und Schachteinstürze. In einem Interview gab Dad Tuan zu, daß es Todesfälle gegeben hat, aber angeblich nur in Sperrgebieten, wie z.B. in stillgelegten Stollen. Es gibt auch keine Übersicht über die Menge der Goldgewinnung seit dem Beginn des Goldrausches im Jahre 1989.

Ein Angestellter der Davao Zentralbank berichtet, daß sie keine Unterlagen über die Herkunft des Goldes haben. "Bei dem Ankauf des Goldes werden keine Fragen gestellt", erklärt er. Das soll den Schürfern einen Anreiz geben, ihr Gold der Bank zu verkaufen, obwohl das vom Gesetz sowieso verlangt wird. Ein Antrag der staatlichen Umweltbehörde, den Ankauf von Gold zu überwachen, wurde einfach nicht bearbeitet. Yuan Tuan erklärt, sie hätten schon im Jahre 1990 die Zentralbank gebeten, eine Ankauffiliale in diesem Gebiet einzurichten, jedoch ohne Erfolg. "Sie werden auch niemals gegen die Konkurrenz der chinesischen Händler ankommen, die einen höheren Kurs anbieten. Die Bank wäre schon froh, wenn sie mehr als 10% des Goldes angeboten bekäme." Der Rest des Goldes, so erklärt er, würde durch die Hintertür nach Hongkong und Singapur abfließen.

Dad Tuan schätzt die Goldproduktion des Jahres 1990 auf 1704 Kilogramm, wobei er seiner Berechnung die Gesamtmenge an Erz zugrundelegt, die aus den Schächten gefördert wurde. Die Umweltbehörde weist jedoch darauf hin, daß die Goldhändler sehr zurückhaltend sind, exakte Angaben zu machen, da fast alles über den Schwarzmarkt läuft.

Obwohl es ein Gesetz gibt, das Nachweise über den Ankauf von Gold verlangt, die den Behörden vorgelegt werden sollen, ist kein Fall bekannt, daß irgend einem Goldaufkäufer seine Genehmigung wegen fehlender Nachweise entzogen worden wäre. "Allein an der Goldgewinnung des vergangenen Jahres verlor die Regierung etwa 77 Millionen Pesos", erklärt Dad Tuan.

Dennoch verlassen inzwischen immer mehr Investoren und Arbeiter das Gebiet. Nicht weil das Gold weniger würde, sondern wegen der enormen Gebühren, die ihnen von den Gebrüdern Tuan auferlegt werden. Octaviano, der hier zehn Jahre lang als Steuererheber arbeitete und zugleich Mai Tuans persönlicher Verbindungsoffizier war, berichtet, daß allein der Bürgermeister "im Durchschnitt am Tag nicht weniger als 20.000 Pesos einkassiert".

Dieser Betrag setzt sich aus dem Anteil des Bürgermeisters an einem Bergwerk, den Gebühren für Erzaufkäufer, Zufahrtsgebühren, Transportleistungen und Abfallbeseitigung zusammen.

Die Stadtverwaltung erhält 1,50 Pesos für jeden Sack Eisenerz, und der Berechtigungsschein des Bürgermeisters kostet 500 Pesos. Die Bergwerksvereinigung kassiert 1.000 Pesos Umweltschutzgebühren. Weitere 2.000 Pesos werden fällig, wenn die Genehmigung zum Betrieb eines Bergwerkes verlängert werden soll. Weiterhin zieht sie 500 Pesos Vertragsgebühren ein. Ein Teil dieser Gebühren wurde dazu verwendet, Dad Tuans Büro zu bauen, und als Lohn für Wachpersonal. Für viele kleine Investoren sind diese Gebühren zu hoch, und sie ziehen wieder ab.

Die Tuans bestreiten jedoch alle Vorwürfe, die gegen sie erhoben werden. Sie bestreiten auch, daß sie irgendwelche illegalen Gebühren erheben. Ihre führenden Stellungen im Bergbaugeschäft betrachten sie als "Zufall", wie Dad sich ausdrückt. "Ja, wir üben Kontrolle aus, aber wir mißbrauchen unsere Stellung nicht. Wir wollen unseren Stammesangehörigen helfen", sagt er, "aber wir haben nicht die Absicht, reich zu werden. Sollte sich unser Engagement mit der Zeit allerdings auszahlen, warum nicht?"

Die Bergbauaktivitäten der Gebrüder Tan haben sich offensichtlich schon längst über den erlaubten Rahmen hinaus ausgedehnt. Aus einem Bericht der Umweltbehörde geht hervor, daß die tatsächlichen Bergbauaktivitäten schon ein Gebiet von mehr als 200 Hektar umfassen.

Stollen, die außerhalb der beiden Flächen gegraben werden, die den Tuans zugeteilt wurden, sind illegal. Aber die Tuans weigern sich, mit den Behörden zusammenzuarbeiten. Sie scheinen den Schutz hochgestellter Politiker zu genießen. Zu den Geldgebern illegaler Stollen gehören Militär- und Regierungsangehörige und ein Bruder des örtlichen Kongreßabgeordneten.

Die meisten Leute, die hier wohnen, geben zu, daß die auffälligste Auswirkung der Goldgräberei der soziale Niedergang der einheimischen T'boli ist. Als der Goldrausch im Jahre 1989 begann, verzeichneten die örtlichen Schulen ihre höchste Aussteigerquote. Einige Klassen verloren mehr als die Hälfte ihrer Schüler, und bei den Anmeldungen hält der Abwärtstrend weiterhin an.

Die Stadt Kematu hatte vor dem Beginn des Goldrausches kaum 5.000 Einwohner. In nur sechs Monaten schwoll die Einwohnerzahl auf 40.000 an. Arbeitsplätze, die angeboten wurden, wurden sofort von Schülern eingenommen. Heutzutage wimmelt es in der Stadt von kleinen Restaurants, Pensionen, Mühlen für die Goldgewinnung, Goldaufkäufern, Schönheitssalons, Diskotheken mit Varieté-Darbietungen und einem Bestattungsinstitut.

Charlie Kuyan, 8 Jahre alt, und Boyet Tanggal, 9 Jahre alt, sind kleine T'boli-Jungen, die wie ihre Väter als Träger arbeiten und Säcke mit Erz vom Stollen zum

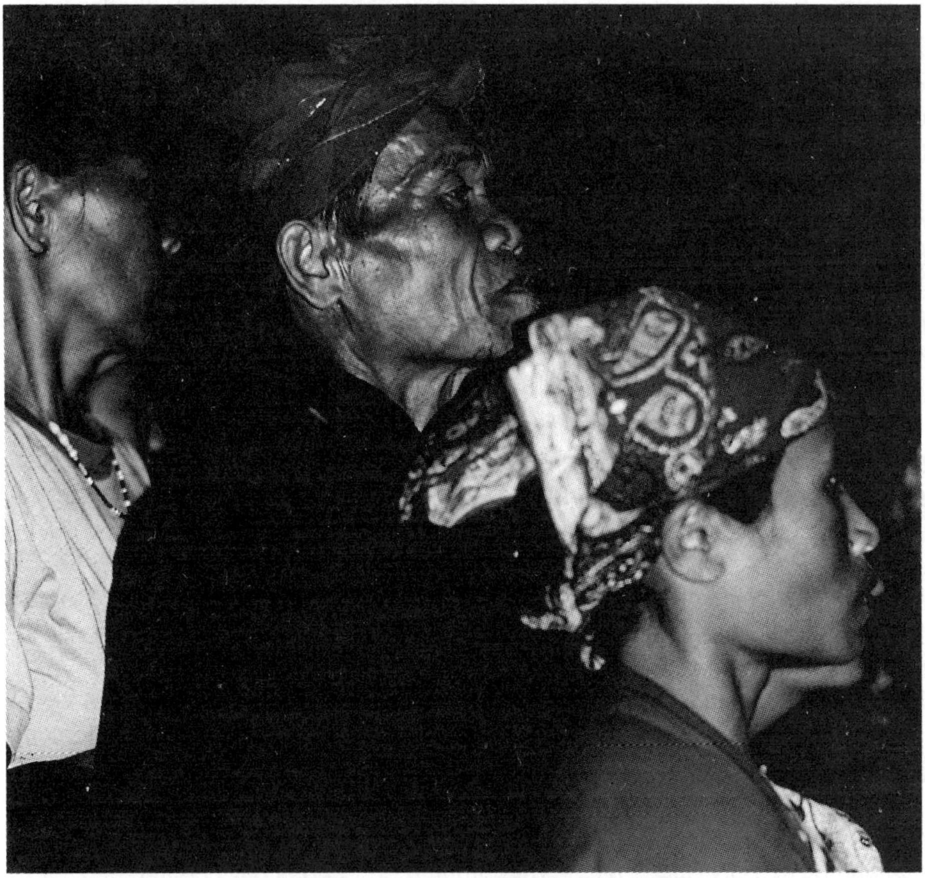

Angehörige der ethnischen Minorität der Subanon in Mindanao

Sammelplatz schleppen. Sie verließen ihre Schule, um Geld für den täglichen Reis zu verdienen. Normalerweise erhält ein Träger zwischen 10 und 15 Peso per Sack. Den beiden Jungen werden 8 Pesos bezahlt.

Da es den Vertretern der örtlichen Umweltbehörde nicht möglich war, die Grabungen auf die ausgeschriebenen Gebiete zu beschränken, fühlten sich die Betreiber und Geldgeber bald ermutigt, über die Stadtgrenzen hinauszugehen. Ende 1991 drangen die Goldgräber bereits in verschiedene Nachbargebiete vor. Im August 1992 nahm eine große Cyanidfabrik die Produktion auf, ohne die erforderliche Genehmigung der Umweltbehörde zu besitzen. Sie steht auf einem Grundstück, das ursprünglich für staatliche Sozialwohnungen vorgesehen war und in der Mitte zweier natürlicher Wasserläufe liegt. Erst neulich erfuhr die Umweltbehörde von der Existenz einer Fabrik in der Nachbarstadt Koronadal, nachdem Einwohner ihre Sorge vor einer möglichen Verseuchung ausdrückten. Der Autor dieses Beitrages erstellte auch eine Videodokumentation über Arbeiten mit Quecksilber in der Nähe der Flußufer in Desawo und von Stollen ohne Stützbalken.

Da die Regierung keine konkreten Schritte unternimmt, die Mißstände, die die T'boli und ihre Umwelt betreffen, zu beseitigen, unternahm die kommunistische New People's Army *im Juli 1991 einen Angriff auf das neu erschlossene Grabungsgebiet in Desawo, wobei die Rebellen fünf Wachleute erschossen und deren Schußwaffen und Funkausrüstungen erbeuteten.*

Bei dieser Suche nach Gold sind die T'boli die eigentlichen Verlierer. David Hyndman, ein Umweltschützer und Ethnologe aus Australien, sagt voraus, daß der Bergbau dafür verantwortlich sein wird, daß diese Volksgruppe ihre kulturelle Eigenheit verlieren wird. Ironischerweise ist es das Amt für ethnische Volksgruppen in den südlichen Philippinen - das eigentlich geschaffen wurde, um die Interessen dieser Volksgruppen zu vertreten -, das dieses Gebiet der Zerstörung übergab, als es die Erlaubnis für den Bergbau im Tagabili-Reservat gab.

Nach Bürgermeister Dad Tuan bietet der Bergbau den T'boli Arbeitsplätze und Beschäftigung und verbessert ihre Lebensbedingungen. "Sie können sich schon Kassettenrecorder und anderes technisches Gerät kaufen. Jetzt können sie von der Landwirtschaft zur Goldwirtschaft übergehen."

Wie Polizeiberichte zeigen, stieg die Verbrechensrate im Jahre 1990 um 80%. Mord und Totschlag führen die Aufstellung an, gefolgt von Körperverletzung, Raub, Diebstahl und Vergewaltigung. In weniger als einem Jahr nach Beginn des Goldrausches ereigneten sich fast 100 gewaltsame Todesfälle. "Mehr Leute, mehr Verbrechen", kommentierte der örtliche Polizeichef die Entwicklung, "doch inzwischen sind wir ganz erfolgreich dabei, sogar im Bergbaugebiet Ruhe und Ordnung zu gewähren."

Hyndman erklärt, daß der Goldrausch das System der traditionellen Hilfe auf Gegenseitigkeit unter den T'boli zerstört hat. Selin Nawan, ein junger T'boli-Lehrer, bemerkt dazu, daß viele T'boli-Familien durch den Zerfall der überlieferten Wertvorstellungen und ihrer traditionellen Anbaumethoden zerbrochen sind. Viele T'boli-Frauen seien in die Prostitution abgeglitten.

Die Tuans nahmen übrigens auch an Elizaldes Schwindel mit den Tasaday [vergleiche "Die Tasaday - der ethnologische Schwindel des Jahrhunderts", in: Südseetrauma, S. 78-80*] und späteren Versuchen, die Angelegenheit zu vertuschen, teil. Nachdem Elizaldes Schwindel aufflog und er auch in Costa Rica polizeilich gesucht wird, haben die Gebrüder Tuan die Rolle des 'Großen Bruders' übernommen.*

Inzwischen steigen auch japanische Investoren als Geschäftspartner in die örtlichen Unternehmen ein. Und in der Nähe von Maitum bereitet eine australische Firma eine Form des Erzabbaus vor, die für das Land der T'boli noch verhängnisvoller sein wird: den Tagebau.

Nach dem Abklingen des Goldrausches wird Kematu alles andere als den Ruf eines Schutzgebietes für die T'boli erworben haben. Wie viele Volksgruppen im Süden der Philippinen stehen sie vielmehr im Begriff, zu einem "verlorenen Stamm" zu werden.

Feste des Jahreskreises

Die Tourismuswerbung nennt die Philippinen, nicht zu unrecht, "Fiesta-Inseln". Fast alle großen Feste wurden von den Spaniern eingeführt und haben einen religiösen Hintergrund: sie werden am Namenstag des Ortsheiligen, zur Erinnerung an die Einweihung einer Kirche, die Ankunft der ersten Missionare oder die Bewahrung vor einem drohenden Unglück gefeiert. Zugleich sind sie Anlässe zu großen Familientreffen. Auswärtige Familienangehörige kehren in ihren Geburtsort zurück, und nahe Verwandte eilen aus Nachbarorten herbei.

Die Gastgeber tischen reichlich Essen und Trinken auf. An nichts darf gespart werden. Selbst in Siedlungen, wo das Jahr über kaum Fleisch gegessen wird, werden am Morgen einer Fiesta Dutzende von Schweinen geschlachtet. In einem Sprichwort in den Visayas heißt es treffend: "Eine Fiesta ist ein größerer Dieb als ein Räuber." Ganze Gruppen ziehen von Haus zu Haus, um verwandtschaftliche Bindungen und alte Freundschaften neu zu bekräftigen. Die ganze Stadt scheint auf den Beinen zu sein.

Die ganze Stadt ist auch an den Vorbereitungen einer Fiesta beteiligt. Der Stadtrat diskutiert und beschließt Monate im voraus, welche Reparaturen und Verschönerungen bis zu diesem Tag vorgenommen werden sollen. Schulen bereiten Aufführungen und Umzüge vor. Soziale Organisationen planen Wohltätigkeitsveranstaltungen, hübsche oder 'betuchte' Kandidatinnen werden für die Wahl einer Schönheitskönigin aufgestellt, Verkaufsausstellungen werden organisiert und Basketball-Turniere eingeplant. In den Familien überprüfen die Hausfrauen kritisch die Garderobe und kalkulieren die Möglichkeit ihrer Erneuerung durch. Die Bauern in den Bergen freuen sich, am frühen Morgen des Fiestatages in die Stadt hinabzuwandern. Natürlich ist an einem solchen Tag schul- und arbeitsfrei, erklärter- oder unerklärtermaßen. Selbst Unglücke und Katastrophen können den Fortgang eines solchen Festes nicht aufhalten.

In den frühen 60er Jahren wurde ein Versuch unternommen, solche Feierlichkeiten einzudämmen, um die enormen Festkosten zu begrenzen und das Geld dringlicheren und nützlicheren Zwecken zuzuführen. Die Bemühungen waren jedoch zum Scheitern verurteilt, und die Kommunen entschieden sich, die unvermeidlichen Fiestas als Touristenattraktionen zu gestalten.

Für die Vorbereitung und Durchführung eines solchen Höhepunktes öffentlichen Lebens arbeiten Kirche, Staat und Gesellschaft Hand in Hand. Die westliche Trennung von Heiligem und Profanem ist dem philippinischen Empfinden fremd. Eine Fiesta sind die Philippinen im Kleinen. Eine Fiesta ist das Erlebnis eines Stückchens Seligkeit auf Erden - wenigstens für einen Tag im Jahr.

Fiesta-Vorbereitungen in einer Fischersiedlung: das Mastschwein wird gewogen

Die Bootskatastrophe von Bocaue

Im Juli 1993 ereignete sich in der Stadt Bocaue, 20 km nördlich von Manila, während einer neuntägigen Fiesta ein schreckliches Unglück. Bei einer abendlichen Bootsprozession kenterte eine etwa acht Meter hohe Pagode, die über einer Holzplattform errichtet worden war, die von drei Booten getragen wurde. Die zweigeschossige Pagode, die in nur vierzehn Tagen gezimmert worden und mit annähernd 500 Menschen besetzt war, brach dabei auseinander und riß die Insassen mit sich in die schlammigen Fluten des Flusses Wawa. Dabei ertranken 269 Menschen, die meisten von ihnen Frauen und Kinder.

Die Bootsprozession wird bereits seit dem Jahre 1851 zu Ehren eines für wundertätig gehaltenen Kreuzes aus spanischer Zeit veranstaltet und bildet den Höhepunkt der alljährlichen Stadtfiesta. Ein Fischer hatte es einst als Treibgut auf dem Fluß entdeckt und an Land geholt. In der Bevölkerung wurde dem zweieinhalb Meter hohen Holzkreuz alsbald eine wundertätige Heilkraft nachgesagt, und es fand seinen Platz in der katholischen Kirche von Bocaue. Bei den Bootsprozessionen wird es auf der Spitze einer Pagode befestigt und treibt in Begleitung zahlreicher kleinerer Boote den Fluß hinunter.

Die Gläubigen, die dem Kreuz auf einem der Boote oder an Land folgen, erhoffen sich von dieser Prozession oft Heilung von Krankheit oder - wenn sie gesund sind - Verschonung von Krankheiten. Manche haben in Krankheitstagen ein Gelübde abgelegt, sich im Falle ihrer Gesundung aktiv an der nächsten Bootsprozession zu beteiligen. Viele Gläubige waren im Gebet versunken, als die Pagode ins Wasser stürzte und Hunderte von Pilgern mit sich in die Tiefe riß.

Während ansonsten große Unglücke und Katastrophen in den Philippinen ausführliche religiöse Debatten über die Frage auslösen, warum Gott dieses Geschehen zuließ oder sogar bewirkte, an der sich Theologen, Kolumnisten und Essayisten in den Medien und von den Kanzeln und Rednerpulten lebhaft beteiligen, blieben auch bekannte Interpreten des öffentlichen Geschehens diesmal auffällig stumm. Das Unglück, bei dem die Mehrzahl der Opfer zwischen vier und zehn Jahren alt war, schien offenbar zu sinnwidrig zu sein, um auf die Frage nach dem Warum eine überzeugende Antwort geben zu können. Während die Reaktionen auf die Ausbrüche der Vulkane Pinatubo und Mayon sowie auf die Überschwemmungskatastrophe von Ormoc gewöhnlich auf die Formel "Strafe

Gottes für ..." gebracht werden konnten, schien sich angesichts der betenden Frauen und Kinder, die elendiglich in den Fluten des Flusses Wawa ertranken, diese Deutung zu verbieten.

Statt dessen meldeten sich Stimmen aus dem religiösen 'Untergrund' zu Wort, die auch bei früheren Katastrophen nicht fehlten, dann jedoch eher als Kuriositäten behandelt worden waren. Unmittelbar nach dem Unglück von Bocaue wurden Stimmen laut, die darauf verwiesen, daß jedes Jahr bei den Feierlichkeiten einer oder auch zwei ertränken - gewöhnlich allerdings Leute von außerhalb. Unter der Stadtbevölkerung bestehe der Glaube, daß der Fluß während des Festes des Heiligen Kreuzes "eine Steuer einkassiere" - in Form eines Menschenlebens. Auch im Jahr zuvor sei ein Junge ertrunken, und schon zwei Wochen vor dem großen Unglück seien zwei weitere Jungen im Fluß untergegangen. Zudem machten Bewohner Bocaues auf folgende Unglücksreihe aufmerksam: Am 2. Juli 1989 fing die Kuppel der katholischen Kirche Feuer und verbrannte. Am 2. Juli 1992 wurde die Stadt von einer großen Überschwemmung heimgesucht. Am 2. Juli 1993 kenterte und versank die Pagode.

Die Berichte und Einschätzungen aus der Bevölkerung lassen die Annahme gewisser 'Gesetzmäßigkeiten' bei den Feierlichkeiten zu Ehren des Heiligen Kreuzes erkennen: Die Teilnahme an der Bootsprozession kann Heilung von Krankheiten bewirken. Das Ritual erfordert allerdings Opfer. Die Opfer an Sachwerten müssen von der ortsansässigen Bevölkerung erbracht werden. Opfer an Menschenleben stammen gewöhnlich von außerhalb. Dieser Gedanke ist in den Opferritualen der Filipinos seit alters verankert. Tier- und Sachopfer müssen von den Zelebranten selbst erbracht werden; Opfer an Menschenleben (Menschenopfer oder erbeutete Köpfe) werden aus fremden Regionen erbeutet. Das Außergewöhnliche am Untergang der Pagode in Bocaue ist deshalb ein Zweifaches: die hohe Anzahl der Opfer und die Tatsache, daß diesmal alle Opfer aus der eigenen Stadt stammen.

Das heißt jedoch nicht, daß damit ein Fehler im Vollzug des Rituals geschehen wäre. Die Wirksamkeit dieser religiösen Handlungen wird unter der einheimischen Bevölkerung durch das Unglück kaum infrage gestellt werden. Denkbar ist, daß der hohe Blutzoll sogar als Steigerung seiner Effektivität verstanden wird. Der katholische Ortspriester erklärte bereits, daß der Glaube der Bevölkerung gestärkt worden sei, was die starke Beteiligung an der Sonntagsmesse nach dem Unglück gezeigt hätte. Man brauchte kein Prophet zu sein, um vorauszusagen, daß die Bootsprozession trotz des schrecklichen Geschehens in den kommenden Jahren in einer ähnlichen Weise fortgesetzt werden würde, wie es tatsächlich schon im darauffolgenden Jahr geschah.

Die Frage, die es in unseren Überlegungen noch zu beantworten gilt, lautet: Wem müssen die Opfer dargebracht werden? Die Antwort aus der Bevölkerung heißt: der Fluß "kassiert eine Steuer". Diese Auskunft ist recht erstaunlich, wenn man bedenkt, daß die Gegend von Bocaue schon vor mehr als 400 Jahren christianisiert worden ist und als eine Hochburg des Katholizismus in den Philippinen gelten kann. Welche religionsgeschichtlichen Hintergründe verbinden sich dann mit solchen Bootsprozessionen? Auf welchen Vorstellungen beruht der Gedanke, daß der Fluß

Opfer verlangt?

Bootsprozessionen finden sich in vielen Teilen Asiens - außer in den Philippinen in Thailand, Indien, China, Japan oder Indonesien. Überall in Südostasien kommt dem Boot eine rituelle Bedeutung zu. Das Boot ist ein Mittler zwischen der irdischen und der jenseitigen Welt. Die Geister Verstorbener reisen auf einem Boot ins Totenreich; und auf Booten kommt wundersamer Reichtum ins Land, den die Ahnen schicken - so besonders in den Cargo-Kulten Melanesiens. Der religionsgeschichtliche Hintergrund von Bootsprozessionen ist eindeutig vor-christlicher Art. Auch die berühmten Bootsprozessionen in den Philippinen (etwa in Naga City, Cavite und Bocaue) gehen auf nicht-christliche Vorbilder zurück. Als die spanischen Missionare diese Prozessionen ins Leben riefen, griffen sie auf ältere philippinische Bräuche zurück, die in der Bevölkerung beliebt und bedeutungsvoll waren. Mit der Einführung christlicher Symbole, der Verehrung christlicher Heiliger und der Verwendung christlicher Liturgien versuchten sie den bekannten Traditionen allerdings eine neuen Sinn zu geben. In der Bevölkerung erhielten diese Volksfeste jedoch einen synkretistischen Charakter. Die älteren Motive dieser Bräuche verschwanden nicht einfach, sondern bildeten von nun an den volksreligiösen 'Untergrund' dieser christlichen Feste. So blieben unter der Oberfläche kirchlicher Interpretationen bis in die Gegenwart vorchristliche Überzeugungen lebendig, die zwar in offiziellen Verlautbarungen keinen Platz finden, die jedoch die religiösen Erwartungen und Handlungen der Gläubigen mitbestimmen. So tradieren besonders Volksfeste über Generationen hinweg ältere Überzeugungen, die der offiziellen Lehre konträr laufen können, aber dennoch alljährlich mit den christlichen Liturgien ungewollt reaktiviert werden.

In der philippinischen Tradition kommt Flüssen eine eindeutige Bestimmung zu. Sie sind der Aufenthaltsort von Flußgeistern. Und Flußgeister verlangen Opfer. Der philippinische Brauch, an Flußufern zu beten oder ein Picknick zu veranstalten, geht auf die Sitte zurück, den Flußgeistern Reverenz zu bezeugen und ihnen ein Opfer zu bringen. Wenn jemand in den Philippinen ertrinkt, mag den Hinterbliebenen von Freunden oder Verwandten gesagt werden, die Seele des Ertrunkenen sei von den Flußgeistern auserwählt worden. Die Trauernden empfinden diesen Gedanken als Trost.

Die Reaktionen auf das Unglück von Bocaue lassen damit einen zweifachen religiösen Bezugsrahmen erkennen: Einerseits - auf der Ebene des manifesten christlichen Gehalts - geht es bei dieser Bootsprozession um die Verehrung eines wundertätigen alten Holzkreuzes, dem die Kraft zu heilen nachgesagt wird. Andererseits - auf der Ebene eines eher latenten vor-christlichen Gehalts - geht es um die Darbringung von Opfern an die Flußgeister. Für den westlichen Betrachter mag das Zusammentreffen dieser beiden Bedeutungsebenen zufällig erscheinen. Für den philippinischen Gläubigen besteht hier indes ein klarer 'logischer' Zusammenhang: die Voraussetzung erfolgreicher Heilungen besteht darin, den Geistern die erforderlichen Opfer zu bringen. Für ihn ergibt erst das Zusammenwirken des christlichen wie des vor-christlichen Bedeutungsgehaltes dieser Bootsprozession ein sinnvolles Ganzes.

Allerheiligen auf den Gräbern

Unserem chinesisch-philippinischen Gastgeber, der uns spontan eingeladen hatte, war das Gerede peinlich. Die verwirrte ältere Chinesin fragte meinen indischen Begleiter inzwischen zum drittenmal nach der Einäscherung der Leichen in seinem Heimatland. Sie schien nur auf die Auskunft zu warten, daß in Indien auch die Knochen verbrannt werden und die Asche in einen Fluß gestreut wird, um dann erschrocken auszurufen: "Wie schrecklich; dann bleibt ja nichts zur Erinnerung übrig!"

Dann befragte sie mich und meinen Studenten aus Irian Jaya nach den Bestattungssitten in unseren Ländern. Doch auch die Auskunft, daß dort Leichen in der Erde begraben werden, schien ihr einen Schauer über den Rücken zu jagen. Nein, in die Erde wolle sie nach ihrem Tod nicht gelegt werden! Sie möchte in einem Steinsarkophag bestattet werden, der auf der Erde steht, wie es in den Philippinen seit spanischer Zeit Brauch ist. "Und zwar in einem neuen", betonte sie; also nicht - wie es bei Filipinos geschehen kann - in einem schon zuvor gebrauchten Sarg, in dem die Knochen des Vorgängers zur Seite geschoben werden. Und dann solle ein Dach über dem Grab sein. Die Vorstellung, daß ein Leichnam im Grab naß werden könne, weckt in Südostasien Besorgnis. Naß werden ist gleichbedeutend mit kalt werden, und nichts ist geeigneter, einen Verstorbenen zum Wiedergänger werden zu lassen.

Unser Gastgeber war entschlossen, dem Gespräch eine Wendung zu geben. Er ließ uns von Dienstmädchen Teller, Besteck und Cola reichen. Dann bat er uns freundlich ans reichhaltige Büffet, auf dem ein ganzes gegrilltes Schwein, gebratene Hähnchen und Fische, Nudelgerichte, eine Fleischsoße und in Teig gewickeltes Gemüse lagen. Mein indischer Begleiter flüsterte mir besorgt zu: "Ich bin aber Vegetarier." "Nimm Nudeln und Teigrollen", riet ich ihm, "aber erkläre es unseren Gastgebern, sonst tragen sie Dir das Fleisch hinterher. Nimm aber nichts von dem Obst bei den Blumen, das sind Opfergaben."

Mit gefüllten Tellern machten wir es uns wieder auf unseren Gartenmöbeln bequem. Wir saßen auf der Grabstätte des jung verunglückten Bruders unseres Gastgebers auf dem chinesischen Friedhof von Dumaguete. Und hier war auch das Büffet aufgebaut. Es war Allerheiligen: Zeit, der Toten zu gedenken und ihnen auf ihren Gräbern Speise- und Trankopfer darzubringen. Vor einer Steinplatte mit dem chinesischen Schriftzeichen für den Totengott glimmten Räucherstäbchen - immer drei zusammen in die Erde gesteckt. Aus einem Steinofen qualmten noch die verkohlten Aschereste verbrannten "Geistergeldes". Obwohl die Chinesen ihren Totengedenktag Ching Ming eigentlich in der zweiten Märzhälfte feiern, haben sie sich in den Philippinen dem Brauch angeschlossen, am Allerheiligentag zu den Gräbern ihrer Verstorbenen zu gehen. Das ist für sie kein Problem, da die meisten von ihnen getaufte katholische Christen sind. Auch die philippinischen Protestanten betrachten den 1. November als ihren Totengedenktag.

Doch etwas beunruhigte mich bei dieser Party auf dem Grab. Drei der Anwesenden trugen rote Kleidung. Das würden Filipinos tunlichst vermeiden. Sie

Allerheiligen versammeln sich die Verwandten zum Totengedenken mit Speise und Trank auf den Gräbern ihrer Verstorbenen

Karfreitagsprozession in San Antonio (Siquijor): Gläubige folgen dem Kreuzweg auf den Gipfel eines Berges

mögen in Jeans und T-Shirt erscheinen, aber sicherlich nicht in Rot. Würde jemand bei einer Totenwache, einer Beerdigung oder auf dem Grab Rot tragen, könnte es geschehen, daß der Tote gleich aus dem Sarg herauskommt. Vorsichtig fragte ich meinen Gastgeber nach der Bedeutung der roten Farbe in der chinesischen Kultur. "Sie bedeutet Glück und langes Leben", war die klare Antwort. Tatsächlich ist in fast allen Kulturen Rot ein Symbol für das Leben. Aber ich begreife den Unterschied. Während die Chinesen dabei an ein glückliches langes Leben denken, assoziieren die Filipinos mit Rot das Lebendigwerden der Verstorbenen, ihre Wiederkehr.

Am frühen Abend kletterten wir - unsere Familie und ein deutscher Ethnologe - über die Steinsärge des traditionellen philippinischen Friedhofes. "Kletterten", weil es außer dem Hauptweg an Pfaden fehlte und der Besucher seinen Weg über das Durcheinander, dem Neben- und Übereinander der Steinsarkophage suchen mußte. Malaika ließ sich auf dem Grab eines fünfjährigen Jungen nieder. Es berührte sie, daß hier ein Kind in ihrem Alter ruhte. Sie fand das Grab "sehr schön", denn es hatte die Form eines Himmelbettes - einschließlich himmelblauer Gardinen an den Seiten, und auf der Steinplatte brannten Kerzen. Ja, die Gräber der Kinder .... Für die Kleinen der Armen tun es ein paar zum Kreis gelegte Steine und ein niedriges Holzkreuz. Erst heute morgen starb wieder eines bei seiner Geburt, und wir gaben der Mutter Geld für Medizin, um wenigstens ihr helfen zu können.

Ein solcher traditioneller Friedhof ist ein wahres Mahnmal der Sterblichkeit des Menschen. "Memento mori" - "gedenke des Todes" ist die unmißverständliche Botschaft eines solches Gottesackers. Das Jahr über verwildert er. Doch kurz vor Allerheiligen kommen die Hinterbliebenen mit Gartengerät und Farbe, befreien die Grabstätten von Unkraut und Unrat, tünchen die Gräber neu und malen mit schwarzer Farbe (oder auch nur mit einem Filzstift) die Schriftzüge nach. Am Allerheiligentag knien sie lange auf den Gräbern, beten den Rosenkranz und laden die Geister der Verstorbenen ein, am Festmahl teilzunehmen. Dann packen sie Essen und Getränke aus, oft einen Kasten Bier oder hochprozentige Alkoholika, Gesellschaftsspiele und vielleicht einen batteriebetriebenen Kassettenrecorder, und in manchen Gegenden der Philippinen geht ein solches nächtliches Picknick in Tanz über. Verwandte und Freunde schauen vorbei, nehmen einen Imbiß zu sich und ziehen bald weiter. Die ganze Stadt wallfahrtet zu den Gräbern.

Als Papst Gregor III. diesen Feiertag im 8. Jahrhundert begründete, hatte er eigentlich etwas anderes im Sinn gehabt : der Tag sollte dem Gedenken der Heiligen und Märtyrer der römisch-katholischen Kirche dienen. Erst als Abt Odilo aus Cluny im 10. Jahrhundert den 2. November zum Buß- und Bettag für die Seelen im Fegefeuer erklärte, gab es so etwas wie einen allgemeinen Totengedenktag in der Christenheit. Doch die Filipinos (wie auch manche Europäer) haben die beiden Tage vermischt: für sie sind die Toten zu Heiligen geworden.

Doch wir halten uns nicht mit solchen theologischen Spitzfindigkeiten auf und spazieren weiter zum neuen Friedhof im amerikanischen Stil. Das Durcheinander der Sarkophage ist hier der strengen Ordnung des Rasens gewichen, der ganzjährig gepflegt wird. Die Särge werden in die Erde versenkt und mit Gras gedeckt. Das

Grab ziert gewöhnlich nur eine schlichte Platte mit dem Namen und den Lebensdaten des Verstorbenen. Selbst Blumen stehen hier nur zu bestimmten Anlässen, wie etwa am heutigen Gedenktag. Während uns der traditionelle philippinische Friedhof mit allen Zeichen der Vergänglichkeit und Sterblichkeit des Menschen konfrontiert, vermeidet der Friedhof im amerikanischen Stil alle diese Symbole peinlichst. In seiner eigenen Ideologie gibt er vor, die Unsterblichkeit des Menschen zu versinnbildlichen. Der immergrüne Rasen soll das ewige Leben verkünden. In Wahrheit will er die Faktizität des Todes einfach unsichtbar werden lassen. Das Gräberfeld mit dem Totengebein ist zum "Memorial Park" geworden.

Doch in der Vorstellung der meisten Filipinos ist die Gegenwart der Totengeister nur allzu real. Viele werden an diesem Tag ihre Verstorbenen "leibhaftig" erblickt oder doch zumindest auf den Gräbern ihre Gegenwart gespürt haben. Die Zeitungen berichten über gruselige Geistererscheinungen in Bocaue, wo im Juni 269 Menschen bei einer Bootsprozession im Fluß ertranken. Der "Philippine Daily Inquirer", eine der größten Tageszeitungen des Landes, gab seinen Lesern am Tag vor Allerheiligen einen Ratschlag, wie sie sich bei Begegnungen mit Wiedergängern verhalten sollen: "Wenn Sie einem Geist begegnen, sollten Sie zu ihm wie zu einer Person reden, die lebt. Fragen Sie den Geist, was er möchte; erinnern sie ihn daran, daß er nicht länger zu dieser Welt gehört und alle Sorgen hinter sich lassen sollte. Wenn solche ruhelosen Geister von den Lebenden eine positive Unterstützung erfahren, etwa in Form von Gebeten, werden sie darauf reagieren und ihre einsamen Wanderungen einstellen."

Die längste Weihnachtszeit der Welt

Ende September läßt es sich nicht mehr verheimlichen: Weihnachten steht vor der Tür. Die zahlreichen Radiosender strahlen die ersten Weihnachtslieder aus, die sich schon jetzt in den Familien, Büros, öffentlichen Transportmitteln und Diskotheken großer Beliebtheit erfreuen. Im November und Dezember beherrschen die Weihnachtsohrwürmer komplett die Musikprogramme. Noch in den entlegensten Siedlungen hängen Lautsprecher oder Transistorradios im Freien an Hauswänden oder in Bäumen, damit gar niemand auf die geliebten Lieder verzichten muß. Die Philippinen sind wahre "Weihnachtsinseln". Hier gibt es wohl die längste Weihnachtszeit auf der ganzen Welt. Unsere Theologiestudenten sind sich uneinig, ob Weihnachten schon im September oder vielleicht im November beginnt. Straßen, Häuser und öffentliche Gebäude werden mit Sternen aus buntem Glanzpapier geschmückt, die von Balkonen und Bäumen im strahlenden Glanz der Sonne funkeln. Wohlhabendere Familien schmücken ihre Häuser oder Gartenbäume gerne mit bunten Lichterketten und stellen Plastikbäume mit flimmernden Lampen auf, die mitunter zu Computermusik Tag und Nacht blinkende Licht- und "Musik"orgien ausstrahlen. Auf dem Lande werden fast reife Bananenstauden an die Türpfosten der Bambushütten gebunden, und Besucher pflücken sich eine Frucht ab.

Dezember ist der Weihnachtsmonat. Kein Büro, keine Gruppe, keine Schulabteilung, keine Kirchengruppe, die nicht ihr eigenes Weihnachtsfest schon weit vor dem eigentlichen Tag feiern würden. Man singt zusammen, ein Gastredner spricht, die mitgebrachten kleinen Geschenke werden untereinander verlost. Es gibt einen Imbiß oder ein großes Festmahl, je nach Anspruch und Möglichkeit. Wenn die ersten Gäste die Gabeln aus der Hand legen, ist das Fest beendet. Der Feiern sind so viele, daß sie sich überschneiden und man am Heiligabend eigentlich erschöpft davon ins Bett sinken möchte, statt nochmals zu feiern.

Wochenlang ziehen in den Abendstunden Kindergruppen durch das Stadtviertel und singen an den Toren Weihnachtslieder, um dann mit lauten und anhaltenden Rufen ("Merry Christmas", "Happy New Year") um Münzen oder Süßigkeiten zu bitten. Irgendwann kam uns der Gedanke, daß womöglich täglich dieselben Gruppen in der Dunkelheit 'absahnen'. Der Verdacht wurde schon bald zur Gewißheit, als sich ein Mädchen bei Paule mit den Worten verabschiedete: "Vielen Dank, gnädige Frau, ... bis morgen Abend." Ansonsten empfiehlt es sich, zu Weihnachten für jeden Besucher etwas bereit zu halten und ihm beim Abschied etwas Obst oder Gemüse mit auf den Weg zu geben.

*Um Weihnachten tauchen dann auch sehr kunstfertige Sänger (*carolers*) auf den Straßen auf, denen wir gerne das Gartentor öffnen und sie zu einem Ständchen hereinbitten, nicht zuletzt unserem eigenen Stadtteilchor, dessen traditionelle Weisen und Rhythmen in der Dunkelheit anmutig und wie eine Botschaft aus alten Zeiten durch die Nachbarschaft erklingen.*

Neun Tage vor Weihnachten beginnen in den katholischen Kirchen die Morgenmessen Misa de Gallo, *"Messe des Hahns". Schon morgens um 4 Uhr versammeln sich große Mengen von Gläubigen zur Andacht und zum Singen von Weihnachtsliedern, und für Spätaufsteher werden die Novenen abends um 7 Uhr noch einmal wiederholt. Diese Weihnachtsmessen erreichen ihren Höhepunkt in der Christmesse am Heiligen Abend.*

Einige Tage vor Weihnachten verlassen alle Studenten, die es sich leisten können (oder manchmal auch nicht), die Universität und machen sich auf den mitunter langen Weg in die Heimat, um Weihnachten im Kreise der Familie zu feiern. Den 24. Dezember verbringen philippinische Familien mit Essensvorbereitungen. Am Heiligen Abend gehen sie zur Kirche; besonders Katholiken feiern die traditionelle Mitternachtsmesse. Wenn diese um Mitternacht endet, wird ein Feuerwerk mit Knallern und Leuchtraketen abgebrannt, als sei es schon Silvester. Dann gibt es zuhause das große Weihnachtsessen, Noche Buena, *das überreichlich ausfallen muß, da auch christliche Filipinos glauben, daß ein solches Festgelage ein gutes Omen für den Erfolg und Überfluß des kommenden Jahres sei. Während des Festmahls werden Geschenke überreicht und ausgepackt, wenn auch in vergleichsweise bescheidenem Maße. Eine Lehrerin drückte vor der Reise nach Hause ihre Besorgnis aus: "Ich befürchte, daß ich nicht genügend Geschenke habe für die große Verwandtschaft. Ich habe zwar einige Kämme und ein paar Stücke Seife, doch der Nichten sind so viele. Finanziell kann ich mir das ja gar nicht erlauben." Am*

Weihnachtstag besuchen philippinische Familien gerne Verwandte, und Scharen von Glückwünschenden ziehen zu Fuß durch die Straßen. Viele gratulieren dann auch vor fremden Toren, worauf sie sich jeweils eine milde Gabe erhoffen. Wo das Jahr über Betteln verpönt ist, heißt es an diesem Tag: "Fröhliche Weihnachten" - und im gleichen Atemzug: "Wo ist mein *Weihnachten?" An Weihnachten hat jeder ein Anrecht auf eine besondere Gabe.*

Das verpatzte Weihnachtsfest

Von Wenzyl V. Dejolde und Isaias B. Morales

Wir stammen aus der Provinz Surigao del Sur in Mindanao und gehören zu einer Gruppe von Theologiestudenten, die in den vergangenen Weihnachtsferien Gemeindebesuche in unserer Kirchenprovinz machte. Das ganze Gebiet ist militarisiert und steht unter Waffen, da sich hier die kommunistischen Rebellen und das Militär bekämpfen. Zweck unserer Besuche war es, zwischen uns als Theologiestudenten und den Kirchengemeinden Kontakte aufzubauen. Denn wir sind überzeugt, daß es unsere Aufgabe ist, Beziehungen zwischen den Menschen herzustellen. Das ist ein Teil des Friedensprozesses, der zur nationalen Versöhnung führen soll. Deswegen haben wir beschlossen, diese Gruppe von Theologiestudenten ins Leben zu rufen.

Wir besuchten acht Kirchengemeinden in diesem Gebiet, von denen die meisten recht entlegen sind und deren Besuch lange Fußmärsche erfordert. Auf unserem Weg am Heiligabend waren wir froh gestimmt, denn heute sollte das Weihnachtsfest beginnen. Gegen Abend würden wir die UCCP-Gemeinde Tandag erreichen, eine sehr konservative Gemeinde. Wir bereiteten uns darauf vor, Jesu Geburt in diesem Jahr in einer neuen und ungewohnten Weise zu feiern. Als wir am Abend endlich ankamen, erklärte uns der Pfarrer, daß sie hier keine Weihnachtsfeier veranstalten würden, denn das ginge doch auf einen heidnischen Brauch zurück. Niemand würde den genauen Geburtstag Jesu kennen. So würden sie es seit letztem Jahr halten. Für uns war das eine neue Erfahrung. Wir baten einige Gemeindeglieder, uns das näher zu erklären, aber dazu wußten sie nichts zu sagen.

Ich, Isaias, erzählte ihnen daraufhin, wie wir in meiner Heimatgemeinde schon am 4. Advent Weihnachten begangen haben. Wir haben Gottesdienst gefeiert, anschließend gemeinsam gegessen, indem jeder auf einen Tisch stellte, was er mitgebracht hatte, woraufhin ein paar Gemeindeglieder ein freies Gebet sprachen, und schließlich wurden auch Geschenke ausgetauscht. Alles war sehr schön und bedeutungsvoll für die Teilnehmer.

Am Weihnachtsmorgen brachen wir schon früh zur nächsten Gemeinde auf und kamen rechtzeitig zum Gottesdienst um neun Uhr an. Glücklicherweise erwartete uns hier ein Festgottesdienst, denn ein Kind wurde getauft, und anschließend wurden wir alle von der Tauffamilie zum Festessen eingeladen.

Die Verehrung des Jesuskindes

Dumpfe Trommelrhythmen hallen durch eine Nacht im Januar und weben sich in unsere Gespräche am Lagerfeuer in unserem Garten. Die Weihnachtszeit ist gerade erst vorüber, doch schon künden sich neue religiöse Festlichkeiten an. Wir holen Fotoapparat und Autoschlüssel aus dem Haus und machen uns mit dem Wagen auf die Suche nach den Trommlern. Auf einem freien Platz am Rande einer Siedlung aus Bambushütten unter hohen Palmen tanzen mehr als fünfzig Kinder und Jugendliche mit stakkatohaft trippelnden Schritten und anmutigen Armbewegungen. Vier schweißtriefende junge Männer mit nackten Oberkörpern schlagen fellbespannte klobige Holztrommeln und hart klingende Bambushölzer. Mond, Sterne und eine einzelne Glühbirne beleuchten die Szene mit einem unwirklichen Dämmerlicht. Eine zauberhafte Fremdheit liegt über den wogenden Tänzern, durch deren Reihen sich jetzt zwei halbnackte Jungen mit flatterigen Bewegungen tanzend und springend einen Weg bahnen. Plötzlich springen sie aufeinander zu, scheinen sich für einen Augenblick zu verhaken, weichen wieder voneinander, überkugeln sich auf dem staubigen Boden und springen sich erneut an. Sie führen tanzend einen Hahnenkampf auf, und die wogenden Mittänzer trippeln und flattern wie Hühner. An Zaunpfählen hängen aus alten Reissäcken handgefertige Kostüme, die Federkleidern ähneln, und daneben aus bunter Pappe gebastelte große Hühnerköpfe. Die Jugend dieser Siedlung übt den Sinulog ein, Tänze zu Ehren des Jesuskindes, die sie in diesem Jahr 1993 unter das Motto des in wenigen Tagen beginnenden chinesischen "Jahres des Hahns" stellen.

In verschiedenen Nachbarschaften Dumaguetes bereiten sich an diesen Abenden junge Leute auf ein Fest vor, das in manchen katholischen Gemeinden der Visayas und Mindanaos am zweiten Sonntag nach Epiphanias gefeiert wird: die Verehrung des geliebten Señor Santo Niño, des Jesuskindes, den eine bunt und kostbar gekleidete Holzstatue darstellt. Am darauffolgenden Sonntag zieht ein farbenprächtiger Umzug durch die Stadt in einer Mischung aus katholischer Prozession und Karnevalszug. Die meisten Kostüme erinnern an die Kleidung der Eingeborenen in vorchristlicher Zeit, als Magellan im Jahre 1521 mit seinen Weltumseglern in der Nähe des heutigen Cebu landete und seinen Gastgebern eine Jesusfigur schenkte. Es war eine der damals in Mode gekommenen Darstellungen des Christkindes, wie sie die Spanier im Zuge der Gegenreformation auch nach Prag, Luxemburg, Belgien und Südamerika verbreiteten. Ein lieblicher Knabe, der überall in den Philippinen inbrünstig verehrt wird und als wundertätig gilt. Bei den heutigen Umzügen tragen viele Filipinos ihre häusliche Jesusstatue voller Liebe und Freude tanzend durch die Straßen. Auch Buße, das Flehen um Erhörung oder Dankbarkeit für einen Gnadenerweis spiegeln sich in den Gesichtern der Gläubigen. Sie pressen das Heilige Kind an ihr Herz, um es dann mit einer kreisenden Armbewegung über den Kopf zu heben, wobei sie ausgelassen tanzen und manche im Rhythmus 'zwei Schritte vor - einen Schritt zurück' springen und hüpfen, als wären sie zu Pfingsten in Echternach bei der Springprozession. Jede Abteilung des Umzugs führt ihre eigenen Musikanten mit sich, die meisten sind Trommler, die in den Straßen einen Mordslärm verursachen und auch die Zuschauer in Stimmung versetzen. Wirbelnde Rhythmen, Alkohol, leichtgeschürzte Tänzerinnen und gleißender Sonnenschein lassen ein Temperament aufflackern, das gewöhnlich eher Südamerikanern zugschrieben wird. "Pit Señor!" schallt es dabei durch die Straßen, was soviel wie "Gepriesen sei der Herr!" bedeuten könnte; aber so genau weiß das niemand.

Konservativen Zeitgenossen erscheinen die Kostüme manchmal als schamlos, und sie bezeichnen die Festlichkeiten als heidnischen Akt. Es ist schon verwunderlich, wie ansonsten eher schamhafte Filipinas ausgelassen und sexy mit dem Jesusknaben in ihren Armen vor großen Menschenmassen in der Öffentlichkeit tanzen. So geißelte der Kardinal von Cebu, dem Ursprungsort und Zentrum des Festes, die Kommerzialisierung des Festes und den Verlust des Anstandes, da sich manche Festteilnehmer mehr entkleiden als verkleiden würden. Die Klage des Kardinals ist nicht grundlos. Selbst in dem eher harmlosen Dumaguete handelte es sich bei den besten und attraktivsten Tänzerinnen dieses Jahres, die in ausgefallenen und herausfordernden Kostümen auftraten, um - männliche - Transvestiten. Die Kritik an der Kommerzialisierung des Festes wirkt hingegen unecht. Tatsächlich wurde der Umzug in seiner jetzigen Form erst im Jahre 1981 von der Stadtverwaltung Cebus ins Leben gerufen, um im Zuge eines umfassenden Stadtentwicklungskonzeptes auch den Tourismus zu beleben. Den Stadtvätern war Erfolg beschieden. Von einem Verlust an "religiöser Substanz", über die der Kardinal klagte, kann da schlecht die Rede sein.

Über den Ursprung des Festes gibt eine Legende Auskunft. Es soll seinen Anfang vor langer Zeit während einer Epidemie in Cebu genommen haben. Viele starben, und einige Kranke lagen in der Hütte, in der Magellans Statue des Santo Niño stand, die noch heute in einem Schrein der katholischen Kathedrale von Cebu aufbewahrt wird. Für die Kranken schien es keine Rettung zu geben. Man beobachtete jedoch einen Kranken, der mit einem brennenden Stock vor dem Jesuskind tanzte und es anflehte, ihn zu retten. "Sei gelobt, Heiliges Kind, nimm doch bitte die Krankheit von mir", wiederholte der Tänzer singend und springend. Die anderen Kranken folgten seinem Beispiel, und sie alle wurden gesund. Seit diesen Tagen richten die Bürger von Cebu ihre Fürbitten an das Jesuskind in der Form solcher getanzten Gebete. Wer selbst nicht zu tanzen vermag oder die zuschauende Öffentlichkeit scheut, gibt einem der vielen Kerzenverkäufer auf den Straßen ein paar Pesos, nennt ihm den Namen dessen, dem geholfen werden soll, und läßt ihn mit brennenden Kerzen den Sinulog tanzen. Vielen muß das schon geholfen haben. Denn tatsächlich drängen sich das ganze Jahr über Gläubige vor dem Schrein des Santo Niño von Cebu; Pilger kommen von weither in diese Stadt gereist, und die Glaubensheiler von Cebu gehören zu den bekanntesten dieses ganzen Inselstaates.

Volksglaube

Die Christianisierung der Philippinen durch die Spanier seit dem 16. Jahrhundert führte nicht einfach zu einem Verschwinden der einheimischen Religionen. Vielmehr durchdrangen sich spanischer Katholizismus und philippinische Traditionen und führten zu einer ausgeprägten Volksreligion, deren charakteristische Elemente bis heute unverkennbar sind. Obwohl die äußeren Formen der meisten religiösen Zeremonien in den Philippinen eindeutig christlich sind, leben unter der Oberfläche häufig vor-christliche Vorstellungen und Bräuche fort. Besonders in ländlichen Gebieten finden sich noch viele religiöse Sitten aus vor-spanischer Zeit, die mit Saat und Ernte, Geburt, Hochzeit und Tod, Geisterglauben und Heiligenverehrung, Heilen und Zauberei verbunden sind. An den großen Festen des Jahres- und Lebenszyklus lassen sich christliche Sinngebung und vor-christliche Praktiken kaum auseinanderhalten. Sie sind untrennbare Elemente eines einheitlichen Volksglaubens, der nur dem Außenstehenden als Mischung zweier Religionsformen erscheint. Sie sind ohne Zweifel Ausdruck einer echten und leidenschaftlichen Volksfrömmigkeit. Die Überzeugung vieler westlicher Menschen, daß es keine direkte Gotteserfahrung gibt, ist dem philippinischen Denken fremd. Die Leugnung der Wirklichkeit Gottes würde den meisten Filipinos als absurd erscheinen, da sie schlichtweg ihrer Erfahrung widerspricht. Für sie ist die Welt gefüllt mit sichtbaren und unsichtbaren Wesen, die sie als Realität erleben und die ihr Denken und Handeln unmittelbar beeinflussen.

Marienerscheinungen

Die vierzig Tage der Passionszeit sind in den Philippinen eine jährliche Periode religiöser Erregung. In diesem Jahr (1993) sind es Marienerscheinungen, die im ganzen Land die Aufmerksamkeit auf sich ziehen. Wie in anderen Ländern politische Entscheidungen und Katastrophenmeldungen die Schlagzeilen der Tagespresse bestimmen, sind es in diesem tropischen Land Nachrichten über neue Wunder der Gottesmutter. Die größte Popularität genießen im Augenblick ein Hügel bei Agoo (etwa 200 km nördlich von Manila); ein Erholungsgebiet bei Carcar auf der Insel Cebu; ein Kloster der Karmeliterinnen in Lipa City und ein neuentstandener See im laharverwüsteten Bamban im Pinatubo-Gebiet, dessen Wasser heilende Kraft nachgesagt wird. Tausende von Gläubigen berichten, an diesen Stellen die Sonne tanzen gesehen zu haben, eine Erscheinung Marias gehabt zu haben, eine weinende Marienstatue gesehen zu haben oder Blütenblätter gefunden zu haben, in denen das Antlitz der Gottesmutter zu erkennen gewesen sei. Am See von Bamban soll auch der Mond getanzt haben. Im Mittelpunkt dieser wundersamen Begebenheiten, deren Zahl von Tag zu Tag wächst, steht der nur 15jährige Visionär

Judiel Nieva aus Agoo, der von sich sagt, seit dem Jahre 1989 Marienerscheinungen zu haben, die sich an jedem ersten Samstag eines Monats und an religiösen Feiertagen wiederholen sollen, und Weisungen der Gottesmutter zu empfangen, die er regelmäßig zu Protokoll nimmt. Hostien sollen sich auf seiner Zunge zu echtem Fleisch und Blut verwandeln, ein Ereignis, das von Nonnen bezeugt wird. Am ersten März-Wochenende strömten rund eine Million Gläubige nach Agoo, um eine Erscheinung der Gottesmutter mitzuerleben, die viele auch gesehen haben wollen. Die Pilgerinvasion verursachte den größten Verkehrsstau in der Geschichte der Philippinen. Aus anderen Teilen des Landes wurden an diesem Wochenende ebenfalls wundersame Beobachtungen gemeldet. Der Besuch der Messe habe an vielen Orten stark zugenommen, ebenso das Bedürfnis nach der Beichte, berichten die katholischen Bischöfe. In Agoo bleiben die Beichtstühle zur Zeit 24 Stunden am Tag besetzt, und zahlreiche Geistliche von außerhalb sind in diese Stadt beordert worden, um den örtlichen Klerus besonders beim Anhören der Beichten zu unterstützen. Die Zahl der berichteten Wunder aus verschiedenen Teilen der Philippinen ist so groß, daß die katholischen Bischöfe die Gläubigen inzwischen zur Nüchternheit mahnen und vor falschen Propheten warnen.

Auch in dieser Passionszeit zieht wieder eine Reihe sonderlicher "Heiliger" durchs Land, die sich - ohne den Segen der Kirchen zu finden - wie historisierende Jesusdarstellungen verkleidet haben, ein großes Holzkreuz auf ihren Schultern mit sich schleppen und von sich behaupten, der Messias zu sein. Manche von ihnen werden sich Karfreitag ans Kreuz schlagen lassen. Selbst die "Marienbotschaften" des jugendlichen Visionärs aus Agoo vernimmt die katholische Kirche mit Stirnrunzeln: sie sind so reaktionär, daß sie den offiziellen Kirchenlehren glatt in den Rücken fallen und besonders die Entscheidungen des 2. Vatikanischen Konzils angreifen. Doch Monsignor Arguelles, Rektor des Päpstlichen Philippinischen Kollegiums in Rom, hat darauf eine klare Antwort: "Die Heilige Mutter würde nie etwas gegen die Kirchenlehre sagen. In allen früheren Erscheinungen über der ganzen Welt hat sie die Autorität der Kirche niemals infrage gestellt."

El Shaddai - Charismatiker auf Erfolgskurs

Wochenende in Manila. Eine regnerische Nacht im September 1993. Etwa 20.000 Menschen mögen auf dem offenen Platz hinter dem Kulturzentrum zusammengekommen sein. Um Mitternacht begann die Versammlung mit einer Messe. Immer wieder prasseln längere Regengüsse auf die Menge nieder. Nur wenige Teilnehmer tragen einen Regenschutz oder halten einen Schirm über sich. Viele haben sich ein Tuch auf den Kopf gelegt, das kaum mehr als einen symbolischen Schutz darstellt. Doch die Stimmung ist gut. Wer in dieser Taifunnacht gekommen ist, gehört zum harten Kern. Wieviele es tatsächlich sind, kann auf dem spärlich erleuchteten Gelände niemand ausmachen. In klaren warmen Nächten sind es Hunderttausend, manchmal Zweihunderttausend.Weihnachten 1994 sollen es zwei Milllionen im Rizal-Park grewesen sein. Sie kommen, um einen Prediger zu hören. Doch der tritt erst in den späteren Morgenstunden auf. Nach der Messe singt die Menge auf dem dunklen Platz, angefeuert von einem Chor auf der Bühne. Zwischendurch legen einzelne ein Glaubenszeugnis ab. Immer wieder erklären sie: in ihrem Leben sei ein Wunder geschehen. Und Tausende in dieser Menge warten darauf, daß auch in ihrem Leben ein Wunder geschieht. Nach vier Stunden tritt schließlich Mike Velarde auf, der Gründer und Starprediger dieser Bewegung. Die Band hat einen klangvollen magnetisierenden Sound angestimmt: die El Shaddai-Hymne. Die Volksmasse scheint die Musik in sich aufzusaugen. Die Gläubigen starren erwartungsvoll auf die hell erleuchtete Bühne, von der ein breiter Laufsteg in die Menge führt. Bruder Mike, wie der Prediger genannt wird, murmelt einige Formeln, die Band dreht auf, glückselige Gesichter schauen himmelwärts, ein Meer von Armen schwingt jetzt zum Rhythmus der Musik in der Luft, und Zehntausende fallen verzückt in die Hymne ein: "El Shaddai, El Shaddai, El Elyona Adonai, von Ewigkeit zu Ewigkeit, du bist immer derselbe. Durch die Macht deines Namens, El Shaddai, El Shaddai, Er kam kana Adonai, wollen wir dich preisen und rühmen, El Shaddai."

El Shaddai - ein alter Name für Gott, der ihm im Alten Testament an hervorgehobenen Stellen gegeben wird - ist zum Losungswort dieser charismatischen Bewegung geworden. Für viele Filipinos mag es wie eine magische Formel klingen. Auf Jeepneys und in Taxis, in Büros, kleinen Geschäften oder Friseursalons begegnet der Schriftzug. In wenigen Jahren hat das Wort wie eine Zauberformel die Massen Manilas erreicht. Denn Bruder Mike trifft den Ton, der die religiösen Stimmungen der Unterschichten Manilas zum Klingen bringt. Familien und Gruppen aus den ärmsten Stadtteilen strömen mit gemieteten Jeepneys zu seinen Veranstaltungen. Velarde verspricht ihnen, was sie am dringendsten brauchen: Heilung von Krankheiten, den Unfruchtbaren Kinder, den Arbeitslosen Jobs, den Verschuldeten Geld und den Verlassenen die Rückkehr untreuer Ehepartner. Er predigt, daß den Gläubigen alle Träume in Erfüllung gehen. Und Tausende bezeugen, daß ihnen auf wunderbare Weise geholfen wurde. Bruder Mike selbst ist ihr Vorbild: er stammt aus einer armen Familie und ist heute Millionär.

Sicher bewegt sich der Laienprediger über den Laufsteg. Er blickt in die Gesichter der Mühseligen und Beladenen dieser Millionenstadt, die auf Erlösung warten - hier und jetzt. Mit wenigen Gesten dirigiert er ihre Emotionen. Ihre Körper wiegen sich, ihre Stimmen vibrieren und scheinen noch lauter zu werden, als Velarde zum Tanz übergeht. Junge und Alte, Männer und Frauen stampfen zum Rhythmus der Musik. Es herrscht Diskostimmung. Der Prediger zieht die Menge in seinen Bann. Er ruft ihnen zu: "Haltet Gegenstände hoch: Geldbörsen, Taschentücher, Handtaschen, Pässe, Ölfläschchen, Devotionalien." Und die Gläubigen strecken empor, was sie vermutlich gesegnet wissen wollen. Velarde ruft: "Springt!"; und Zehntausende hüpfen wie die Kinder. Er wirft Tücher in die Menge, auf denen der 11. Psalm aufgedruckt ist, die die Umstehenden begeistert auffangen.

Nun beginnt er zu predigen. Zwei Stunden lang. Die Zuhörer stehen. Nur Kranke und ganz Alte sitzen, obwohl genügend Klappstühle aufgestellt worden sind. Es ist jetzt zwischen 5 und 7 Uhr morgens. Die Menschen hier müßten übermüdet

El Shaddai in Manila: An jedem Wochenende versammeln sich Zehntausende zu einem charismatischen Gottesdienst

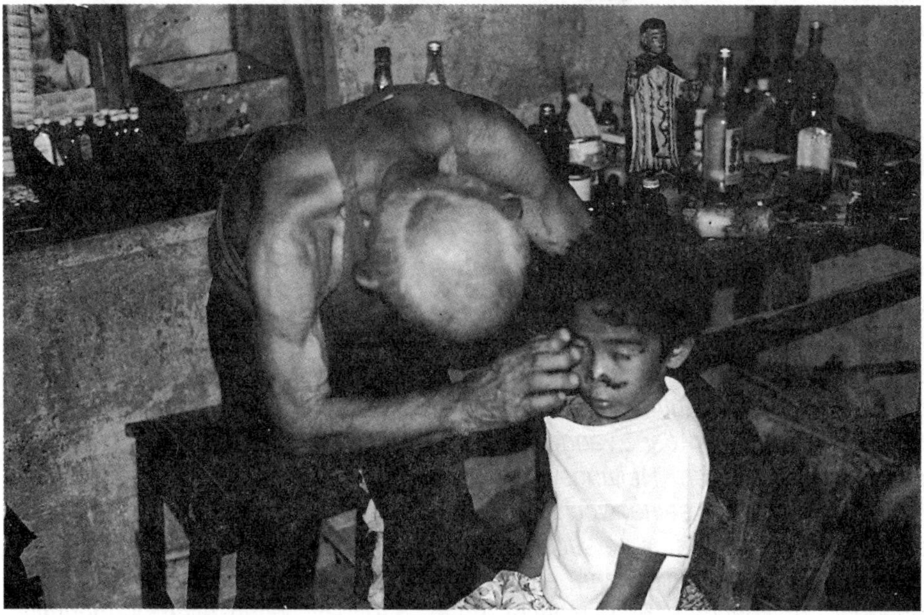

Der Heiler Enrique Llorente in Sibulan (Negros) behandelt einen verletzten Jungen. Zur Heilpraxis gehören ein Altar (links) und Heilkräuter (rechts), die in der Karwoche gesammelt worden sein müssen

sein. Doch aufmerksam lauscht die nächtliche Versammlung den Worten Bruder Mikes. Viele haben ihre Bibel mitgebracht und folgen den Schriftlesungen. Noch mehr tragen Stift und Papier bei sich und notieren sich Sätze aus Velardes Schriftauslegung. Es herrscht eine ernsthafte Achtsamkeit. Velardes Erläuterungen sind schlicht, ja simpel. Er erklärt biblische Sätze für jedermann. Er spricht Filipino. Dazwischen läßt er englische Wendungen einfließen, wie es in Manila üblich ist, jedoch mit einem starken Akzent. Einzelne Grundgedanken wiederholt er unermüdlich. Manchmal läßt er sie die Menge nachsprechen. Er verkündet einfache Glaubensnormen, Lebensregeln und eine konservative Moral. Er klingt wie ein fundamentalistischer Prediger. Viele halten ihn für einen protestantischen Evangelisten. Doch Bruder Mike ist Katholik. Und "El Shaddai" gehört zur katholischen charismatischen Bewegung. Seine Anhänger in Manila sollen in die Millionen gehen. Die Organisation, die im Jahre 1984 gegründet wurde, ist zu einem Massenphänomen geworden, das landesweit Aufsehen erregt und bald wohl auch ausländische Reporter anziehen wird.

Velarde mag den katholischen Bischöfen unheimlich erscheinen. Anfang 1993 lud ihn die Bischofskonferenz zu einem Gespräch ein. Der Laienprediger, der nie eine theologische Ausbildung hatte und zugibt, von Kirchendogmen wenig zu verstehen, versicherte den Kirchenführern seine Loyalität zur katholischen Kirche. Obwohl die Bischöfe über Velardes Aktivitäten wohl gespaltener Meinung sind, zeigten sie sich wohlwollend. Was sollen sie machen? Sie wissen, daß Velarde ihr stärkster Partner in der Abwehr protestantischer Prediger ist, die in Manila die Massen anziehen. Würde Velarde mit seiner Bewegung zu den Protestanten übergehen oder auch nur seine Veranstaltungen einstellen, könnten die konfessionellen Mehrheitsverhältnisse in der Hauptstadt kippen. Auch jetzt schon ist der Zulauf zu den evangelischen charismatischen und fundamentalistischen Gruppen unaufhaltsam.

Velarde, Jahrgang 1939, studierte Vermessungstechnik und Jura und verdient sein Geld als Makler. Im Jahre 1982 erwarb er im Zuge eines Landkaufs eine Radiostation, an der er eigentlich nicht interessiert war. Er steuerte Bibelauslegungen zum Programm bei. Bald wollte er die Station weiterverkaufen. Doch er erhielt Hunderte von Briefen, die ihn baten, mit seiner Verkündigung fortzufahren. Leute schrieben ihm, durch ihn geheilt worden zu sein. Erst durch sie wurde er auf seine geistlichen Gaben aufmerksam. Von nun an widmete er 10 Prozent seiner Geschäftseinnahmen der Evangelisationsarbeit. Über seine Radiosendungen organisierte er Messen, Heilungsversammlungen und charismatische Seminare. Inzwischen werden seine wöchentlichen Versammlungen auch im Fernsehen ausgestrahlt, und Velarde versucht, den Fernsehkanal 11 aufzukaufen.

Seine Anhänger ermahnt er, ebenfalls 10 Prozent ihrer Einnahmen an "El Shaddai" zu spenden. Er verspricht ihnen, daß Gott ihnen alles hundertfältig zurückerstatten wird. Über sich selbst sagt er: "Mit Konkurs und Hunger habe ich nichts mehr zu schaffen, seitdem ich Gott ehre, indem ich 10 Prozent meines Einkommens freudig, regelmäßig und freiwillig spende."

Die Kraft des Heilens verliert ihre Stärke

Von Mercy M. Bartolome

Ich bin Theologiestudentin, 26 Jahre alt, und stamme aus einer armen Familie aus der Provinz Kalinga. Zuhause leben wir von der Hand in den Mund. Der Abstammung nach sind wir Ilocano, doch schon meine Großeltem zogen nach Kalinga. In meiner Kindheit gab es in unserer Gegend noch kein Hospital. Wenn einer von uns krank wurde, dann heilte uns mein Vater mit einigen Heilkräutern und etwas Kokosnußöl. Er verstand sich auch darauf, gebrochene Knochen einzurenken, sie mit Kokosnußöl zu bestreichen und mit einer Baumrinde zu verbinden, die er zuvor im Feuer geröstet hatte. Einst erzählte er mir auch, daß ich als Baby viele Flecken im Gesicht hatte. Er heilte mich mit Kokosnußöl und mit dem Geist "Banduyas" *(ich habe ihn allerdings nicht danach gefragt, wer das sei). Ständig kamen auch Leute zu unserem Haus, um geheilt zu werden. Mein Vater verlangte nur ein oder zwei Pesos von ihnen - als eine Art Opfer. Er erklärte mir, wenn die Rechnung hoch sei, gäbe es keinen Heilerfolg. Gäbe es allerdings auch nicht das geringste Opfer, würde ihn die Krankheit treffen. Leider habe ich ihn nie danach gefragt, für wen das Opfer bestimmt sei.*

Meine Tante Maria war die Frau eines Onkels mütterlicherseits. Sie war eine erfahrene Hebamme, die allerdings nie eine formale Ausbildung erfahren hatte. Wie mein Vater erzählte, lernte sie ihre Kunst bei seinem verstorbenen Vater, der seinerzeit auch ein Geburtshelfer war. Außerdem berichtete mein Vater, daß sie ein kleines Buch hatte, in dem alle Anweisungen für ihre Heilkunst standen. Aber sie war die einzige, die diese Eintragungen lesen konnte, denn vor den Augen eines gewöhnlichen Sterblichen verschwanden die Buchstaben.

Meine Großmutter war auch eine Heilerin. Sie heilte entzündete Augen mit klarem Wasser. An neun aufeinanderfolgenden Tagen wusch sie die erkrankten Augen vor Sonnenaufgang. Bevor sie das tat, murmelte sie ein Gebet, das allerdings keiner verstehen konnte.

Meine Erfahrungen beschränken sich nicht auf meine eigene Familie. Ich habe auch verschiedene andere Glaubensheiler und Zauberer erlebt, die ihre Rituale veranstalteten. Aber diese Erinnerungen sind nur noch ein flüchtiger Augenblick in meinen Gedanken. Heute sind diese Heilungserfahrungen in unserem Ort nicht mehr zu finden. Die Heiler sind verstorben, und mit ihnen ist die Fähigkeit zu heilen verschwunden. Sie wurde nicht an die nächste Generation weitergegeben. Jetzt haben wir ein Hospital. Das Heilen geschieht nicht mehr zu Hause, sondern im Krankenhaus. Und da sich die Leute nun als zivilisiert betrachten, sind die alten Heilpraktiken in Verruf geraten. Die moderne Erziehung verdrängt die alten Überzeugungen. Wissenschaft und Technik beanspruchen für sich, die besten Heilmethoden zu besitzen. Die alten Traditionen gelten als abträglich für die Gesundheit, und die Natur- und Ahnengeister (anito) *werden jetzt als Dämonen bezeichnet. Aus diesen Gründen werden die Heilkünste auf dem Lande nicht überleben können.*

Die Austreibung eines Poltergeistes

Von Samuel A. Dado

Ich möchte hier von der Austreibung eines bösen Geistes berichten, die von meiner verstorbenen Großmutter durchgeführt wurde (die ursprünglich aus Vigan, Ilocos Sur, Luzon, stammte) und die ich persönlich miterlebt habe. Ich möchte allerdings betonen, daß ich selber nicht wirklich daran glaube, da ich - anders als meine Großmutter - aus einer gläubigen evangelischen Familie stamme.

Diese Dinge ereigneten sich, als ich noch zur Grundschule ging. Es gab da eine Zeit, wenn wir in unserem Haus von Zeit zu Zeit seltsame, geheimnisvolle Geräusche hörten, besonders in den Stunden der Dämmerung. Oft kamen diese Geräusche aus der Küche. Es hörte sich an, als würde jemand in der Küche arbeiten, aber es war dort niemand zu sehen. Dann brachte meine Großmutter eines Tages getrocknete Blätter und Rindenstücke eines bestimmten Baumes aus dem Wald. Die verbrannte sie zusammen mit Weihrauch und einer Art Parfüm. Dies erzeugte einen starken Rauch und einen aufdringlichen Geruch (den ich mir nicht erklären konnte). Sie legte diese brennende Mischung in eine quadratische Dose, wobei sie lateinische Gebete aufsagte (die ich allerdings nicht verstand). Dann ging sie um das Haus herum und murmelte dabei Flüche gegen die - wie sie sagte - unsichtbaren bösen Geister. Eine ganze Woche lang oder sogar noch öfter ging sie täglich gegen 6 Uhr abends dreimal um's Haus herum.

Nach einigen Tagen bemerkten wir, daß die seltsamen und geheimnisvollen Geräusche tatsächlich nachließen, bis wir sie überhaupt nicht mehr hörten. Zu diesem Zeitpunkt hörte meine Großmutter mit ihrem Ritual auf. Sie schloß es mit einem Dankgebet ab.

Heilung einer Besessenen

Von Wenzyl V. Dejolde

Vor einigen Jahren litt eine meiner jüngeren Verwandten aus Surigao del Sur (Mindanao) an einer Nervenkrankheit. Ihre Eltern glaubten, daß dies von bösen Geistern verursacht worden sei, die in einem Balete*baum neben ihrem Haus in den Bergen hausten.*

Diese Geister werden gewöhnlich als "böse" bezeichnet, da sie Krankheiten verursachen, wenn ihnen kein Respekt erwiesen wird oder gar ihre Behausungen zerstört werden. Ihr allgemeiner Name ist engkanto, *damit sind unsichtbare Wesen gemeint, die für die Eigentümer solcher Bäume gehalten werden. Wenn die Leute an großen Bäumen im Wald vorbeikommen, sagen sie "Entschuldigung", um den* engkantos *in diesem Baum ihren Respekt auszudrücken. Wenn die Leute einen solchen großen Baum fällen wollen, fragen sie die* engkantos *durch ein bestimmtes*

Ritual erst um Erlaubnis. Ein solche Zeremonie muß durch einen Schamanen ausgeführt werden. Ihre Durchführung besagt noch nicht, daß die Leute diesen Baum nun fällen dürfen. Nur der Schamane kann herausfinden, ob die Baumgeister diesem Verlangen nachgeben.

Was nun die Krankheit meiner Verwandten anbetrifft, mußte sie ein Opferritual für die engkantos *ausführen in der Annahme, daß nur diese sie wieder von ihrer Nervenkrankheit heilen könnten. So opferte sie zwei Hühner und ein Schwein am* Balete*baum, wobei der Schamane einige Gebete rezitierte. Glücklicherweise wurde sie Monate später wieder gesund ohne die Hilfe eines Arztes oder Psychiaters.*

Heilung eines Babys

Von Isaias B. Morales

In meiner Heimatstadt Bislig (Surigao del Sur, Mindanao) lebt eine Frau, die über die Fähigkeit verfügt, Krankheiten zu erkennen und zu heilen. Eines Tages litt mein Neffe, ein einjähriges Baby, an hohem Fieber. Wir brachten ihn zur Behandlung ins Hospital. Aber auch nach einer Woche änderte sich an den Befunden des Kindes nichts. So beschlossen wir, das Kind wieder nach Hause zu holen, auch gegen den Willen des Doktors. Gesagt - getan. Auf dem Nachhauseweg dachte meine Schwester daran, die besagte Heilerin aufzusuchen, die wir in unserer Sprache tambalan *nennen. Wir machten uns auf die Suche und trafen die Heilerin in ihrem Haus an. Wir erklärten ihr den bedenklichen Zustand des Kindes. Nachdem sie alle notwendigen Informationen erhalten hatte, legte die Heilerin sofort ihre Hand auf den Kopf meiner Schwester und brach dann zu dem Haus auf, in dem wir das Baby zurückgelassen hatten. Ich beobachtete genau, was sie jetzt tat. Sie nahm drei Stücke Talg, warf sie in eine Konservenbüchse und stellte sie zum Feuer. Innerhalb weniger Minuten schmolzen die Elemente zusammen und nahmen die Form einer Frau an, die ein Baby trug. Die Heilerin erklärte uns, das bedeute, daß die tote Großmutter das Kind bei sich trüge. Eine Tote hatte also von der Seele des Kindes Besitz ergriffen. Meine Schwester wurde jetzt angewiesen, auf dem Friedhof Lichter anzuzünden zum ehrenden Gedenken an ihre Mutter, die vor vielen Jahren hier beerdigt worden war. Danach schmolz die Heilerin wieder Talg, der jetzt die Form eines Zwerges* (dewende) *annahm. Diesmal erklärte uns die Heilerin, daß dieses kleine Wesen das Kind darstelle. Ich glaube zwar nicht an solche Dinge, aber ich komme doch noch nicht klar damit. Wie dem auch sei, ich beobachtete gespannt, was bei der ganzen Angelegenheit herauskommen würde. Wenige Minuten später stellte sich die Heilerin nahe zu unserem regungslosen Kind und sprach einige Gebete. Zu diesem Zeitpunkt hörte ich ein Baby schreien, was später wieder aufhörte. Wir waren alle sehr verwundert über dieses besondere Ereignis. Wir gaben jedoch unsere Hoffnung noch nicht auf, denn wir wissen, daß Gott durch das Leben und Sterben seines geliebten Sohnes unter uns wirkt. Deshalb beteten auch wir jetzt*

- jeder für sich - für das kranke Kind. Schließlich waren unsere Mühen zusammen mit der Heilerin nicht umsonst. Das Kind wurde gesund und kam mit dem Leben davon.

Wie man eine Gelenkentzündung beseitigt

Von Muriel A. Montenegro

Einer unter unzähligen Heilern in den Philippinen ist Toto Ramos, ein einfacher Mann mit einem christlich-muslimischen Hintergrund. Es sagt, Gott habe ihm die Fähigkeit zu heilen gegeben, und das Jesuskind (Santo Niño) *sei sein Schutzgeist.*

Dieser Heiler wurde nach Maslog, einem Ortsteil von Sibulan auf der Insel Negros, eingeladen. Bei dieser Gelegenheit behandelte er zunächst eine Frau mit chronischer Gelenkentzündung. Er bat die Frau, sich ruhig hinzusetzen. Dann stellte er seine Diagnose, indem er den Puls der Frau fühlte - ohne ihr Fragen zu stellen. Eine Assistentin massierte vorsichtig das Knie der Patientin, während der Heiler still für sich betete. Dann schien Toto Ramos in eine leichte Trance gefallen zu sein. Er kniete sich nieder und "biß" in den erkrankten Teil des Knies. Mit seiner Zunge machte er einen "Einschnitt" ins Knie, um die Entzündung zu entfernen. Man konnte zwar die Öffnung nicht genau sehen, aber es rann frisches Blut aus der Stelle, wo der Heiler "zugebissen" bzw. den "Einschnitt" gemacht hatte. Dann saugte er das 'unreine' Blut aus dem Körper und spuckte es in einen Behälter. Die Sauggeräusche hörte man sehr genau. Der Heiler zitterte bei diesem Vorgang am ganzen Körper. Die Behandlung der beiden Knie dauerte etwa eine halbe Stunde lang, wobei der Heiler den Umstehenden auch erklärte, was er machte. Als er mit seiner Behandlung fertig war, schloß er den Einschnitt auch wieder mit seiner Zunge. In dem Behälter konnte man Blut und gelben Schleim sehen. Toto Ramos erläuterte, daß der gelbe Schleim der Beweis dafür sei, daß die Knie der Frau entzündet gewesen seien. Er schien nach dieser Behandlung erschöpft zu sein und bat um ein Glas Wasser. Er nahm keine Bezahlung an, weil er selber Gottes Gabe der Heilung umsonst erhielt.

Eine andere Patientin klagte über Körperschmerzen. Wieder fühlte der Heiler den Puls und betete leise. Dann erklärte er der Frau, daß es jemanden gäbe, der ihr übel gesinnt sei und der einen Zauberer bezahlt hätte, sie krank zu machen. Der Heiler bat nun darum, ihm ein frisches Ei zu reichen. Wieder versank er im Gebet, und dann ließ er das Ei vorsichtig über den Körper der Frau rollen. Dabei schien er sich wieder in Trance zu befinden. Schließlich bat er um eine Schüssel. Er zerbrach das Ei in der Schüssel, und - siehe da! - im Ei befanden sich fünf kleine rostige Nadeln. Der Heiler sagte dazu, daß diese Nadeln vor langer Zeit vom besagten Zauberer eingeführt worden seien. Er bat die Patientin, bei nächster Gelegenheit zu ihm zurückzukommen, denn es befänden sich noch zwei oder drei weitere Nadeln in ihren Armen. Jetzt sei er schon müde, und die Kraft, die sich dieser Behandlung widersetzen würde, sei sehr stark.

Die Entfernung eines Gehirntumors

Von Henry S. Legaje

Am 25. Dezember 1987 kam eine bekannte Heilerin aus Iloilo, die zur Kirche der Unitarier gehört, in meinen entlegenen Heimatort im Süden der Insel Negros, um mit uns Heilungsgottesdienste zu feiern. Ihr Kommen war für uns einer der Höhepunkte dieser Weihnachtszeit.

Aus lauter Neugierde und um Weihnachten zu feiern, ging meine ganze Familie ins Dorf, wo die Heilerin während ihres Besuches wohnte und wirkte. Viele Kranke versammelten sich vor ihrer Hütte, um von ihr diagnostiziert und geheilt zu werden. Bei ihren Behandlungen benutzte die Heilerin Instrumente, die den wissenschaftlich-medizinischen Geräten moderner Ärzte zwar ähnlich sahen, in Wirklichkeit jedoch keinen technischen Wert besaßen.

Die atemraubenste Behandlung, die sie bei dieser Gelegenheit durchführte, war eine Gehirnoperation. Eine Patientin, die an einem Tumor litt, hatte schon verschiedene Ärzte aufgesucht. Sie hatte sich von Spezialisten sowohl in Manila wie in San Francisco, USA, untersuchen lassen. Als sie erfuhr, was eine solche Operation in den USA kosten würde, beschloß sie, unverrichteter Dinge wieder nach Hause zu fahren. Doch dann hörte sie von den Erfolgen dieser Heilerin aus Iloilo und kam, um sich in unserem Dorf von ihr behandeln zu lassen. Nun wartete sie darauf, operiert zu werden.

Ich setzte mich ganz nah an die Heilerin und ihre Patientin heran, um alles gut beobachten zu können. Es gab keinen Zweifel: die Heilerin öffnete mit der bloßen Hand den Kopf der Patientin, die keine Betäubung erhalten hatte und bei Bewußtsein war. Ich sah, wie die Öffnung blutete. Dann benutzte die Heilerin eines ihrer Instrumente, um den befallenen Teil des Gehirns zu entfernen. Eine schwarze oder zumindest sehr dunkle Masse kam aus dem Schädel heraus. Das war der Tumor. Er wurde auf einen Teller gelegt und öffentlich herumgezeigt. Nach diesem Eingriff verschloß sie die Öffnung im Kopf wieder. Sie bezeichnete diese Technik als "geistliches Nähen". Damit war die Operation beendet. Ich schaute mir die Patientin jetzt genau an. Sie lebte. Sie war sehr geschwächt und konnte nicht allein gehen. Sie sollte sich drei Monate lang schonen.

Meine ganze Familie war über diesen Vorgang sehr beeindruckt. Wir hatten etwas Unglaubliches erlebt! "Unglaublich", weil die Ärzte der Patientin gesagt hatten, daß sie nur noch eine Lebenserwartung von etwa einem Monat hätte, und ihr Gehirntumor jetzt in nur etwa fünf Minuten entfernt worden war. Und ich war dabei, und ich weiß, was ich gesehen habe! Wir waren alle überzeugt, daß diese Heilerin eine ungeheuere geistliche Kraft besaß. Solche Kraft war keine gewöhnliche menschliche Eigenschaft. Diese Heilerin hatte eine göttliche Gabe und konnte wahrhaftig heilen.

Schlangen, die vor dir den Weg kreuzen, so heißt es in einem philippinischen Sprichwort, bringen dir Unglück. Sie können jedoch auch - so glauben andere - Erfolg verheißen, besonders, wenn du dich auf dem Weg zum Glücksspiel befindest.

An diesem Gründonnerstagmorgen in Siquijor denke ich weder an Schlangen noch an Glücksspiel. Ich schaue mich auf der staubigen Einkaufsstraße lediglich nach einem Gefährt um, das mich in die Berge fahren kann. Siquijor ist ein kleines Städtchen an der Küste der gleichnamigen Insel in Sichtweite von Dumaguete und nennt sich stolz Hauptstadt der Provinz Siquijor, die mit 343 qkm und knapp 80.000 Einwohnern die kleinste der philippinischen Provinzen ist. Ein junger Mann auf einem Moped bietet sich an, mich zu dem kleinen Bergort San Antonio zu fahren, der im Süden der Philippinen einen geheimnisvollen Ruf genießt und seinen Namen dem katholischen Schutzpatron der Heilkundigen verdankt, der zu Lebzeiten selber ein großer Wundertäter war. Hier treffen sich jedes Jahr in der Karwoche Heiler (mananambal) *von verschiedenen Inseln, um Kräuter zu sammeln und Mixturen zu brauen. Mein Zweiradtaxi röhrt mit ohrenbetäubendem Lärm auf der sechs Kilometer langen, gewundenen Straße die Berge hinauf. Wenn ich mich umschaue, streift mein Blick über palmenbewachsene Hänge und das blau strahlende Meer bis zu den Inseln Negros und Cebu in der Ferne. Die Palmen und die See funkeln in der leuchtenden Tropensonne. Kurz vor San Antonio bremst mein Fahrer sein Moped abrupt ab. In der Mitte des Weges liegt eine armdicke und mehr als zwei Meter lange zusammengerollte Python. "Heiliger Anton", entfährt es mir, als der Fahrer behutsam und mit respektvollem Abstand dieses Verkehrshindernis umfährt, das kurz zuvor am Kopf eine tödliche Wunde erlitten haben muß.*

San Antonio ist ein armseliger Ort unter schattigen Bäumen mit gut 1000 Einwohnern, einem Auto, zwei schrottreifen Lieferwagen, einigen Mopeds und drei Wasserpumpen für 120 Häuser, von denen einige seit sechs Jahren an die öffentliche Stromversorgung angeschlossen sind. Entlang der einzigen Straße liegen rechts die katholische Kirche und die Grundschule, links die Oberschule und der Markt. Rundherum werden ein paar Häuser sichtbar, der Rest liegt verborgen an den belaubten Hängen. San Antonio ist ein kleiner, abgeschiedener Ort, den man eigentlich als friedlich bezeichnen möchte. Eigentlich ... wenn hier nicht merkwürdige Dinge geschehen würden. Denn einige der ansässigen Heiler sind Zauberer (mambabarang), *die nicht nur heilen, sondern auch schwarze Magie* (barang) *praktizieren können und ihre Opfer krank machen oder gar töten können. Mitunter verschlägt es ein paar Touristen in diese Abgeschiedenheit, die von den Zauberkünsten gehört haben und gerne mehr erfahren möchten. Doch gewöhnlich kehren sie enttäuscht heim. Denn zu sehen bekommen sie in diesem verlassenen Nest nichts. Es gibt auch keine Unterkunft und kein Restaurant, nur ein paar Verkaufsstände entlang der Straße. Kein Einwohner wird ihnen über schwarze Magie Auskunft geben, sondern ihnen lieber von ihren Verwandten in Amerika und Kanada erzählen. Den Fremden beschleicht der Eindruck, daß sich die*

Daheimgebliebenen als die vom Schicksal Vergessenen verstehen, an denen die Segnungen der Zivilisation vorbeigegangen sind. Nein, zu erleben gibt es für den Touristen hier wirklich nichts, und doch habe ich mich in dieser Karwoche 1993 auf den Weg gemacht, dem Geheimnis von San Antonio auf die Spur zu kommen.

Ich laufe nach meiner Ankunft die Dorfstraße rauf und runter und biege dann zum Haus des Barangaycaptain ab, dessen Amt - eine Ausnahme in den Philippinen - eine Frau innehat. Hier lerne ich den japanischen Professor Kazutoshi Seki von der Tsukuba-Universität in der Nähe Tokios kennen, der schon seit zwei Jahren die Zauberei auf der Insel Siquior erforscht. Mit ihm ist der philippinische Politologe Marlone C. Caracol, der auf dieser Insel lebt und ihm als Dolmetscher hilft. Wir kommen sogleich in ein herzliches Gespräch, und die beiden laden mich ein, sie in den kommenden Tagen auf ihren Streifzügen zu begleiten. Das ist ein größeres Entgegenkommen, als ich erwarten durfte.

Auf der Straße am Markt treffen wir einen bekannten Heiler namens Paolo [die Namen der Heiler und Zauberer in diesem Kapitel sind Pseudonyme], einen kleinen Kerl mit schrumpeligem Gesicht und lustig blitzenden Augen. Er trägt einige Bündel Kräuter unter seinen Armen, die er in den Hügeln um San Antonio gesammelt hat. Paolo ist bekannt für seine Kunst, Hexen und böse Geister auszutreiben. Wenn es in einem Haus spukt, wenn Dämonen einen Acker besetzt halten und Mißernten verursachen, wenn ein Bauplatz von unheilvollen Einflüssen befreit werden soll, dann ruft man auf Siquijor Paolo. Heute lebt er allein in einer Hütte in dem Dorf Caticugan. Als er noch bei seiner Familie wohnte, so erzählt man sich auf der Insel, beschwerten sich seine Angehörigen, Fluggeräusche von Geistern zu hören, die mit dem Alten verkehrten. Um Zwistigkeiten aus dem Weg zu gehen, trennte er sich von seinen Verwandten.

Paolo ist gut gelaunt und begrüßt uns freundlich. Offenbar hat er alle Kräuter, die er für seine Heilkunst und antidämonischen Mixturen braucht, im Wald gefunden oder von Kollegen kaufen können. Heute ist der letzte Tag des Sammelns. Am morgigen Karfreitag muß er sie in seiner Hütte kleinhacken, wenn sie mit der Energie dieses heiligen Tages geladen werden sollen. Im Morgengrauen des Karsamstags wird er aus ihnen seine magischen Substanzen brauen.

Der Heiler Faustino, der an der Straße lebt, führt uns in eine baufällige Pfahlbauhütte neben seinem wellblechgedeckten Holzhaus. Auf dem Fußboden aus Bambusleisten liegt ein ungeordneter Haufen von Hölzern und Zweigen, die an frisch gesammeltes Brennholz erinnern. Faustino nimmt Stück für Stück auf, nennt uns den Namen der Pflanze und den Verwendungszweck dieses Krautes. "Das ist pahinli pilipigon, *das gebraucht man zum Zaubern und zur Austreibung böser Geister." Wir schreiben seine Erklärungen in unsere Hefte und machen ein Foto von dem betreffenden Aststück. "Das ist* sinagkulan. *Es hilft bei Wunden und giftigen Dornen." Zusätzlich beriechen wir das Heilkraut. Der nächste Ast sieht aus wie der vorhergehende, doch Faustino erklärt: "Das ist* sibukaw *- wenn bei Frauen die Menstruation ausbleibt." Geduldig fährt der Heiler fort, uns Stück um Stück aus seiner Sammlung zu erläutern. Bei dem vierzigsten Kraut wird seine Erklärung 'blu-*

mig': "Das ist dugo-an *- das brauchst du, wenn du eine Freundin hast und nicht möchtest, daß deine Frau etwas merkt." Unser Dolmetscher gibt die Umschreibung mit zwei Worten wieder: "Für Abtreibungen." Zwischendurch schickt Faustino einmal einen Jungen Palmwein holen,* tuba, *der hier in grossen Mengen getrunken wird und auf dem Markt für sieben Pfennige pro Glas täglich frisch zu kaufen ist. Der deutsche* Maestro *soll auch ein Glas trinken, sagt er, und gelassen leere ich ein Glas des gegorenen Saftes aus dem Stamm der Kokospalme, um den guten Ton nicht zu verletzen, aber auch, weil er mir schmeckt.*

Nach zwei Stunden ist Faustinos Haufen zur Neige gegangen, und 77 verschiedene Kräuter und deren Anwendungsbereiche habe ich in mein Notizbuch eingetragen - ein wahres Kompendium biologischen, homöopathischen und magischen Wissens. Zu diesen Kräutem müssen noch zahlreiche weitere Zutaten ergänzt werden, um eine wirkungsvolle Medizin zu erhalten. An sechs verschiedenen Orten der Insel muß ein Zauberer seine Ingredienzien suchen: Kräuter im Wald, Muscheln und Getier vom Strand, Seeigel und Seesterne vom Meer, Stalaktiten und Stalagmiten aus Höhlen, Erde und Totenknochen vom Friedhof sowie Holzsplitter von Statuen aus Kirchen.

In dieser Karwoche haben sich wohl etwa Hundert Heiler und Zauberer allein in San Antonio versammelt, um sich für die kommenden zwölf Monate mit magischen Substanzen einzudecken. Wir fragen einen der auswärtigen Heiler, ob er die Zutaten für seine Medizin zu Hause nicht findet. "Doch", antwortet dieser, "aber die Kräuter und Substanzen aus Siquijor sind viel wirkkräftiger als anderswo. Und außerdem leben hier die besten Heiler weit und breit".

Doch wie, fragen wir uns, müssen diese Kräuter zur Anwendung gebracht werden, um ihre heilende oder verzaubernde Wirkung zu entfalten? Werden sie dem Patienten oder Opfer aufgetragen oder fein dosiert zum Verzehr gegeben? Weder noch. Die Heiler werden sie am Nachmittag des Karfreitags verbrennen.

Auf unserem Rückweg werfen wir einen Blick in die langgestreckte katholische Kirche mit den spanischen Glockentürmen, deren Türen das ganze Jahr über offen stehen und Tag und Nacht Einlaß gewähren. Soeben sind die Statuen mit weißen Tüchern verhängt worden, und der Gekreuzigte, Sankt Antonius und die Gottesmutter werden erst am Ostermorgen wieder von der Hülle des Todes befreit werden. Eine junge Lehrerin des Ortes trägt eine Statue der trauernden Maria in die Kirche, die frisch eingekleidet wurde und deren schwarzer Spitzenschleier auf dunkelblauem Gewand mit vergoldeten Knöpfen das Kostbarste zu sein scheint, was in diesem Ort zu sehen ist. Ich schaue mich in dem schmutzigen Kirchenschiff um. Die schmale hölzerne Empore über dem Haupteingang, auf die nur eine provisorische Leiter führt, könnte mir einen Schlafplatz für die Nacht bieten, stelle ich mir vor. Doch in der Nacht von Gründonnerstag auf Karfreitag wird die Kirche nicht zur Ruhe kommen, da sich bis zum nächsten Morgen stündlich Gruppen zu Gebetswachen hier ablösen. Doch im Laufe des Abends bekomme ich in einem Neubau, deren Besitzerin in den USA lebt, eines der allgegenwärtigen philippinischen Klappbetten als Nachtquartier angeboten.

Am Morgen des Karfreitags spazieren der japanische Professor, der philippinische Politologe und ich wieder zu den Häusern verschiedener Heiler. Hinter einer äußeren Gelassenheit verbirgt sich bei uns eine innere Anspannung. Am heutigen Tag wird es sich zeigen müssen, ob wir mehr von dem Geheimnis San Antonios erfahren können. Einige der Heiler sind Zauberer, doch wer, wird man bestenfalls andeutungsweise vernehmen. Doch wir möchten möglichst einen Magier bei der Arbeit erleben, wir wollen wissenschaftlich verwertbare Belege, wie Zauberei in den Philippinen heute praktiziert wird. Die ersten Heiler, zu denen wir kommen, sitzen ruhig und meist untätig vor ihren Hütten. Alle haben Kräuter in einem Schuppen gelagert. Außer unserem Dreigespann sind noch ein paar Neugierige unterwegs, und jedermann, der einen Heiler ausfindig machen kann, erhält von ihm freundliche Auskünfte. Noch warten die Heiler ihre eigentliche Arbeit geduldig ab. Die Todesstunde Jesu ist um drei Uhr, und dann entfalten die Kräfte dieses Tages ihre volle Wirkung.

Meine beiden Begleiter machten vor einiger Zeit eine Entdeckung. Als sie einmal an der Kirche vorbeikamen, "betete" dort ein Heiler mit hoch erhobenen Armen. Doch tatsächlich sprach er kein Gebet, sondern eine Verfluchung. Es war der Heiler Salocin, den zwei Kunden mit einer Anzahlung abgespeist hatten und ihm die Restzahlung für den geleisteten Dienst schuldig geblieben waren. Jetzt kehrte Salocin - so vernahmen es meine Begleiter - seine Formeln gegen seine früheren Kunden. Salocin war also ein Zauberer, und er trieb in der Kirche schwarze Magie.

Unser Weg führt uns zum Haus dieses Magiers an einem Hang am Ausgang des Ortes. Unter einem großen Sonnendach aus den Blättern der Nipapalme ist Salocin mit einem Gehilfen sehr beschäftigt. Seine für einen Filipino ungewöhnlichen grau-blonden Haare, sein durch eine Hautkrankheit entstelltes Gesicht und die dicken Brillengläser geben Salocin ein unheimliches Aussehen. Er hat schon am Gründonnerstag seine Kräuter und Tiersubstanzen in einer alten Tonne verbrannt und unterscheidet sich in der Zeitwahl deutlich von den übrigen Heilern. Nun siebt er die Asche durch ein großes Sieb. Festere verkohlte Stücke wirft er in einen Holzmörser, wo sie ein Gehilfe mit einem Stößel pulverisiert. Staubschwaden wehen über den Hof. Da hier mit Giften von Pflanzen und Tieren gearbeitet wird, müssen wir uns vorsehen. Wir binden uns ein Tuch vor Mund und Nase und vermeiden Berührungen. Am Körper tragen wir ein Amulett: drei Blätter eines Strauches, die uns die Tochter eines anderen Heilers als bewährtes Gegenmittel zugesteckt hat, um uns vor magischen Angriffen zu schützen.

Wir sind nicht die einzigen Beobachter dieser Szene. Zwei Frauen von der südlichen Nachbarinsel Mindanao sind angereist, die einen Auftrag für den Zauberer haben. Unser Dolmetscher versteht es mit Witz und Charme, den beiden ihr Anliegen zu entlocken. Die Jüngere der beiden, die bei der Polizei arbeitet, besaß eine Taucheruhr, die ihrem Sohn abhanden gekommen ist. Sie verdächtigen einen Nachbarjungen des Diebstahls, doch dieser bestreitet, damit etwas zu tun zu haben. Jetzt wollen sie ihn verzaubern lassen, um ihn zur Herausgabe der Uhr zu bewegen. Salocin hat begonnen, sein Zaubermittel zuzubereiten.

Wir kehren in den Ort zurück, wo um 2 Uhr nachmittags in der Kirche die Verlesung der "Sieben letzten Worte Jesu" beginnt. Da es keinen Priester am Ort gibt, werden alle kirchlichen Handlungen von Laien vorgenommen. Die geben ihr Bestes und sparen nicht mit Tränen, während sie zu apokalyptisch anmutender Musik ausführliche Meditationen über die Sterbestunde Jesu verlesen. Nach etwa zwei Stunden bricht die Versammlung zum Kreuzweg der Gemeinde auf. Dreizehn Stationen sind von verschiedenen Familien des Dorfes mit Hilfe der Kreuzwegbilder aus der Kirche liebevoll vorbereitet worden. Die Gemeinde kniet vor jeder Station inbrünstig in der prallen Sonne im Straßenstaub, um gemeinsam zu beten. Die Prozession windet sich durch den Ort auf eine Hügelkuppe zu, auf deren Spitze eine an Golgota erinnernde Szene nachgebaut worden ist.

Als wir zurückkehren, ist es beinahe Abend. In den Häusern der Heiler beginnt jetzt das Hacken der Kräuter. Die Medizinmänner und ihre Gehilfen zerkleinern mit machetenförmigen Messern ihre Kräuter und Seetiere, Steine und sonstigen Ingredienzien. Noch in der Nacht wird alles verbrannt werden, um in den frühen Morgenstunden vor Tagesanbruch zu "kochen". Morgens um 4 Uhr sind wir schon wieder bei Faustino, der uns am Gründonnerstag so geduldig seine Kräutersammlung erklärt hat. Jetzt ist der ganze Haufen zu Asche verbrannt. Auf einem Holzfeuer in der schlichten Küche kocht in einer Schüssel, die auf drei Felsbrocken steht, Wasser. Durch die Küche, die nicht mehr als ein Holzverschlag ist, huschen gespentische Schatten im flackernden Schein des Herdbrandes. Alles ist bereit, sumpa zu kochen, eine Medizin der Heiler. Faustino beginnt damit, indem er die zerstoßene Wabe von Honigbienen ins sprudelnde Wasser wirft. Dann fügt er einen Krug Kokosnußöl hinzu. Dieses darf nur aus solchen Kokosnüssen gewonnen werden, die am Baum nach Osten weisen, also zur aufgehenden Sonne. Als nächstes schüttet er Talgreste abgebrannter Kerzen, die er in Kirchen gesammelt hat, in die Schüssel. Andere Heiler fügen an dieser Stelle auch abgeschabte Splitter von Altären und Kreuzen, Friedhofserde oder Knochen aus Gräbern hinzu. Dann schaufelt er mit einer Kelle die Asche seiner verbrannten Kräuter, die auf einer Unterlage auf dem Boden der dämmrigen Küche liegen, in die Schüssel. Zuletzt fügt er Weihwasser hinzu, das er in einer katholischen Kirche vermutlich mit Hilfe eines Küsters abgezweigt hat. Unter ständigem Umrühren kocht der Sud eine Zeitlang und verfestigt sich zu einer schlammigen dunklen Masse. Schließlich wird die Schüssel vom Feuer gehoben und die Mixtur in Konservendosen gefüllt, die im Laufe des kommenden Jahres entweder an andere Heiler verkauft werden oder für den Eigenbedarf bestimmt sind.

In diesen frühen Morgenstunden des Karsamstags ist auch Salocin, der Zauberer, schon auf den Beinen. Es ist diese Todesnacht Gottes, die er für seine Absichten für besonders günstig hält. Mit einem Totenschädel und einem Bambusrohr ist er zusammen mit seinem Gehilfen in eine Felsengrotte hinabgestiegen, die sich unterhalb seines Holzhauses neben einer Quelle befindet. Glitschig und klamm ist es in dieser Höhle, deren Wölbungen im flackernden Schein von Kerzen groteske Schatten werfen. Die beiden entfachen ein Feuer, und nun schlägt der

Zauberer mit einer Rute auf seinen Totenschädel ein, um sich dessen Geist gefügig zu machen. Denn zaubern kann nur, wer über den Beistand und die Macht eines Geistes verfügt. Indem Salocin einige Zauberformeln murmelt (oracion), *streut er eine Prise seines Zaubermittels in die Flammen. Er scheint eine Art Rauchopfer darzubringen, doch dieser Zeremonie werden magische Wirkungen zugeschrieben. Nun greift der Zauberer zu seinem Bambusrohr, in dem sich verschiedene Insekten befinden* (barang), *die der schwarzen Magie dienen. Schon am Freitag hat er um die Mittagszeit den Namen und die Anschrift des jungen Mannes, den er im Auftrag der beiden Frauen aus Mindanao verzaubern soll, auf einen Zettel geschrieben und diesen in das Rohr geworfen. Einige Stunden später schaute er nach, ob das Papier von den Insekten angefressen worden war. Das ist das Zeichen, daß die Tiere den Auftrag ihres Zaubermeisters ausführen werden. Würde der Zauberer sein Verfahren zur falschen Zeit anwenden, wäre das Opfer unschuldig, oder besäße es ein wirksames Amulett, würden die Tiere den Zettel verschmähen. Daraufhin steckt Salocin einen Zweig in das Bambusrohr und sagt: "Wer von euch meinen Befehlen gehorchen will, möge herauskommen." Einige Tiere klettern empor und werden von dem Magier in eine Keramikschüssel gesetzt. Salocin bindet ihnen einen weißen Faden an eines ihrer Hinterbeine. Dann gibt er ihnen genaue Anweisungen, wiederholt den Namen und die Anschrift des Opfers, beschreibt den jungen Mann und trägt den Insekten auf, wo sie ihn beißen sollen. Am nächsten Tag sollen sie zur selben Stunde an diesen Platz zurückkehren. Dann sendet er sie aus. Sie machen sich auf den Weg zu ihrem Opfer, in dessen Körper sie unsichtbar durch eine der Körperöffnungen eindringen werden, um in seine Leber, Nieren, Eingeweide oder Lungen zu beißen. Wenn wenigstens einige der Insekten zurückkehren, weiß der Zauberer, ob sie seinen Auftrag ausgeführt haben. In diesem Fall nämlich weist der weiße Faden Blutspuren auf. Nun kann er seinen Auftrag an weitere Insekten aus seinem Rohr wiederholen, diesmal vielleicht mit dem Zusatz, erst an dem Tag zurückzukehren, wenn das Opfer gestorben ist. Die Symptome, die bei einem solchen Opfer von Zauberei erwartet werden, sind Blutungen, Schwellungen und Schmerzen in jenen Körperteilen, wo die Insekten zugebissen haben sollen. Jemand, der von solchen Erkrankungen befallen ist, wird nun seinerseits einen Heiler aufsuchen, der sich in der Abwehr von Zauberkräften versteht.*

Am Abend bringt mich ein Mopedfahrer zurück in die Stadt Siquijor. Unterwegs kommen wir wieder an der Schlange vorbei, die nun lang ausgestreckt und plattgefahren auf dem Weg liegt. Ich war ausgezogen, die Zauberer von Siquijor aufzuspüren. Ich hatte mich auf ein Glücksspiel eingelassen mit geringen Gewinnchancen. Doch ich habe Schwein gehabt - wie es die Schlange, die den Weg kreuzt, nach philippinischer Überzeugung prophezeit. Hätte ich nichts erlebt, nun gut, dann hätte eben die erste Fassung des Sprichwortes Recht behalten.

[Die Handlung des Schlußteiles dieses Berichtes ist fiktiv, da das Zaubern unter Ausschluß von Zeugen geschieht. Die Schilderung beruht jedoch auf Fakten und Berichten, die ich vor Ort recherchieren konnte.]

Kirche und Gesellschaft

Während unter spanischer Herrschaft die römisch-katholische Kirche als Staatskirche organisiert war und andere religiöse Organisationen nicht geduldet wurden, verfügten die Amerikaner nach ihrer Machtübernahme im Jahre 1898 die organisatorische Trennung von Kirche und Staat in den Philippinen. In den Verfassungen von 1935 und 1972 sowie in der neuen Verfassung von 1987 (Artikel III,5) wurde die Trennung beider Bereiche festgeschrieben. Dennoch haben gerade in die neue Verfassung (aus der Zeit der Aquino-Regierung) zahlreiche Elemente der katholischen Soziallehre Eingang gefunden. Zudem äußert sich die Konferenz der katholischen Bischöfe regelmäßig zu aktuellen gesellschaftlichen Fragen. Die Behauptung vom "einzigen christlichen Land Asiens" ist und war immer eine Legende - mag sie auch noch so oft von philippinischen und westlichen Autoren wiederholt werden. Bemerkenswert ist allerdings die intensive Religiosität der Bevölkerung dieses Landes, wie sie in den großen Kirchengemeinschaften, in zahllosen religiösen Sondergruppen, in sozialpolitisch orientierten Basisgemeinden, in Hauskreisen und bei Krankenheilungen, bei Fiestas und an Feiertagen oder bei ganz alltäglichen Ereignissen erlebt werden kann.

Die evangelischen Kirchen folgten seit ihrer Ankunft in den Philippinen einem Dreierschema der Christianisierung: Evangelisierung, Erziehung und medizinische Versorgung. Während das Gesundheitswesen inzwischen stärker in staatliche Verantwortung übergegangen ist, haben die Kirchen (die katholische eingeschlossen) seit den 70er Jahren ihrer Arbeit mit der Forderung nach sozialer Gerechtigkeit einen neuen Schwerpunkt gegeben. Im Jahre 1992 wurde erstmals in der Geschichte der Philippinen ein evangelischer Präsident gewählt, Fidel Ramos, ein Mitglied der Vereinigten Evangelischen Kirche in den Philippinen (UCCP). Damit haben die sozialethische Verantwortung der großen evangelischen Kirchen und ihr öffentliches Mitspracherecht weiterhin zugenommen. Schon 1963 hatten sich verschiedene protestantische Kirchen zum Nationalen Kirchenrat der Philippinen (NCCP) zusammengeschlossen, um sich vereint zu religiösen, moralischen und politischen Fragen der Nation äußern zu können. Die zehn Mitgliedskirchen des NCCP spielen auch eine aktive Rolle im Ökumenischen Weltkirchenrat. Besonders bei den Problemen und Fragen der sozialen Gerechtigkeit arbeiten Katholiken und Protestanten zunehmend zusammen.

Wie die ersten Bibeln in die Philippinen kamen

Manrique Alonso Lallave wirkte im 19. Jahrhundert als spanischer Dominikanerpriester in Pangasinan, nördlich von Manila. Obwohl Theologe und Missionar, hatte Lallave noch nie eine Bibel gelesen, geschweige denn besessen. Die spanische

Kirche untersagte den Privatbesitz von Bibeln und wachte sorgsam über die Einhaltung dieses Verbotes in der philippinischen Kolonie. Doch eines Tages erhielt Lallave eine englische Bibel von einem britischen Kapitän zur See als Geschenk. Fasziniert las er die Bücher des Alten und Neuen Testaments und wandelte seine religiösen Ansichten. Seine Predigten klangen von nun an "protestantisch", und seine Oberen entfernten ihn aus seinem kirchlichen Amt und schickten ihn nach Spanien zurück. Dort trat er im Jahre 1872 aus der katholischen Kirche aus und schloß sich der evangelischen Kirche an, die sich damals "Spanische Christliche Kirche" nannte.

Im darauffolgenden Jahr übersetzte er das Lukas-Evangelium auf Pangalatok, die Sprache seines ehemaligen Missionsgebietes. Dies war das erstemal, daß ein Teil der Bibel in eine philippinische Sprache übersetzt wurde, obwohl die Spanier schon seit über 300 Jahren im Land weilten. Vier Jahre später hatte er nahezu das gesamte Neue Testament übersetzt. Er wurde in Spanien zu einem evangelischen Pastor ernannt, heiratete und wurde Vater von sieben Kindern.

Im Jahre 1889 kehrte Lallave, inzwischen fünfzig Jahre alt, in die Philippinen zurück mit der Absicht, spanische Bibeln und Evangelien zu verteilen. Er wurde von einem jungen evangelischen Pastor begleitet, Felipe de P. Castells, und reiste unter dem Schutz der international angesehenen Britischen und Ausländischen Bibelgesellschaft (BFBS). Doch schon in Manila erkrankten die beiden. Lallave starb. Castells wurde wieder gesund und war überzeugt, daß er und sein Freund vergiftet worden waren.

Zwei Monate nach Lallaves Tod erhielt seine Familie in Spanien ein Telegramm des behandelnden Arztes mit der Nachricht: "Don Manrique Alonso starb an starkem Fieber; seine letzten Worte betrafen seine Arbeit, die er in Angriff genommen hatte, und Sie." Zwei nachfolgende Nachrichten aus Manila eröffneten der Familie, daß Lallave nicht an Fieber gestorben war, sondern vergiftet wurde.

Dennoch war Lallaves Einsatz nicht umsonst. Seine Bemühungen wurden von anderen fortgeführt und resultierten in eine weitreichende Verteilung von Bibeln in verschiedenen Sprachen in den Philippinen. Als 1898 die Amerikaner die Spanier aus den Philippinen vertrieben, stand der ungehinderten Verbreitung von Bibeln nichts mehr im Wege. Die britische wie die amerikanische Bibelgesellschaft nahmen sogleich die Arbeit in den Philippinen auf und ließen die Bibel in verschiedene philippinische Sprachen übersetzen - ein Prozeß, der bis in die Gegenwart anhält, da 127 verschiedene Sprachen in diesem tropischen Inselstaat auf eine eigene Bibelübersetzung warten.

Seit dem 2. Vatikanischen Konzil (1961-65) unterstützt auch die katholische Kirche das persönliche Studium und den Besitz von Bibeln, und deren Verbreitung macht in den katholischen Gemeinden gegenwärtig rasche Fortschritte. Die katholische Kirche arbeitet seit 1967 in der Philippinischen Bibelgesellschaft mit, und heutige Bibelübersetzungen in den Philippinen werden von evangelischen und katholischen Übersetzern gemeinsam erstellt. In den vergangenen Jahrzehnten sind in den Philippinen Bibeln in millionenfacher Auflagenhöhe gedruckt worden. Die

Verbreitung von Bibeln zu subventionierten Preisen oder sogar kostenlos ist eine wichtige Aufgabe christlicher Gruppen. Die von der Philippinischen Bibelgesellschaft verlegte englischsprachige katholische Übersetzung "Jerusalemer Bibel" ist unter sprachlichen und wissenschaftlichen Gesichtspunkten so gelungen, daß sie auch gerne von evangelischen Theologiestudenten und Pfarrern verwendet wird.

Noch ein anderer Aspekt der Tätigkeit Lallaves verdient hervorgehoben zu werden. Er setzte sich für die Trennung von Kirche und Staat ein - zu einer Zeit, als die katholische Kirche in Spanien und in den Philippinen noch Staatskirche mit zahlreichen Privilegien war. Beeinflußt von liberalen Ideen, war Lallave überzeugt, daß Religionsfreiheit eine Voraussetzung für den wahren Glauben ist. Die heutige philippinische Verfassung garantiert Religionsfreiheit und die Trennung von Kirche und Staat. Schon während seiner Zeit als katholischer Priester hatte Lallave mit drei weiteren Dominikanern den Antrag gestellt, von ihren kirchlichen Gelübden entbunden zu werden. Dieser Schritt dürfte zu seiner Rückberufung nach Spanien wesentlich beigetragen haben.

Philippinischer Kreuzweg

Im April 1992 besuchte Rainer verschiedene Gemeinden im zentralen Hochland von Mindanao, der südlichen Hauptinsel der Philippinen, um eine fortschrittliche und differenzierte Form des Gemeindeaufbaus unter wirtschaftlich, politisch und ökologisch sehr schwierigen Bedingungen kennenzulernen. Die Streusiedlungen in diesem unwirtlichen Bergland sind zum Teil nur zu Fuß oder auf dem Rücken eines Pferdes zu erreichen. Die Reise fand am Ende der Trockenzeit statt, also zur Zeit der größten Hitze, jedoch bevor das Land im unergründlichen Schlamm der Regenzeit versank.

In diesem Gebiet mit der Bezeichnung "Arakan Valley" führt die Vereinigte Kirche Christi in den Philippinen (UCCP) einen Modellversuch des Gemeindeaufbaus durch. Die Gemeindeglieder tragen nicht nur aktive Verantwortung an der religiösen Gestaltung des Gemeindelebens (es fehlt gewöhnlich an Pastoren), sondern sie stärken auch ihre wirtschaftlichen Möglichkeiten durch die Gründung von Genossenschaften und ihr politisches Selbstbewußtsein durch Organisation und Information. Dieser Aufbau von Basisgemeinden wird von Brot für die Welt, der Evangelischen Zentralstelle für Entwicklungshilfe (eze) und verschiedenen deutschen Kirchenkreisen unterstützt. Die Kirchenleitung der UCCP untersucht, ob sich diese Form des Gemeindeaufbaus auf Gemeinden in anderen Teilen der Philippinen übertragen läßt. Insofern haben diese Gemeinden - trotz oder gerade wegen ihrer unbeschreiblichen Armut - Modellcharakter.

Die Erfahrungen einer solchen Expedition ("exposure trip") lassen sich in dem begrenzten Rahmen eines Artikels nur ganz unvollständig wiedergeben. Es soll deshalb die literarische Form des Kreuzweges gewählt werden, nicht zuletzt deswegen, weil die Wanderung in der Karwoche begann. Ein Kreuzweg, wie er sich in den meisten katholischen Kirchen und Kapellen und vielerorts im Freien befindet, meint das Nachschreiten und Betrachten der Leiden Christi. Er führt über 13 oder heute mitunter 14 Stationen (=Haltepunkte) vom Haus des Pilatus bis zur Grablegung oder auch Auferstehung, und will zum Nachdenken anhalten. Jede "Station" meines Berichts will einen Aspekt des Leidens der Menschen in Mindanao veranschaulichen. Meine Schilderungen bleiben manchmal episodisch, aber sie vergegenwärtigen in alltäglichen Bildem die Lebenswirklichkeit und das Elend des Volkes.

1. Station
Mindanao ist der "Wilde Westen" der Philippinen. In der ersten Hälfte dieses Jahrhunderts siedelte die philippinische Regierung hier landlose Bauem aus den nördlichen und mittleren Teilen des Landes an, die sich je ein paar Hektar Land urbar machen durften. Zwischen 1950 und 1980 holzten große Konzeme die ausgedehnten Regenwälder im Inneren Mindanaos ab. Allein in den 70er Jahren erhielten fast 200 Gesellschaften die Erlaubnis zum Holzeinschlag und entwaldeten rund 5 Millionen Hektar Land. Ein ungezügelter Strom von Siedlern folgte den Holzfällern auf den frisch angelegten Pisten in die zuvor nahezu unzugängliche Bergwelt, um durch Brandrodung das Land zu "kultivieren". Zudem vergab die Regierung riesige Ländereien an Viehzüchter - gewöhnlich wohlhabende Bürger aus der Hauptstadt Manila. 180.000 Hektar Land oder 40% aller Weideflächen Mindanaos befinden sich im Besitz von rund 300 Viehzüchtern. Von denen bewirtschaftet also jeder im Durchschnitt 600 Hektar Land, während viele Kleinbauern nur 2 oder 3 Hektar als Eigentum haben. Die Besitzverhältnisse sind teilweise bis heute ungeordnet und führen zwischen den ursprünglichen Bergvölkem, den alteingesessenen islamischen Gruppen im Süden der Insel, den vordringenden christlichen Siedlern sowie landhungrigen Politikern, Geschäftsleuten und Konzernen immer wieder zu Konflikten. Ein Großteil der philippinischen Privatarmeen befindet sich auf Mindanao, und das Recht des Stärkeren scheint hier bis heute zu gelten. Am ungeschütztesten sind die Bergvölker, die zunächst immer weiter in die Regenwälder zurückwichen und heute oft als landlose Habenichtse eine unstete Wanderexistenz führen, um sich mit Brandrodungsfeldbau oder als Landarbeiter durchzuschlagen. Das Innere Mindanaos ist eines der schlimmsten ländlichen Armutsgebiete in den Philippinen.

2. Station
Im April 1992 hatte es im Hochland von Mindanao seit über einem halben Jahr nicht mehr geregnet. Die riesigen entwaldeten Landstriche lagen grau-braun in der sengenden Sonne. Zahlreiche Quellen und Bäche waren versiegt, aus denen die Bevölkerung sonst ihr Wasser schöpfte. Es gab ganze Siedlungen ohne Wasser. In einem Dorf mußte das Wasser mit Kanistem und Wasserbüffeln von einem drei Kilometer entfernten Fluß herbeigeschafft werden. Am Abend legten wir uns mitunter ohne Waschmöglichkeiten verstaubt und verschmutzt, wie wir unser Etappenziel erreicht hatten, auf den Fußboden der Hütte unserer einheimischen Gastgeber schlafen. Unser Lager war nie mehr als eine Matte auf einem Bambus-

oder Dielenboden. Tagsüber, auf unseren Wanderungen, hielt ich nach einer Wasserstelle Ausschau, um wenigstens einmal am Tag ein Bad zu nehmen. Vielerorts waren die Reisvorräte verzehrt, und die Bevölkerung ernährte sich von Knollenfrüchten. Meine philippinischen Begleiter trugen einige Lebensmittel bei sich, Reis und Konserven, die wir mit unseren Gastgebern teilten. Manche verbliebene Bäume, besonders in den Kaffeeanpflanzungen, waren ganz oder teilweise verdorrt. In den Siedlungen kam es zu Notschlachtungen, weil es am Wasser fürs Vieh fehlte.

3. Station
Gründonnerstag erreichten wir mit einem klapprigen Jeepney auf staubiger Straße Antipas, den Ausgangspunkt unserer Wanderung. Als ich mich mit meinem Gepäck aus dem überfüllten Gefährt zwängte, erblickte ich vor mir auf freiem Feld ein bizarres Gebilde, das einem modernen Kunstwerk nicht unähnlich sah. Von straff gespannten Seilen hingen in geometrischen Formen große Wellblechplatten herab, die durch Holzlatten miteinander verbunden waren und aus etwa zehn Meter Höhe nahezu bis zum Boden reichten. Ich schaute mich verwundert um und entdeckte unweit des rätselhaften Gebildes ein Haus ohne Dach, dessen Bewohner in ihren Räumen unter freiem Himmel saßen. Sie erklärten mir, daß zwei Tage zuvor ein gewaltiger Sturm über das Hochland gefegt war, das Wellblechdach des Hauses samt seiner Dachkonstruktion abgerissen, in die Höhe gehoben und etwa zwanzig Meter weiter auf einer Stromleitung niedergelassen hatte. Das aufliegende Wellblech hatte sich kunstvoll verbogen und glich Wäschestücken, die zum Trocknen auf einer Leine hingen, während die übrigen Platten gerade und graziös gespreizt zu Boden hingen.

4. Station (Karfreitag)
Als wir am Nachmittag unser Ziel fast erreicht hatten und einen Fluß überqueren wollten, kam uns auf einer schwankenden Hängebrücke mit teilweise losen Planken eine Gruppe schwitzender und keuchender Männer entgegen. Sie trugen in ihrer Mitte einen verletzten jungen Mann. Dieser blutete aus einer Fußwunde, als sei ihm ein Nagel hindurchgetrieben worden. Bilder von Flagellanten und Kreuzigungsszenen schossen mir durch den Kopf, wie ich sie in den Jahren zuvor an diesem Feiertag gesehen hatte. Unwillkürlich schaute ich mich nach einem Kreuz um. Doch am anderen Ufer des Flusses entdeckte ich nur eine Hahnenkampfarena, wo eine aufgeregt gestikulierende und rufende Versammlung von Männern den Kampf ihres Favoriten zu unterstützen versuchte. Einer dieser Kampfhähne hatte seine rasiermesserscharfe Klinge, anstatt sie einem gegnerischen Hahn in den Leib zu rammen, einem Umstehenden in den Fuß getrieben, der nun - fernab jeden Arztes - zur Behandlung nach Hause oder zu einem Heiler geschleppt wurde.

5. Station (Ostersonntag)
Früh morgens erhob ich mich von meinem harten Lager in einer Hausecke unserer Gastgeber. Auf dem Eßtisch standen noch Reste unseres "Passahmahles" vom

Vorabend, das wir beim Schein einer Kerosinlampe eingenommen hatten. Nach einem langen Marsch waren wir erst in der Dunkelheit angekommen. Das hatte dem Haushund das Leben gerettet, der uns zu Ehren geschlachtet werden sollte. Doch dafür war es dann zu spät gewesen, und nun schlief der Hund noch wohlig unter dem Tisch. Leise schlich ich mich nach draußen und stieg an einer halb verfallenen Bambuskapelle vorbei auf einen zuckerhutförmigen Hügel am Rande der Siedlung.

Es war Ostermorgen, und an diesem Tag wollte ich die aufgehende Sonne als Zeichen des auferstandenen Christus grüßen. Als ich den steilen Hang erklomm, raschelte es laut im Gebüsch neben mir. Ich schaute mich vorsichtshalber nach einem Stock um, als mich ein Männergesicht aus dem Gestrüpp anlachte. Es war der Ort, wo man in der Morgendämmerung ungestört seine Notdurft verrichten konnte. Von der Kuppel des Hügels aus schweiften meine Augen weit über die öde, trockene Bergwelt. Überall war Golgota. Beim Aufgang der Sonne sang ich "Christ ist erstanden ..."; doch die Worte kamen etwas mühsam von meinen trockenen Lippen, und ich wußte, daß ich dieses Lied schon fröhlicher gesungen hatte.

Nach dem Frühstück traten wir den langen Weg nach Malibatuan an. "Unser Weg nach Emmaus", sagte ich zu meinen philippinischen Begleitern. Auch in diesem Ort waren die Siedler sehr arm; aber sie hatten eine Perspektive entwickelt. Die Männer hatten Bewässerungsgräben für ihre Reisfelder angelegt, sich gemeinsam eine Dreschmaschine gekauft und eine Säge gebastelt, die beide mit Tierkraft angetrieben wurden. Die Jugendlichen hatten einen Teich für die Fischzucht angelegt, und die Frauen bewirtschafteten in der Regenzeit einen Garten für den Gemüseanbau. Einen kleinen Laden betrieben sie als Kooperative, über die sie auch

Entwicklungshelfer auf dem Weg zu einem Wiederansiedlungsprojekt für interne Flüchtlinge, die durch den Bürgerkrieg entwurzelt worden sind *ihre landwirtschaftlichen Erzeugnisse in die Stadt verkauften. Einer der Männer, Martin, bastelte an einem Wasserrad. Er träumte von einer kleinen Schmiede, um Werkzeuge und landwirtschaftliches Gerät erstellen zu können. Mitten auf der "Schädelstätte" .... Zeichen der Auferstehung.*

6. Station
Dunkelheit hatte sich über Malibatuan gelegt. Jetzt spendeten nur noch der Mond, die Sterne und vereinzelte Kerosinlampen ein wenig Licht. Frauen kamen von der Quelle, wo sie nach dem Abendessen ihr Geschirr gewaschen hatten. Aus der roh gezimmerten Kirche drang ein schwacher Lichtschein. Wie an jedem Mittwochabend versammelte sich die Jugend im Gotteshaus, manche noch in ihrer Arbeitskleidung. Sie sangen Lieder zur Gitarre, bis etwa fünfzig Leute den Raum füllten. Manche Kinder trugen schon ihr Nachtgewand. Die Atmosphäre in der engen Kapelle war anheimelnd, obwohl mich das Gebäude eher an einen Hühnerstall erinnerte. Ein junger Mann in zerschlissenen Shorts trat an den Abendmahlstisch, schüttelte kräftig die Kerosinlampe, daß die Funken flogen, um genügend Licht zu haben, ein Kapitel aus dem Neuen Testament vorzulesen. An die Schriftlesung schloß er eigene Gedanken zur Auslegung an. Andere Teilnehmer meldeten sich zu Wort, und es entwickelte sich ein lebhafter Austausch über den gehörten Text. Auch einige der Dorfältesten waren anwesend und mischten sich in die Diskussion ein, doch - wie mir schien - als gleiche unter gleichen. In dem Dämmerlicht dieses Gotteshauses wurde der Bibeltext lebenspraktisch befragt, gemeinsam nach Lösungen gesucht, und die jungen Leute hatten ein Forum, um sich offen auszutauschen. Dann sprach der junge Mann in den zerschlissenen Shorts ein freies Gebet, dem sich verschiedene andere Teilnehmer anschlossen. Die Einsichten dieses Abends wurden auf diese Weise bekräftigt. In kleinen Gruppen kehrten wir zu unseren Hütten zurück, um uns bald auf unseren Matten auszustrecken.

7. Station
Heute führte unser Weg an verschiedenen Manobo-Siedlungen vorbei. Die Manobo sind die Ureinwohner dieser Bergwelt. Ihre Vorfahren lebten in verstreuten Weilern als Brandroder im Regenwald, und der Ursprung dieses Volkes verliert sich im Dickicht der Geschichte. In langen Epen, deren Rezitation viele Stunden dauert und die heute nur noch von wenigen ihrer Ältesten beherrscht werden, überlieferten sie von Generation zu Generation ihre Mythen und Sagen. Von den Holzfällern ihrer Lebensgrundlage beraubt und von den nachrückenden Siedlern verdrängt, sind sie in der Gegenwart die Obdach- und Heimatlosen des Hochlandes von Mindanao. Ihre Hütten aus natürlichen Materialien sind so ärmlich, daß sie kaum mehr als Schutz vor Sonne und Regen bieten, aber auch so leicht und transportabel, daß sie bei Bedarf von einem Ort zum nächsten getragen werden können, wenn es der Wanderfeldbau erfordert. Manche Hütten sind so klein, daß ich mich in ihnen nicht ausstrecken könnte, und gewöhnlich gibt es in ihrem Inneren keine Herdstelle, so daß die Küchenarbeiten und das Kochen im Freien verrichtet werden müssen.

8. Station
Nach einem mehrstündigen Ritt über staubig-heiße Hügel erreichten wir einen kleinen Hain von Obstbäumen, in dessen Schatten sich eine vielköpfige Manobo-Familie angesiedelt hatte. Wir banden unsere Pferde fest und hockten uns zu den Leuten. Ein Junge mit einem großen Messer kletterte den glatten Stamm einer Kokospalme hoch und hackte in der Krone Kokosnüsse ab, die mit einem wuchtigen Aufprall in den Sand fielen. In die mit einer dicken grünen Schale umgebenen Nüsse, die ganz mit Fruchtwasser und zartem Fruchtfleisch gefüllt waren, wurde mit einem Haumesser ein Loch geschlagen, aus dem man bequem trinken konnte. Der kühle Saft einer frisch geernteten Kokosnuß ist der köstlichste Trank auf einer solchen Reise. Die Manobo reichten jedem von uns eine solche geöffnete Frucht. Als ich meine Nuß nahezu ausgetrunken hatte, fiel mein Blick auf die stillende magere Mutter, die sich den Inhalt einer Frucht mit ihren Kindern teilen mußte. Ich bemerkte, wie gut ihr der einzige Schluck schmeckte, bevor sie die Nuß an ihre drängenden Kinder weiterreichte. Gerne hätte sie mehr getrunken. Die kurze Beobachtung gab mir einen Stich ins Herz. Als Gast hatte ich eine ganze Frucht für mich allein bekommen und ausgetrunken. Beim Abschied überreichten wir der Familie - gegen ihr Sträuben - ein Geldgeschenk . Doch es blieb das Gefühl, zuviel erhalten und genommen zu haben.

9. Station
Wir kehrten in die Hütte eines Ortsvorstehers (Barangaycaptain) *ein, wo wir ein Glas Kaffee angeboten bekamen. Auf einem kleinen Holzschrank stand auf einem grellbunten gehäkelten Deckchen ein Transistorradio - alles Zeichen eines bescheidenen Wohlstandes und einer häuslichen Behaglichkeit. Zwei ältere Söhne der Familie saßen auf einer Holzbank und lasen Zeitung. In mir erwachte ganz schlagartig wieder das Interesse an der Welt draußen, und ich fragte begierig, was es Neues in der Welt gäbe. Die Leute zuckten mit den Schultern. Die Zeitung war zwei Jahre alt, und das Radio hatte schon seit langem keine Batterien mehr.*

10. Station
Eine Mutter putzte die laufenden Nasen ihrer drei kleinen Kinder mit den bloßen Fingern. Ich reichte ihr schweigend einige Blatt Toilettenpapier. Behutsam betastete sie die faserige Struktur des Papiers zwischen ihren Fingerkuppen, als hielte sie ein kostbares Material in Händen. Dann roch sie daran. Ihr Baby grabschte nach dem Streifen, steckte sich ein Ende in den Mund und kaute darauf. Mir wurde bewußt, daß meine Handlung für Mutter und Kinder ein rätselhaftes Zeichen war, das sie je auf ihre Weise zu ergründen versuchten. Meine sprachlose Geste setzte eine kulturelle Praxis voraus, die ihnen unbekannt war. Vielleicht hätte ich den Gebrauch des Papiers zum Naseputzen veranschaulichen sollen. Womöglich hätte ich Gelächter geerntet. Vielleicht hätten sich die Zuschauer vor dieser Art des Nasesäubern geekelt und ich hätte mein Gesicht verloren. So verharrte ich in meinem Schweigen. Irgendwie schaffte ich es nicht, meine gutgemeinte Absicht durch eine Anleitung zum Gebrauch des Papiers zu einer sinnvollen Handlung werden zu lassen.

11. Station

Tagelang wanderten wir durch Gebiete ohne Stromversorgung. Wie wunderte ich mich, im Hochland unerwartet auf eine Hochspannungsleitung zu stoßen. Sie schien jedoch für die örtliche Bevölkerung bedeutungslos zu sein, da sie der Energieversorgung der Großstadt Davao diente. An den Flüssen Agus und Pulangi liegen grosse Wasserkraftwerke, die vor allem für die Industrialisierung des Nordens der Insel und des Großraumes Davao gebaut wurden. Nur etwa 20% der Bevölkerung Mindanaos partizipiert an der Stromversorgung. Das ist im wesentlichen die Stadtbevölkerung. An der Landbevölkerung geht die Stromversorgung buchstäblich vorbei.

Dennoch waren die Strommasten für die Bauern nicht nutzlos. Eine nähere Untersuchung ergab, daß an diesen einzelne große Schrauben fehlten. Die Bauern montierten sie ab und benutzten sie als Gelenke für ihre einfachen Metallpflüge.

12. Station

Auf einem schmalen Pfad näherten wir uns einer Hügelkuppe, auf der die Holzhütte von Datu *Caid Lansiawan lag, einem Häuptling der Manobo in Cotabato. Es ist ein gebildeter Mann, der viele Jahre seines Lebens als Hochschullehrer unterrichtete und sich mit mir in fließendem Englisch unterhielt. Seinen Lebensabend verbringt er als Sprecher seiner armen Stammesangehörigen, deren Los er bereitwillig teilt. Da ich von der morgendlichen Wanderung erschöpft war, bot er mir nach dem Essen an, während der Mittagshitze auf seinem Ehebett, einer einfachen Holzpritsche, zu ruhen. Als ich mich niederlegte, spürte ich unter dem Kopfkissen eine verdächtige Unebenheit. Hier verwahrte* Datu *Lansiawan griffbereit seinen Revolver auf. Wachsamkeit tut hier not. In dieser Gegend operieren gleich mehrere bewaffnete Gruppen: kommunistische Rebellen, zwei rivalisierende islamische Gruppen, fanatische anti-kommunistische religiöse Gruppen, paramilitärische Verbände, das Militär und Banden von Viehdieben.*

13. Station

Ich spreche mit Datu *Lansiawan über die alte Flechtkunst seines Volkes. Keiner beherrscht sie in diesem Landstrich mehr. Billige Plastikartikel haben ihr den Rang abgelaufen. Als ich 17jährige Schulabgängerinnen nach ihren Berufswünschen frage, kommt auch ihre gemeinsame Vorstellungskraft über ein mögliches Ziel nicht hinaus: sie möchten Verkäuferin werden. Könnten sie ein College besuchen, würden die vermutlich die Studiengänge "Sekretärin" oder "Krankenschwester" belegen. Berufsvorstellungen kreisen in den Philippinen gewöhnlich um den Dienstleistungssektor. Und die wenigen berufsbildenden Schulen, die es in diesem Land gibt, haben ein Ziel: zu einem College und damit zu akademischer Würde aufzusteigen.*

In zwei Siedlungen im Hochland von Mindanao stelle ich eine Untersuchung an. Ich gehe von Hütte zu Hütte: nirgends findet sich eine Werkstatt, eine Werkbank oder ein Geräteschuppen. Es fehlt - wie überall in den Philippinen - an Handwerkern: an Schreinern, Schmieden, Werkzeug- und Gerätemachern, Schneidern oder

Installateuren. Die Bauern haben ihr Haumesser, mit dem sie (fast) alle Arbeiten ausführen. Schon ein Hammer oder eine Flachzange müssen gewöhnlich erst irgendwo in der Nachbarschaft ausgeliehen werden. Notwendige Anschaffungen werden in den Stadtzentren in Form billiger und oft minderwertiger Massenware erworben. Das scheint rentabler zu sein, als die Gegenstände in den Dörfern selbst anzufertigen, obwohl das Geld knapp ist und Arbeitskraft reichlich vorhanden wäre.

Die Philippinen wollen in wenigen Jahren zur Industrienation aufsteigen. Es sollte daran erinnert werden, daß historisch solche Entwicklungen gewöhnlich auf der Grundlage eines entfalteten Handwerkertums stattgefunden haben.

14. Station

In einer kleinen Kaffeeplantage unweit der Siedlung Malibatuan stießen wir auf ein zerfallenes Bambuskreuz. Hier hatte sich vor wenigen Jahren eine wunderliche Geschichte zugetragen. Die Einwohner dieser Streusiedlung wurden von einer paramilitärischen Einheit (CAFGU) bedroht, die in einem Nachbardorf Stellung bezogen hatte. Die Familien von Malibatuan scharten sich in ihrer armseligen Holzkirche zusammen, da sie mit einem Überfall rechneten. In der Nacht wurden über den Hügelkuppen plötzlich Scheinwerferkegel sichtbar, die von Lastwagen stammten, die in wegelosem Gelände über die Felder fuhren. Die Wagen arbeiteten sich etwa auf halber Strecke zwischen den verängstigten Siedlern und der paramilitärischen Einheit in der Nachbarsiedlung durch das offene Gelände vor, durchquerten einen kleinen Fluß und fuhren weiter durch die wegelose Hügellandschaft. Ältere Augenzeugen glaubten Militärtransporter zu erkennen, wie sie die japanischen Truppen im 2. Weltkrieg benutzt hatten, die sich in der (damals noch existierenden) Wildnis Mindanaos vor den vorrückenden Amerikanern verschanzten. Am nächsten Morgen entdeckten die Siedler, die die Nacht unbeschadet überstanden hatten, Fahrzeugspuren, die bis zu ihrer Kaffeeanpflanzung führten, wo sie abrupt endeten. Weder Lastwagen noch Fremde noch zurückführende Spuren wurden gesichtet. Diese nächtliche Erscheinung war auch im Nachbarort beobachtet worden, wo die Milizsoldaten argwöhnten, daß die Siedler von Malibatuan Verstärkung erhalten hätten, woraufhin sie den Rückzug antraten. Die glücklichen Einwohner von Malibatuan glaubten an ein göttliches Wunder. Voller Dankbarkeit errichteten sie dort, wo die Lastwagenspuren endeten, ein Bambuskreuz.

AIDS und die Bischöfe

Am Sonntag, dem 7. Februar 1993, ließen die katholischen Bischöfe einen Hirtenbrief von den Kanzeln ihrer Kirchen verlesen, der die Verwendung von Kondomen zur Abwehr von AIDS untersagt. Mit der theologischen Begründung dieses Verbots machten die Bischöfe kein langes Federlesen: die Verwendung eines Gummischutzes "versuche die Konsequenzen unmoralischen Verhaltens zu vermeiden". Im Klartext: wer sündigt, soll gefälligst 'Gottes Strafe' akzeptieren, denn als solche wird

AIDS in den Philippinen weithin verstanden. Desweiteren argwöhnen die Bischöfe, die Propagierung von Präservativen zur Vermeidung von AIDS sei nur ein Trick des Gesundheitsministeriums, "die Akzeptanz des Gebrauchs von Kondomen zur Empfängnisverhütung zu vergrößern" - womit sie nicht Unrecht haben dürften. Gerade der Gedanke an eine mögliche Einschränkung des Bevölkerungswachstums (die philippinische Bevölkerung wächst um 1,4 Millionen pro Jahr) alarmiert die katholischen Bischöfe. Dem (protestantischen) Gesundheitsminister Flavier werfen sie vor, das Problem aufzubauschen, da vergleichsweise wenige Fälle von AIDS in den Philippinen bekannt seien.

An diesen Argumenten stimmt zweifellos, daß ein Bewußtsein für die Gefahren von AIDS erst seit dem Amtsantritt der Ramos-Regierung im Juni 1992 im Entstehen begriffen ist. Noch im Wahlkampf um die Präsidentschaft 1992 waren Familienplanung und AIDS Tabuthemen, die kein Kandidat anzurühren wagte. Doch schon wenige Wochen nach seinem Amtsantritt beauftragte Präsident Fidel Ramos seinen Gesundheitsminister Juan M. Flavier, ein umfassendes nationales Programm zur Verhinderung der Ausbreitung von AIDS zu formulieren. Flavier, zuvor ein politisch Unbekannter, wurde schnell zu einem der populärsten Minister in Ramos' Kabinett. Tatsächlich hat der Gesundheitsminister gar keine Neuerungen eingeführt, sondern das bestehende Regierungsprogramm zur Familienplanung lediglich reaktiviert, welches unter Präsidentin Cory Aquino und ihrem Berater Kardinal Sin vor sich hindämmerte. Dabei suchte sich Flavier wohlüberlegt Rückendeckung bei den großen Kirchen. Zunächst traf er sich mit Bischof Erme Camba, dem Vorsitzenden der (evangelischen) Vereinigten Kirche Christi in den Philippinen, der dem Programm zur Familienplanung volle Unterstützung zusagte. Anfang August 1992 traf er sich mit Kardinal Sin, dem Oberhaupt der katholischen Kirche in den Philippinen. Obwohl Flavier schon damals eine Kontroverse erwartete, blieb es bei diesem Treffen bei einem allgemeinen Meinungsaustausch. Der Kardinal ließ allerdings keinen Zweifel darüber aufkommen, daß er nur die natürliche Methode der Empfängnisverhütung tolerieren werde und Flaviers Propagierung natürlicher <u>und</u> künstlicher Methoden nicht unterstützen könne. Darauf traf sich Flavier mit dem Bischof der mitgliederstarken philippinischen Sekte "Iglesia ni Cristo", der dem Gesundheitsminister ebenfalls die Unterstützung seiner Kirche zusagte. Schließlich legte er sein Programm Vertretern des ökumenischen Nationalen Kirchenrates in den Philippinen vor, dem verschiedene protestantische Kirchen angehören. Auch der Nationale Kirchenrat gab Flaviers Programm grünes Licht.

Den Dezember 1992 proklamierte Ramos zum "Nationalen AIDS-Bewußtwerdungs-Monat" und rief einen "Nationalen AIDS-Rat in den Philippinen" ins Leben. Als Ramos im selben Monat nach Thailand reiste - in ein Land, das wegen seiner hohen AIDS-Rate berüchtigt ist -, verteilte Flavier an Kabinettskollegen und Reporter, die Ramos begleiteten, Kondome. Seine Zeichenhandlung löste bei konservativen Politikern Proteste aus, und einige Regierungsbeamte entschuldigten sich in Thailand für Flaviers beleidigende Geste. Doch dort reagierte man gelassen. Der Vorsitzende der 'Thailändischen Vereinigung zur Bevölkerungs- und

Eine Studentin bekundet mit einem aufgeblasenen Kondom ihre Sympathie für die Bemühungen der Regierung um die Familienplanung

Sozialwesenentwicklung' schickte Flavier einen Strauß künstlicher Blumen, hergestellt aus Kondomen. In einem beiliegenden Schreiben hieß es: "Sie sind ein leuchtender Stern in den dunklen Tagen der Unwissenheit im Kampf gegen AIDS".

Trotz der begonnenen Aufklärungsarbeit klang noch im Februar 1993 die AIDS-Statistik in den Philippinen eher harmlos. 356 Personen waren als HIV-Infizierte und 84 als AIDS-Kranke bekannt, wovon 59 bereits gestorben waren. Bis Ende November 1994 hatte sich die Zahl der HIV-Infizierten auf 565, die Zahl der AIDS-Kranken auf 171 und die Zahl der an AIDS Verstorbenen auf 96 erhöht. Zu den Verstorbenen gehören inzwischen auch Neugeborene infizierter Eltern. Zum Vergleich: in Deutschland werden dem AIDS-Zentrum jährlich rund 1.600 neue AIDS-Erkrankungen gemeldet. Die Zahl der infizierten Deutschen wird auf 50.000 bis 60.000 geschätzt. Auch in Deutschland werden nur ungefähre Zahlen bekannt, und bei den philippinischen Zahlenangaben handelt es sich bisher um zufällig bekannt gewordene Erkrankungen. Um sich einen besseren Überblick über das Ausmaß von AIDS im Lande zu verschaffen, haben die Behörden angeordnet, daß die Angehörgen der philippinischen Streitkräfte bei ihren jährlichen Untersuchungen von nun an auch auf AIDS getestet werden. Ebenso müssen philippinische Gastarbeiter(-innen), die aus dem Ausland zurückkehren und von denen viele in der Unterhaltungsbranche tätig waren, eine entsprechende Bescheinigung vorlegen. Das Gesundheitsministerium möchte in Zukunft auch die Universitäten genauer unter die Lupe nehmen, da Studenten als besonders "unternehmungslustig" eingestuft werden. Bereits jetzt werden Blutspender auf eine mögliche HIV-Infektion hin geprüft. Untersuchungen bietet auch unsere Silliman Universitätsklinik an. Wie stark Filipinos AIDS-gefährdet sind, zeigen Zahlen aus den USA, wo die Untersuchungen wesentlich umfassender durchgeführt werden und philippinische Einwanderer mit an der Spitze der AIDS-Erkrankten liegen.

Das philippinische Gesundheitsministerium schätzt, daß inzwischen vermutlich 30.000 bis 35.000 Filipinos HIV infiziert oder an AIDS erkrankt sein dürften. Sicher ist jedenfalls, daß die Verbreitung des HIV-Virus inzwischen in 25 von 72 Provinzen bekannt ist. Während die Schließung der amerikanischen Militärbasen und der Abzug der amerikanischen Soldaten zunächst als positiv für die Eindämmung der AIDS-Seuche gewertet wurde, stellt sich jetzt heraus, daß mit dem Niedergang der großen Vergnügungszentren in der Nähe der ehemaligen Basen sich die "hospitality girls" über das ganze Land ausgebreitet haben und die Krankheit auch in entlegenere Provinzen tragen.

Doch selbst die wenigen bekannt gewordenen Fälle sind kaum zu kontrollieren. Bei einer Untersuchung im Vergnügungsviertel von Angeles City wurden 18 Barmädchen, die zuvor für die Unterhaltung amerikanischer Soldaten arbeiteten, als HIV-infiziert entdeckt. Sieben verschwanden daraufhin aus der Stadt und dürften jetzt wahrscheinlich im Rotlichtviertel von Manila ihrem Gewerbe nachgehen. Im Oktober 1992 tauchte in Pasay City das Gerücht auf, 308 Prostituierte seien in dieser Stadt an AIDS erkrankt. Ein Angestellter der Gesundheitsbehörde "beruhigte" daraufhin die Öffentlichkeit mit der Meldung: Die Zahl sei so zu verstehen, daß 308

Prostituierten eine Gesundheitsbescheinigung ausgestellt worden sei, ohne daß die entsprechenden medizinischen Untersuchungen vorgenommen worden seien.

Im September 1992 haben philippinische Tageszeitungen begonnen, über das Einzelschicksal AIDS-Erkrankter, ihren sozialen Hintergrund und ihre letzten Lebenswochen detalliert zu berichten, was in der Bevölkerung einen nachhaltigen Eindruck hinterläßt und wesentlich zur Aufklärung über die AIDS-Gefahr beiträgt. Doch angesichts der homosexuellen Neigungen vieler Filipinos, dem Hang zur Promiskuität besonders in den städtischen Zentren und der starken Verbreitung von Prostitution stellt AIDS eine Zeitbombe für die Philippinen dar. Es fehlt noch an einer breit angelegten Aufklärung der Bevölkerung. Als im Jahre 1993 eine junge Frau in Iloilo an AIDS starb, wurde ihren Angehörigen die Bestattung des Leichnams auf dem örtlichen Friedhof untersagt. Die Verantwortlichen befürchteten, die Tote könne das Erdreich "verseuchen". Andererseits sind manche Filipinos überzeugt, es gäbe eine natürliche Immunität gegen diese Krankheit: man müsse nur die genügende Menge sauren Gemüses und Fischsoße essen.

UCCP wählt neuen Generalsekretär

Die Generalversammlung der Vereinigten Kirche Christi in den Philippinen (UCCP), die vom 22.-25. Mai 1994 in Ozamis City (Mindanao) tagte, wählte turnusgemäß einen neuen Generalsekretär. Nachfolger von Bischof Erme Camba wurde Dr. Hilario Gomez, der bisherige Pfarrer der UCCP-Stadtkirche von Cagayan de Oro im Norden Mindanaos. Insgesamt hatten sich drei Kandidaten um dieses Amt beworben. Bereits im ersten Wahlgang erhielt Dr. Gomez die erforderliche Mehrheit von über 50% der Stimmen.

Der scheidende Bischof Erme Camba diente seiner Kirche als Generalsekretär von 1986 bis 1994. Camba, der zu den entschiedenen Kritikern des Kriegsrechtes unter Präsident Fedinand Marcos gehört hatte, übernahm sein Amt wenige Wochen nach dem Ende der Marcos-Diktatur. Er verstand es, der UCCP nationales und internationales Ansehen zu verschaffen. Die UCCP ist nicht nur die größte evangelische Kirche des Landes, sondern auch eine der wenigen Kirchen in den Philippinen, die ihrer Stimme in sozialen und politischen Belangen Gehör zu verschaffen weiß. Im Jahre 1992 wurde zum erstenmal ein nicht-katholischer Präsident in den Philippinen gewählt: das UCCP-Mitglied Fidel Ramos, der als General maßgeblich zum Sturz von Marcos beigetragen hatte. Auch der Gesundheits- und der Umweltminister der Ramos-Regierung sind aktive UCCP-Mitglieder.

Camba trat auch auf internationalem Parkett geschickt auf und war als Redner und Diskussionsteilnehmer ein gerngesehener Gast. In Europa ist er beim Ökumenischen Weltkirchenrat, bei der Vereinigten Evangelischen Mission, der Evangelischen Zentralstelle für Entwicklungshilfe, bei Brot für die Welt, der Kindernothilfe oder Dienst in Übersee verschiedene Male zu Besuch gewesen. Ähnlich intensive Kontakte unterhielt er zu Partnern in den USA, Kanada, Australien oder

Neuseeland. Internationale Organisationen erkannten die UCCP als vertrauenswürdige Partnerin für Projekte der Entwicklungshilfe und Mission und in Katastrophenfällen an.

Dem Bischof waren diese Fähigkeiten nicht in die Wiege gelegt worden. Im Jahre 1938 wurde er als ältestes von sieben Kindern einer armen Familie in der Provinz Albay (Luzon) geboren. Sein Vater, ein Fahrer, konnte seine Familie mitunter kaum mit der nötigen Nahrung versorgen. Trotzdem nahmen Eltern und Großeltern aktiv am Leben ihrer evangelischen Gemeinde teil. Durch vorzügliche Leistungen in der Schule konnte sich der junge Erme ein Stipendium verdienen und schließlich die Universität besuchen. Er studierte Theologie an der Silliman Universität in Dumaguete und ein Jahr lang in den USA. Danach wurde er Gemeindepfarrer in seiner Heimatprovinz Albay, Bischof von Südluzon und schließlich Generalsekretär der UCCP. In der Zukunft möchte er als Dozent für Praktische Theologie an der Divinity School der Silliman Universität unterrichten.

Viele Gemeinsamkeiten mit dieser Biographie zeigt der Lebensweg des Nachfolgers, Dr. Hilario Gomez, kurz "Larry" genannt. Der neue Bischof wurde im Jahre 1941 als jüngstes von sechs Kindern in einfachen Verhältnissen in Mindanao geboren. Er studierte ebenfalls an der Silliman Universität sowie am Union Theological Seminary (bei Manila), wurde Gemeindepfarrer in Mindanao, Dozent am Union Theological Seminary und erwarb seinen "Dr. phil." am ehrwürdigen Princeton Theological Seminary in den USA, wo er sich auf dem Gebiet 'Kirche und Gesellschaft' spezialisierte. Danach lehrte er wieder als Professor für Theologie am Union Theological Seminary. Zudem wurde er Vorsitzender des UCCP-Programms für den Dialog zwischen Christen und Muslimen und organisierte das Programm der Gemeindepraktika für die UCCP-Theologiestudenten. 1988 nahm er einen Ruf als Pfarrer nach Cagayan de Oro an. Für den westlicher Leser klingt ein solcher Wechsel vom Universitätsprofessor zum Ortspfarrer einer Industriegemeinde befremdlich. In der philippinischen Realität gibt es dafür jedoch ein verständliches Motiv: eine wohlsituierte Stadtgemeinde zahlt ihrem Pfarrer ein deutlich höheres Gehalt, als es ein Professor erhält. An diesem Grund scheiterte auch der Versuch, Dr. Gomez an die Silliman Universität zu berufen.

Der neue Generalsekretär äußerte nach seiner Wahl in einem Gespräch mit mir die Überzeugung, daß seine Amtsausübung die Kontinuität mit der Amtsführung seines Vorgängers wahren würde. Daran hegen auch sachkundige Beobachter keinen Zweifel. Wie Erme Camba gehört Dr. Gomez zu den progressiven Kirchenführern der UCCP. Die Programme und der kirchenpolitische Kurs der UCCP werden vom neuen Generalsekretär fortgesetzt werden. Es ist nicht zu erwarten, daß sich das "Profil" der UCCP in den kommenden Jahren wesentlich verändern wird.

Dennoch muß die Wahl Gomez' als Zeichen für einen strukturellen Wandel innerhalb der UCCP verstanden werden, dessen sich die Kirche heute wahrscheinlich selbst noch nicht bewußt ist. Es ist nämlich kaum ein geographischer Zufall, daß der neue Generalsekretär aus dem Norden Mindanaos (Südphilippinen) stammt, während der scheidende Bischof in Luzon (Nordphilippinen) beheimatet ist. Neben den Ballungsgebieten Manila und Cebu ist der Norden Mindanaos der Teil der Philippinen, in dem die Industrialisierung die schnellsten Fortschritte macht. In den ehrgeizigen Bemühungen der Ramos-Regierung, die Philippinen bis zum Jahre 2000 zu einem Industrieland zu machen, spielt der Norden Mindanaos eine Schlüsselrolle. Besonders ausländischen Investoren wird diese Region als idealer Standort empfohlen. Schon heute gelten die Arbeits- und Verdienstmöglichkeiten in diesem sich entwickelnden Industriegebiet als besonders gut. Innerhalb der Philippinen ist Mindanao eines der beliebtesten Zuzugsgebiete.

Schon seit den 60er Jahren zeigen die UCCP-Gemeinden in Mindanao ein besonders kräftiges Wachstum, das sich sowohl dem Zuzug von Mitgliedern aus anderen Landesteilen wie der Mission innerhalb Mindanaos verdankt. Doch während die Zahl der Ortsgemeinden in den letzten Jahren wesentlich langsamer als erhofft stieg, läßt sich in der Gegenwart ein neuer Entwicklungstrend beobachten: das innere und äußere Erstarken der Gemeinden in den großen Städten. Während meines Arbeitseinsatzes im Norden der Philippinen war ich es gewohnt, in einfachen, schmucklosen Dorfkirchen und noch einfacheren Häusern von Gemeindegliedern zu verkehren. In Mindanao trifft man hingegen auf beeindruckende Kirchbauten und Gemeindezentren und findet unter den Gemeindegliedern Geschäftsleute und wirtschaftliche und politische Führungskräfte der betreffenden Orte. Diese Gemeinden werden deutlich geprägt von der städtischen Mittel- und Oberschicht, also jenen sozialen Gruppen, die am wirtschaftlichen Aufschwung dieser Region am unmittelbarsten beteiligt sind und zum Bildungsbürgertum gerechnet werden müssen ("urban-industrialized elites"). Tatsächlich hat die UCCP aus diesem sozialen Umfeld nicht nur in Mindanao, sondern landesweit einen beachtlichen Zulauf zu verzeichnen.

Kirchenintern ist dieses Faktum jedoch noch kaum zur Kenntnis genommen worden. In ihren Selbstdarstellungen versteht sich die UCCP weiterhin als Kirche der ländlichen Armen. Ihre Medienagentur an der Silliman Universität hieß bis zum vergangenen Jahr "Ländliches Veröffentlichungszentrum". Und die Theologiestudenten, die überwiegend aus Landgemeinden rekrutiert werden, werden auch zum Gemeindepraktikum bevorzugt in eben diese Gebiete geschickt.

Tatsächlich bestanden die evangelischen Kirchen, die sich 1948 zur UCCP zusammenschlossen, ursprünglich im wesentlichen aus Landgemeinden, da die evangelischen Missionare um die Jahrhundertwende ihre Arbeit gewöhnlich in jenen entlegenen Gebieten aufgenommen hatten, die von den Spaniern nur oberflächlich oder gar nicht christianisiert worden waren. Da diese Missionare jedoch zugleich einen starken Akzent auf die Bildungsarbeit setzten und zahlreiche Schulen gründeten, legten sie damit den Grundstein für jene Entwicklung, die in der Gegenwart zu einem inneren Strukturwandel der UCCP zu führen scheint: dem Erstarken der städtischen Bildungsschichten innerhalb dieser Kirche.

Das Bild, das von der UCCP im Ausland gezeichnet wird, verklärt ihre historische Erscheinungsform zudem mit romantisierenden Zügen, die sich dem Eintreten vieler UCCP-Pfarrer und Laien gegen das Kriegsrecht in den 70er Jahren verdanken. Die UCCP erscheint dort als eine Kirche der Basisgemeinden und der Befreiungstheologie. So interessant diese Gruppen und Ansätze auch sind: in einer realitätsbezogenen Analyse der Entwicklung der UCCP sind sie nur ein Randthema.

Obwohl ländliche Gemeinden in der UCCP bis heute rein zahlenmäßig überwiegen, darf nicht übersehen werden, daß eine große Stadtgemeinde in ihrer Mitgliederstärke und Finanzkraft zwanzig oder mehr Landgemeinden gleichkommt. Noch wichtiger ist der kirchenpolitische Einfluß dieser urbanen Großgemeinden. Sie haben sich in den vergangenen Jahren zunehmend Gehör verschafft und sich nicht zuletzt gegen Klischees verwahrt, die ihrem neuen Selbstbewußtsein nicht länger entsprechen. In Mindanao haben diese Auseinandersetzungen an den Rand der Kirchenspaltung geführt, die nur durch die integrierende Kraft verschiedener Kirchenführer - nicht zuletzt des scheidenden Generalsekretärs - verhindert werden konnte. Daß diese Gemeinden bei der Wahl des neuen Kirchenoberhauptes ein entscheidendes Wort mitreden würden, war zu erwarten.

Dr. Hilario Gomez dürfte seinen Wahlsieg diesen Gruppen zu verdanken haben. Seine Bildung, geistige Flexibilität und unideologische Engagiertheit, gerade auch in sozialen und politischen Fragen, machen ihn zu einem Repräsentanten dieses neuen Selbstbewußtseins evangelischer Christen in den Philippinen, die an der Gestaltung ihres Landes bewußt und schöpferisch mitarbeiten. Daß die UCCP in Mindanao ein bedeutendes gesellschaftliches Ansehen genießt, verdeutlicht ein erstaunliches statistisches Ergebnis: Während die Kirchenregister der UCCP für Mindanao rund 100.000 Mitglieder verzeichnen, gaben bei der letzten Volkszählung 316.000 (!) Bürger an, Mitglied dieser Kirche zu sein. Ohne aktive Gemeindeglieder zu sein, scheinen sich also viele Bürger durch diese Kirche repräsentiert zu fühlen.

Rebellenpriester erschossen

Als ihn das Militär im Juli 1983 verhaften wollte, ging Frank Navarro in den Untergrund. Er hatte katholische Theologie studiert, war zum Priester geweiht worden, arbeitete als Leiter des Sozialprogramms der Diözese Tandag und wurde 1981 Gemeindepastor in einem Ort in Nordmindanao, ehe er sich zwei Jahre später den Rebellen der New People's Army (NPA) anschloß. Er war der erste katholische Priester, der öffentlich bekannte, Mitglied der Philippinischen Kommunistischen Partei geworden zu sein. Navarro betrachtete seine Mitgliedschaft in einer revolutionären Vereinigung als sein Apostolat. "Besondere Situationen erfordern besondere Ämter", begründete der Priester seine Entscheidung. Manche bezeichneten ihn als "Kaplan der New People's Army". Tatsächlich übte Navarro in den ersten Jahren seiner Guerillatätigkeit - durchaus mit Zustimmung seiner Kirchenoberen - in einigen entlegenen Bergsiedlungen innerhalb des Rebellengebietes priesterliche Funktionen aus. Erst als er eine Rebellin heiratete, verlor er seine priesterlichen Rechte.

Navarro faßte seinen Entschluß, in die Berge zu gehen, in den politischen und sozialen Auseinandersetzungen der Marcos-Diktatur, zu einem Zeitpunkt, als sich *die kommunistische* New People's Army, *die 1968 von dem ehemaligen Universitätsprofessor Jose Maria Sison gegründet worden war, auf dem Höhepunkt ihres Erfolges befand. Schätzungsweise 25.000 Rebellen standen damals unter Waffen und operierten in Zweidrittel der philippinischen Provinzen.*

Der ehemalige Priester, der sich jetzt Ka Migo nannte, beteiligte sich in diesen Jahren auch an bewaffneten Auseinandersetzungen, so etwa mit Holzfällergesellschaften, mit einer kriminell gewordenen Splittergruppe der Rebellen oder mit dem Militär. Navarro erwarb den Rang eines "politischen Offiziers", war für die Schulung von Rebellen zuständig und setzte sich für die Landverteilung an landlose Bauern ein. Er stieg zum Kommandeur einer Rebelleneinheit in Kompagniegröße auf. Im Jahre 1986 machte er von sich reden, als er als Unterhändler der NPA *bei den fehlgeschlagenen Friedensgesprächen mit Präsidentin Corazon Aquino auftrat. Später hörte man von ihm als Repräsentant der* New People's Army, *als es um die Freilassung von Soldaten ging, die von den Rebellen gefangengenommen worden waren.*

Elf Jahre, nachdem er sich den Rebellen angeschlossen hatte, wurde Navarro, auf dessen Ergreifung das Militär eine Million Pesos ausgesetzt hatte, von philippinischen Soldaten in den Bergen Nordmindanaos erschossen. Am frühen Morgen des 9. August 1994 stieß ein Spähtrupp der Armee in den Bergen bei der Stadt Cagwait auf ein einsames Haus, von wo ein Mann fortlief, um anderen Männern in der Nähe eine Warnung zuzurufen. Die Soldaten eröffneten das Feuer und verletzten den Flüchtenden tödlich, ohne die Identität ihres Opfers zu erkennen. Die Rebellen, die sich in der Nähe des Hauses in einem Lager aufhielten, erwiderten sogleich das Feuer. Nach einem vierstündigen Feuergefecht, bei dem auch zwei Soldaten fielen, wurden sie zum Rückzug gezwungen.

Später kehrten die Rebellen zurück, wickelten den Leichnam des Gefallenen in ein Tuch und hoben ein Grab für ihn aus. Die Nachricht vom Tode des ehemaligen Priesters wurde von der Gruppe Christen für die Nationale Befreiung verbreitet, eine von 13 Migliedorganisationen der Nationalen Demokratischen Front (NDF), *dem politischen Flügel der* New People's Army. *Ihre Verlautbarung stieß in der Öffentlichkeit zunächst auf Skepsis, da bereits mindestens neunmal, seitdem Navarro in den Untergrund ging, behauptet worden war, er sei vom Militär erschossen worden.*

Erst vier Wochen später konnte seine Leiche von Verwandten, Freunden, Kirchenführern und dem Provinzgouverneur exhumiert werden. Ein Bruder identifizierte den stark verwesten Leichnam, der noch mit der Jacke, der Hose und den Wanderschuhen bekleidet war, die er ihm das Jahr zuvor zu Weihnachten geschenkt hatte. Navarros sterbliche Überreste wurden in einem versiegelten Sarg in seine frühere Gemeinde und schließlich in seine Heimatstadt Marihatag überführt.

39 Tage, nachdem er erschossen wurde, fand Frank Navarro eine bleibende Ruhestätte. Die Philippinische Kommunistische Partei veröffentlichte am Tag seiner Beisetzung in verschiedenen Tageszeitungen eine ganzseitige Anzeige, in der sie den Toten als "Märtyrer der Revolution" und "einen Helfer im Dienst an den Massen, ruhig und furchtlos, mit einem gütigen Herz, prinzipientreu und beharrlich, einen Propagandisten und Erzieher, ernst und unermüdlich," beschrieben.

Mindestens 2.000 Menschen beteiligten sich an dem Trauermarsch von der Gemeindekirche zum Friedhof von Marihatag. Statt der 21 Salutschüsse, die bei der Beisetzung eines gefallenen Soldaten oder Rebellen abgefeuert werden, zelebrierten 21 Priester, sechs von ihnen Ausländer, unter der Leitung von Bischof Ireneo Amantillo die Totenmesse. Ebenfalls nahm eine Gruppe von 21 Nonnen an den Feierlichkeiten teil, die sich ein rotes Band um ihren Kruzifixanhänger gebunden hatten. Zu den Rednern gehörte Bürgermeister Librado Navarro, ein jüngerer Bruder des Rebellenpriesters, der sich ursprünglich ebenfalls den Rebellen angeschlossen hatte, dann jedoch ins zivile Leben zurückgekehrt war und eine Karriere als Kommunalpolitiker gemacht hatte. Bürgermeister Navarro beschuldigte die Regierung, auf der einen Seite von Friedensgesprächen mit den Rebellen zu sprechen und auf der anderen Seite den Kampf gegen sie unvermindert fortzusetzen. Bischof Amantillo rief die Regierung auf, ihre angekündigte Bereitschaft zu Friedensgesprächen ernsthaft und mit Nachdruck in die Tat umzusetzen. Auch die Soldaten riefen zu Friedensgesprächen auf: "Beendet den blutigen Krieg", "Gebt dem Frieden eine Chance", und "Keine Rache für Vater Franks Tod" war auf Plakaten zu lesen.

Mit Navarro ist zum zweitenmal ein philippinischer Rebellenpriester im Kampf gefallen. Bereits im März 1987 war Bert Salac, zum damaligen Zeitpunkt Generalsekretär der Nationalen Demokratischen Front in Mindanao, erschossen worden. In den vergangenen Jahren haben die Rebellen, deren Zahl heute vom Militär auf nur noch 8.000 geschätzt wird, in der Öffentlichkeit erheblich an Rückhalt verloren. Ihr Aufruf im Jahre 1986, die Präsidentschaftswahl zwischen Ferdinand Marcos und Corazon Aquino zu boykottieren, führte zum erstenmal zu einem öffentlichen Zerwürfnis innerhalb der Bewegung. Das Bekanntwerden von Massenerschießungen im Jahre 1989 innerhalb der New People's Army, die vorgenommen worden waren, um die eigenen Reihen von "Geheimagenten" zu säubern, ließen viele ehemalige Anhänger enttäuscht und ernüchtert in das zivile Leben zurückkehren. Zwischen Anfang 1988 und Mitte 1994 ergaben sich insgesamt mehr als 19.000 Rebellen (aus den verschiedenen politischen Lagern) den Behörden und nahmen staatliche Mittel für ihre gesellschaftliche Wiedereingliederung in Anspruch. Im Juli 1993 spalteten sich die philippinischen Kommunisten. Während die eine Richtung weiterhin unter der Leitung des im niederländischen Utrecht im Exil lebenden José Sison steht, wird die reformwillige Gruppe von Romulo Kintanar angeführt, dem früheren Chef der New People's Army. Wie es heißt, hat Sison den "Verräter" Kintanar inzwischen von einem "Volksgerichtshof" zum Tode verurteilen lassen. Im November 1994 schloß eine "nationale Konferenz" des kommunistisch dominierten Bündnisses National Democratic Front (NDF) den "Betrüger, Saboteur und Opportunisten" Kintanar aus ihren Reihen aus. Ebenfalls ausgeschlossen wurde der katholische Theologe Edicio de la Torre, der wegen seiner politischen Aktivitäten unter Marcos eingekerkert worden war und viele Jahre in Europa im Exil lebte, bevor er Anfang der 90er Jahre in seine Heimat zurückkehren konnte. Auch der Ex-Priester war bei Sisons Gefolgsleuten in Ungnade gefallen. Er habe sich politische Führerschaft innerhalb der NDF angemaßt, hieß es in der Urteilsverkündung über den ehemaligen Kampfgefährten.

Kunst und Theater

Der traditionelle philippinische Künstler ist der anonyme Handwerker, der durch Schnitzen und Töpfern, Weben und Flechten Gegenstände des alltäglichen und religiösen Bedarfs schafft. Die Spurensuche einer einheimischen Ästhetik hat nicht in Museen, sondern in den Siedlungen der Bauern und Fischer zu beginnen.

Malerei und Theater, denen wir uns in diesem Kapitel zuwenden, waren in vorspanischer Zeit in den Philippinen unbekannt - nicht jedoch das Anfertigen religiöser Skulpturen, Weberei, Tätowierung, Tanz, die Feier komplizierter Rituale und die Rezitation langer mündlicher Überlieferungen.

Mit der Einführung des Christentums begannen die Spanier den Bau großer Kirchen, deren gottesdienstliche Liturgien religiöse Statuen, Gemälde, sakrale Musik und die Aufführung religiöser Dramen verlangten. Im Umfeld der Kirchen entwickelte sich zudem eine städtische Architektur, in deren Bürgerhäuser bald auch Portraits und Landschaftsgemälde hingen. Die westliche Kunst der Renaissance und des Barock hielt in die Philippinen Einzug und entwickelte sich zu einem eigenen philippinischen Stil. Mit dem westlichen Kunstverständnis setzte sich die Idee der Individualität des Künstlers durch, und die philippinischen Maler und Bildhauer zeichneten ihre Werke schließlich mit ihrem eigenen Namen. Im Laufe der Jahrhunderte nahmen sie auf vielfache Weise westliche Kunstelemente auf, nicht ohne jedoch auszuwählen und zu verarbeiten, was ihrem ästhetischen Empfinden und ihrem Lebensgefühl entsprach. Dieser Prozeß setzt sich bis in die Gegenwart fort.

Kunst in der Provinz

Von Raul D. Agner

Der Autor ist Kurator des Museums der Divine Word Universität in Tacloban auf der Insel Leyte. Während der 3. Tagung der Künstler der Zentralphilippinen (Visayas) im Dezember 1994 in Dumaguete erstattete er folgenden Bericht über die Probleme und Möglichkeiten der bildenden Künste in isolierten Regionen. Übersetzung: Marie-Paule Neu

Im Vergleich zu der dynamischen Kunst der vorspanischen Zeit wirkt die zeitgenössische philippinische Kunst schwach. Im Verhältnis zur Vergangenheit finden sich heute in den Visayas möglicherweise weniger aktive bildende Künstler als damals. Es mangelt an individueller und kollektiver Produktion, an Experimenten mit alternativen Materialien, klarer Orientierung, Organisation und Vernetzung, For-

schung und Dokumentation, sowie an öffentlicher Förderung und Anerkennung. Aufrichtige Versuche, die Kunstszene durch Künstlervereinigungen zu aktivieren und um öffentliche Unterstützung zu werben, ernteten nur minimale vorübergehende Erfolge.

Bei uns in Tacloban, einer Stadt mit 150.000 Einwohnern, gibt es zur Zeit nach einer Umfrage etwa 18 Künstler. Die Mehrzahl von ihnen ist über 40jährig und nur 5 besuchten eine Kunstschule. Die restlichen sind Autodidakten oder haben Kurzkurse besucht. Bis jetzt hat erst einer eine Einzelausstellung in Manila und zwei haben eine lokale Ausstellung abgehalten. Die fünf, die als "Profis" angesehen werden könnten, liefern keine durchgehende Produktion, da sie anderen Tätigkeiten zum Gelderwerb nachgehen müssen.

Die meisten Künstler und Künstlerinnen benutzen traditionnelle westliche Medien wie Öl, Acryl, Pastell, Kohle, Wasserfarbe oder Filzstift. Experimente mit Mischtechniken sind äußerst selten. Landschaftsmalerei, Stilleben, Portrait und menschliche Figuren sind immer noch die Lieblingsthemen. Sie werden im jeweilig bevorzugten westlichen Stil ausgeführt. Nur ganz wenige Künstler setzen sich mit sozialen, kulturellen, ökonomischen oder politischen Themen auseinander oder versuchen, einen einheimischen ästhetischen Stil zur Geltung zu bringen.

Während die vorspanischen Künste in ihrer Entwicklung durch Schwert und Kreuz abgeschnitten wurden, leidet die zeitgenössische Kunst in den Provinzen an einer Anzahl von Mängeln ausbildungsbedingter, ökonomischer, orientierungsbedingter, organisatorischer und künstlerischer Art.

Probleme in der Ausbildung: Die Hochschulen in der Provinz bieten keine Kunstkurse an. Dies erklärt den Mangel an formal ausgebildeten Künstlern. Technisches Zeichnen oder einige Lektionen in allgemeiner Kunstgeschichte bieten nur einen schwachen Ersatz für Kunstkurse. Es gibt Sommerkurse in den Grundtechniken; aber Aufbaukurse sind rar. Kunstverstand und Ästhetik werden nicht wirklich kultiviert. Wenn Galerien Partner in der Kunsterziehung der Öffentlichkeit sein sollten, so fehlt dieser Partner in den Provinzen. Tacloban besitzt keine einzige Kunstgalerie. Die wenigen Bibliotheken sind ungenügend ausgestattet und führen extrem veraltete Kunstbände. Die seltenen Bücherläden konzentrieren sich lediglich auf große Städte wie Manila und Cebu. Und dort sind Kunstbände unerschwinglich. Die Künstler wie die Öffentlichkeit werden nicht genügend mit neuen Trends, Techniken und der kontinuierlichen Entwicklung philippinischer Kunst konfrontiert. So bleiben sie an zeitlich erschöpfte Stile wie Impressionismus, Kubismus usw. gebunden.

Probleme ökonomischer Art: Das unzureichende Einkommen der Mehrzahl der Künstler begrenzt ihr Schaffen außerordentlich. Manch einer arbeitet deswegen nur auf Kommission. Nur finanziell Abgesicherte können es sich erlauben, schöpferisch zu sein, ohne sich um den Verkauf sorgen zu müssen. Solo-Ausstellungen sind

Einzelne philippinische Künstler bemühen sich, einheimische Mittel und ästhetische Stile zur Geltung zu bringen

einschüchternd. Das Kosten-Gewinn-Verhältnis ist zu riskant, als daß man sich auf etwaige Glücksspiele einlassen könnte. Hier macht sich der Mangel an öffentlicher Unterstützung bemerkbar, die ja das Lebenselixier des Künstlers ausmacht. Die gesellschaftliche Führungsschicht sponsort weder in den Provinzen noch in der Metropole Kunst in nennenswerter Weise.

Orientierungsbedingte Probleme: Jeder Künstler sollte während seiner Laufbahn seine eigene Philosophie oder Vision beharrlich verfolgen und durch Form und Thematik in seiner Kunst sichtbar werden lassen. In der Provinz sind Künstler mit einer eigenen Aussage insofern selten, da viele Menschen Kunst immer noch mit Geschicklichkeit verwechseln. Noch seltener sind Künstler, die eine philippinische Kunst oder eine eigenständige Volkskunst zu verwirklichen versuchen.

Probleme organisatorischer Art: Die Provinzkünstler teilen wohl ein Interesse an der Kunst, nicht aber gemeinsame Zielvorstellungen. Kunstorganisationen, die sich ohne diese Solidarität bilden, spalten sich, sobald die anfängliche Begeisterung verflogen ist, und sinken in Vergessenheit, noch ehe sie irgendeine namhafte

Leistung vollbracht haben.

Probleme künstlerischer Art: Aus Mangel an Information über die Entwicklungen der bildenden Künste außerhalb ihrer eigenen Insel bleiben die Künstler in den immer gleichen Techniken, Medien und Formen stecken. Bilder, die in Anlehnung an westliche Vorbilder oder gar als Kopien entstehen, entbehren jeglicher Aussagekraft über die hiesige Kultur und Verhältnisse. Experimente mit alternativen Materialien sind weithin unbekannt. Kunstwerke sind größtenteils zweidimensionale Kreationen, die sich sogar einfachen Objektcollagen verweigern. Einfallsreichtum, Kreativität, schöpferische Findung und Wertschätzung von Details müssen erst ins Bewußtsein lokaler Künstler gelangen.

Aussichten: Die bildenden Künste der philippinischen Inseln werden weiterhin stagnieren, wenn die regionalen Künstler nicht selbst kurzerhand realistische Strategien entwickeln. Langzeitpläne wären zweifellos idealer, aber die gegenwärtige Lage verlangt ein unmittelbares Vorgehen. In einem weiten Radius von Möglichkeiten gibt es mindestens drei Aktionsweisen, die von Künstlern aufgegriffen werden können. Erstens: sich organisieren. Künstler am Ort müssen sich zusammenfinden, diskutieren, die Lage der visuellen Künste analysieren, ihre Stärken und Schwächen identifizieren und bereit sein, kollektiv zu arbeiten. Zweitens gilt es Zielvorstellungen festzulegen. Eine Organisation, die nicht weiß, worauf sie hinauswill, hat eine kurze Lebenserwartung. Eine Vision von der Entwicklung einer einheimischen Kunst wird das künstlerische Schaffen bedeutungsvoller machen. Drittens ist Forschung ein Muß. Ein gründliches Verständnis der eigenen Wurzeln, der Heimat, ihrer Menschen und ihrer Kulturen wird den Gehalt der Kunstwerke klarer werden lassen. Sind diese Strategien einmal verwurzelt, wird den visuellen Künsten in der Provinz eine leuchtende Zukunft beschieden sein.

So düster es jetzt auch scheinen mag, es gibt zumindest Lichtfunken am Ende des Kunsttunnels in den Visayas. Manche kleinen Künstlergruppen kämpfen geduldig für eine Kunst, die mit ihrer jeweiligen Region in Zusammenhang steht. So ist es bei VIVA. Entsprechend unserem Bedürfnis nach gegenseitiger Hilfe in der Entfaltung unserer individuellen Ausdrucksweisen in den Visayas haben wir visuellen Artisten uns zusammengeschlossen mit dem Ziel, uns alle zwei Jahre zu einer Kunstkonferenz mit Ausstellung auf einer jeweils anderen Insel zu treffen, um unser künstlerisches Niveau einschätzen zu lernen. Mögen die Ausstellungen auch unreif und amateurhaft erscheinen, so drücken sie doch das Bedürfnis aus, voneinander zu lernen und einander durch Gruppenarbeit zu unterstützen. Auf der 3. VIVA-Versammlung im Dezember 1994 in Dumaguete haben wir unsere Vision klarer formulieren können: eine Kunst, die philippinisch in Form und Inhalt ist, die auf der Erforschung der einheimischen Geschichte und Kultur basiert und sich durch diese Inspiration aktiv am Kampf um eine bessere Zukunft beteiligt.

Die Suche nach einem farbigen Leben.
Der Student Nick Catada über sein Bild "Der leidende Knecht"
(Wachskreiden und Bleistift auf Pappe, 97.5 x 67 cm, 1993)

- Nick, warum nennst Du Dein Bild: "Der leidende Knecht"?
- Ich leide auf meiner Suche nach dem Licht. Ich werde meinen Eltern nie verzeihen können, was sie mir angetan haben.
- Kannst Du denn nicht mit ihnen darüber sprechen?
- Sie sind beide tot.

Es ist Ende März. Die Hitze des trockenen Hochsommers ist im Anzug, Studenten und Lehrer befinden sich schon in Aufbruchstimmung für die großen Ferien. Die meisten wollen nach Hause. Verzweifelt grübelt Nick immer wieder darüber nach, wie er seine vier Geschwister an einem Ort versammeln könnte. Nun bringt er Marie-Paule vor Semesterabschluß seine Werke, darunter eine Wachszeichnung des Gekreuzigten. Er ist Mitglied der Studentenorganisation für Kunstinteressierte, deren Ratgeberin die Kunsterzieherin ist. Er hat Talent nicht nur durch Fleiß und Ausdauer bekundet, seine ersten beiden Großformate sind sicherlich vollendete Werke. An einer Hibiskusblüte, die er Punkt für Punkt in Tusche ausgeführt hat, hat er monatelang gearbeitet. Über der Bildbetrachtung seines Christusbildes ergibt sich ein intensives Gespräch, bei dem Nick Stück für Stück seine Lebensgeschichte preisgibt.
- Nick, du hast deine ursprüngliche Skizze verändert, vertieft sogar.
- Mein Bild ist eigentlich eine Selbstdarstellung. Das Thema des Bildes ist, wo ich jetzt stehe. Es zeigt verschiedene Etappen meines Lebens. Es bekundet meinen Wissensdurst, das heißt meine Suche nach dem Licht. Erkenntnis und Licht sind gleichzusetzen. Das Bild zeigt, daß ich mich auf einem Kreuzweg befinde, an einer Kreuzstelle, und unschlüssig bin, für welche Richtung ich mich entscheiden soll.
- Dein Bild ist höchst zersplittert. Du verwendest auch so viele Farben.
-Ja, es enthält mindestens sechs Kreuze, oder Teile des Kreuzes. Sechs, für meine sechs Leidensjahre hier in Dumaguete. Vielleicht ist es ein Versuch, Kubismus expressiv zu gebrauchen. Ich benutze 24 Farben, denn ich bin 24 Jahre alt.
- Filipinos lieben bunte Farben. Mir ist aufgefallen, daß es das natürliche Licht ist, das alle Farben hier greller und purer erscheinen läßt.
- Ich trage in mir die Sehnsucht nach einem farbigen Leben. Das ist auch das Grundmotiv des Bildes. Der Hintergrund des Bildes, wie die Ursache meines Leidens, ist voller bunter Farben. Aber ich stehe an einer Kreuzung und weiß nicht wohin. Diese Wegkreuzung ist dargestellt durch ein breites Kreuz durch die Bildmitte, auf dessen Knotenpunkt die Fußspitzen der zentralen weißen Christusfigur stehen. Sie haben sicher bemerkt, wie klein und schmächtig sie ist, weiß

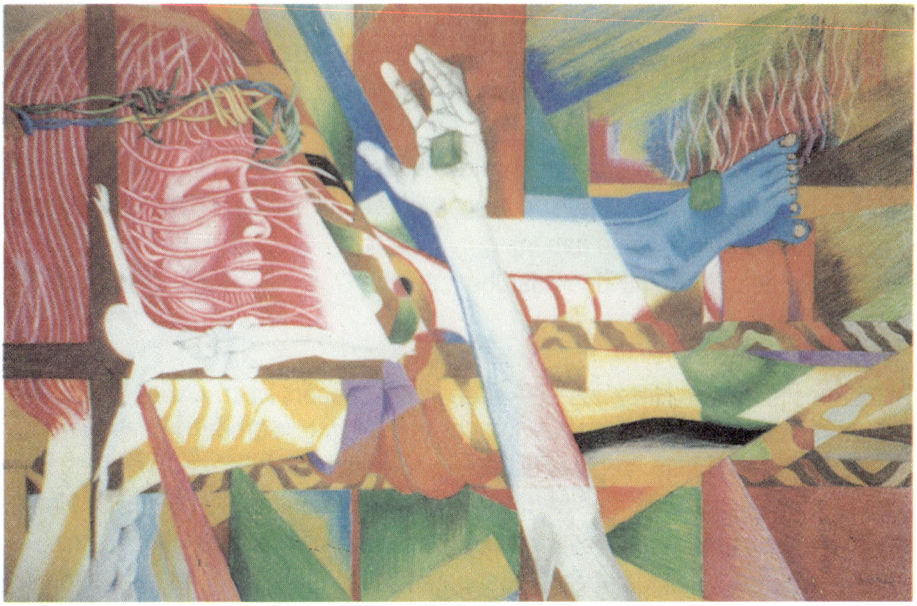

Das Bild des jungen Künstlers Nick Catada

und gesichtslos. Ich bin das selbst, im Körper des Christus zeige ich mein Leiden. Ich esse abends öfters nicht, das Grübeln über meine Probleme von Zuhause hält mich davon ab.

- Ist es ein finanzielles Problem?

-Das auch. Und die Einsamkeit. Aber haben Sie gesehen, daß der weiße Gekreuzigte nicht festgenagelt ist? Er ist frei. Er darf gehen, wohin er will. Er schwebt, haltlos, fast wie der Auferstandene. Er lehnt an reellem Holz. Ich weiß, daß sich das Kreuz auflösen wird, wenn ich mich an der Universität aufopfere und mein Bestes versuche, mich in Kontrolle zu halten. Der rote Strahl über dem gelben Christus links oben geht vom Kopf des weißen Christus aus. Von dort reichen noch viele farbige Strahlen nach unten ins Bild. Sie sind weniger sichtbar und zerstückelt dargestellt.

Sie stehen für das Wissen, welches ich erst suche. Falls ich länger an der Universität bliebe, könnten sie sich ausbreiten. Es würde ein farbenfrohes, bedeutsames Leben werden. Das Weiß der zentralen Figur steht für die Unschuld; ich war unschuldig daran, was meine Eltern mir angetan haben. Sie haben es einfach mir selbst überlassen, nach meiner Zukunft zu fahnden. Der weiße, gesichtslose Christus mit dem überdimensionalen Haupt ist mein verschlossenes Selbst, was ich verborgen halte: ein Dickkopf mit viel Talent. Freiheit, aber kein Gesicht. Die zentrale Figur ist unerreicht. Alles kreist darum herum. Das Bild ist im Uhrzeigersinn zu lesen. Es liest sich wie ein Roman, eine Autobiographie. Es sieht so aus, als würde ich dahin zurückkehren, wo ich herkam.

- Und von wo kommst Du?

- Ich komme aus der wohl zivilisierten Stadt Zamboanga City in Mindanao. Von dort kann man die entwaldeten Berge im Hintergrund sehen, im Bild links oben. Es ist eine Ansicht aus dieser Stadt. Am Anfang steht der blaue Himmel über einem friedlichen Heim.

- Zamboanga empfinde ich nun aber überhaupt nicht als friedlich. Das ist doch das Zentrum der muslimischen Befreiungskämpfe. Es gibt doch dort so viele undurchsichtige Gruppen von Rebellen, daß kein Tag vergeht, wo nicht die Zeitung von Mordanschlägen, Schießereien, Bomben oder Kidnappings berichten. Gerade am 14. März ist doch der deutsche Journalist Günther Wesse dort erschossen worden, und jetzt haben sie einen spanischen Priester gekidnappt. Mir geht das unter die Haut. Wenn es eine unfriedliche Stadt gibt in den Philippinen, dann ist es Zamboanga. Ich würde jedem Touristen abraten, sich dorthin zu begeben.

- Ich erlebte dort friedliche Kindheitsjahre. Mein Vater stammte aus Dumaguete, er hatte in Zamboanga als junger Bursche auf Zeit einen Job als Schreiner erhalten und dann dort meine Mutter kennengelernt. Die Holzmaserungen im Bild erinnern an meinen Vater, den Schreiner. Meine Mutter stammte von der Nachbarinsel Basilan. Ich habe eine ältere Schwester und einen ein Jahr älteren Bruder. Ich war der Dritte. Alles war schön, bis dann das vierte und gleich drauf das fünfte Kind zur Welt kamen. Das wurde meinem Vater zuviel. Er wurde ratlos, wie er für uns alle aufkommen könnte. Als ich fünf war, haben sich meine Eltern getrennt.

- Dieses werden dann wohl deine ersten Erinnerungen sein.

- Eine Szene hat sich mir tief eingeprägt. Es war nach der Taufe meines jüngsten Bruders. Mein Vater schlug meine Mutter mit dem Kopf gegen die Wand. Mutter blutete. In der Nacht nahm sie uns fünf Kinder und haute heimlich mit uns ab. Wir zogen zu ihrer Schwester in Basilan.

- Das wird schwer auf dir lasten.

- Das ist es, was ich meinen Eltern nie werde verzeihen können. Wir Kinder wurden anschließend zwischen den Eltern aufgeteilt. Wir waren verwirrt, wir wußten nicht,

mit wem wir gehen sollten. Ich blieb bei meiner Mutter, kam somit in eine finanzielle Notlage und erfuhr auch die Sehnsucht nach meiner Schwester, meinem Bruder und besonders nach meinem Vater. Ich leide noch heute unter der Teilung. Meine rechte Körperhälfte (links im Bild) ist von der linken gespalten, eine Spaltung in der Persönlichkeit. In den ersten Jahren hat meine Mutter mich oft meiner Tante, Großmutter oder fremden Leuten überlassen. Dann habe ich sie immer gefragt: "Mutter, wann gehen wir wieder nach Hause?" Ich war so unschuldig, daß die Situation der Trennung für mich undurchschaubar blieb. Heute ist mir daran gelegen, Eltern beizubringen, in welchem Maße man Verantwortung für seine Kinder zu tragen hat. Als ich neun war, hat mein Vater uns beide älteren Brüder abgeholt und mit nach Zamboanga in die Slums geholt, damit wir zur Schule gehen könnten. Ich kam ins erste Schuljahr. Mit neun! Ich hätte ja eigentlich ins dritte gemußt, aber ich konnte nichts dafür, das ist wirklich mein Leben. Meine Tante hatte meine ältere Schwester mit nach Malaysien geholt, um dort zu arbeiten. Ich habe sie kaum gekannt. Mein älterer Bruder war das Lieblingskind meiner Eltern. Auf ihn bin ich eifersüchtig. Obwohl ich als Schüler jedes Jahr ausgezeichnet wurde, haben meine Eltern immer von mir verlangt, mit der Schule aufzuhören, damit mein ein Jahr älterer Bruder zuerst zur Schule gehen könnte. Er hat dort jedoch weniger gut abgeschnitten und geht auch allerlei Lastern nach. Mich hat er immer die Dreckarbeit machen lassen, z. B. mußte ich den Haushalt führen und spülen.

- Wie war denn dein Leben in den Slums?

- *Slums sind dichtgedrängt. Von überallher dröhnt Krach und Geschrei. Ich bin empfindlich, mir verursacht das Kopfschmerzen. Die Slums sind die Unterkunft für die Kriminellen, Prostituierten, Trinker, Glücksspieler und Billigstlohnarbeiter. Mein Vater war ein harter Trinker und Spieler. Uns hat er immer verletzt. Er hat uns zum Glücksspiel mitgenommen. Ich erkannte bald, daß das nichts brachte. Ich habe mir dann Geld durch Wasserschleppen verdient, um meine Projekte in der Schule zu finanzieren. Aber wenn er dann wieder alles verspielt hatte, nahm er mir mein Geld ab. Krisen gab es besonders zu jedem Schuleinschreibetermin, wenn auch neue Kleider und Schuhe gebraucht wurden. Dann durfte ich mich wieder nicht in der Schule einschreiben. Deshalb verzögerte sich meine Schulzeit. Mit 15 schloß ich die Grundschule ab, mit 16 und 17 war ich auf der Oberschule. Ich haute immer ab.*

- Und wohin?

- *Jedesmal, wenn ich ein anderes Kind kennenlernte, zog ich bei dessen Familie ein. So sammelte ich Erfahrungen in unterschiedlichen Kulturen. Ich habe bei den* Yakan *Muslimen in den Bergen gelebt und auf dem Meer bei den* Badjao *auf ihren einfachen Hausbooten sowie bei den* Tausug *und den* Samal. *Ich liebte die Webereien der* Yakan *aus grell gefärbten Abakafasern sowie ihre ausgeklügelten Hochzeitsrituale. Ich half beim Nähen der farbigen Segel der* Badjao *und genoß die schönen*

Schnitzereien an ihren Booten. Wir schliefen auf den harten Bootsplanken und überdachten das Hausboot nachts nur mit einer geflochtenen Matte. Manche hatten jedoch ihre Häuser auf Stelzen ins Wasser gebaut. Ich begleitete diese Menschen des Meeres bei ihren Ausflügen an Land, wo wir nach Knollen gruben oder den Fisch gegen solche eintauschten. Wenn sie an Land ihre Ahnen auf den Grabstätten besuchten, opferten sie ihnen rituell ein wildes Huhn. Das ist ein alter Brauch für die Geister.

- Was hat es mit deiner rechten Körperhälfte in der linken Bildseite auf sich?

- Die Ferien verbrachte ich meist bei meiner Mutter. Mit siebzehn habe ich herausgefunden, daß sie eine geborene Muslimin war. Sie war von einer christlichen Familie adoptiert worden. Die Frau, die mich kleidete, war eine Muslimin, aber ich habe nie darüber mit ihr reden können, denn sie ist gleich darauf verstorben. Deshalb ist der gelbe Christus auf dem Bild in ein violettes muslimisches Tuch gekleidet. Es erinnert an meine Mutter. Christus ist auch nicht festgenagelt, er ist ans Kreuz gelehnt. Der gesamte Hintergrund ist mein Kreuz, es ist die Stütze, welche ich habe, um für die ganze Zukunft zu suchen. Ich kann nicht anders, als mich an das zu lehnen, was ich habe. Ich bin davon abhängig. Wenn ich es mit mir tragen kann oder wenn ich mich aufopfern kann, weiß ich, daß ich in Zukunft ein farbiges Leben haben werde.

- Warum ist er gelb?

- Weil diese eine Hälfte meines Körpers die andere Hälfte unter Kontrolle hält. Meine Mutter war sanft und ehrlich, ihr bin ich ähnlich. Sie war einfach und wollte immer ihre Kinder zusammenbringen. Das habe ich ihr versprochen, daß ich mich dafür einsetze. Noch ehe ich zur Schule ging, habe ich schon versucht, meinen Vater vom Spielen abzuhalten. Er hat mich dafür immer bestraft. Meine linke Körperhälfte (rechts im Bild) ist die leidende, blutende Seite. Deshalb ist der große Kopf rot und gebeugt.

- Aber das Gesicht hat ruhige, sanfte Züge.

- Genauso bin ich. Aber innendrin kocht es. Es fühlt sich an, als müßte ich durch den Stacheldraht hindurch, um das farbige Leben zu erreichen. Ich gebe dem Stacheldraht viele Farben, die möchte ich erreichen. Aber es gibt Narben, Verletzungen. In meinem Kopf sammelt sich der Ärger. Ich hebe ihn auf, er wird zur Wut. Die Wut nimmt die Form eines grünen Diamanten an meiner Stirn an.

- Du versteckst deinen Schmerz hinter den Haaren. Sie wirken wie ein Gitter.

- Sehen Sie, die Hand habe ich verändert. Sie reckt sich schmerzhaft empor. Der Schatten darunter ist der von meiner rechten Hand. Sie will den Schmerz der linken verstecken. Aber ein paar Freunde hier haben es herausgefunden. Auf den Oberarm setzt eine Spitze an, ein Messer vielleicht. Der Nagel in meiner Hand wird grün und diamantenförmig.

- Wird er zum Stein, den du schmeißen wirst?

- Ich weiß es nicht... Die graue Hand. Ich frage stets, warum ich leide. Ich bitte Gott manchmal, mir diese Frage zu beantworten. Mit der Wut in meiner Hand. Das bißchen Gelb auf der Hand ist das wenige Wissen, das ich schon errungen habe.

- In deinen Händen versteckt sich auch dein Talent. Wo hast du zeichnen gelernt?

- Das ist angeboren. Schon als Kind habe ich im Hinterhof aus Schlamm Zwergfiguren gebildet - wie Rizal. Das wußte ich natürlich nicht, daß unser Nationalheld als Kind auf gleiche Weise Lehm geformt hat. In der Schule habe ich dann immer die Gebärden meiner Lehrer skizziert. Auf meinen Füßen ist auch ein grüner Diamant. Die Füße habe ich lang und blau dargestellt, weil ich immer auf Wanderschaft bin, allein. Die Einsamkeit ist blau. Ich bin ein ewiger Reisender. Den dicken Zeh hatte ich mir auch verletzt, deshalb ist der länger. Ich mag nicht immer reisen, aber es zwang mich zu suchen... Die weißen Wellen sind die Ozeane, die ich überquerte. Die so gelblich verblassten bedeuten, daß ich nicht weiß, welches der rechte Weg für mich ist, Erkenntnis zu erlangen. Der Ozean ist trüb. Ich kam von einer unruhigen Stelle. Als es mit 16 wieder einmal soweit war, daß ich mich in der Schule nicht einschreiben konnte, habe ich auf einem Fischerboot angeheuert und fuhr mit nach Jolo. Das ist die südlichste Insel der Philippinen. Oh, was habe ich geträumt auf dem Schiff. Was ist es wundervoll, den Horizont anzublicken! Der Widerschein der Sonne tanzt auf dem Wasser und junge Delphine springen daraus hervor. An einer Anlegestelle stand ein alter Baum, welcher seine breiten Äste weit übers Meer streckte. Darin wohnte ein philippinischer Adler. Wenn er flog, hatte er fast 2 m Spannweite. Es ist traurig, daß dieses majestätische Tier vom Aussterben bedroht ist. Ich möchte die Natur für unsere Kinder retten. Ich lernte auf See die Liebe zur Natur. Als Kind bin ich schon immer mit meinem Bruder tauchen gegangen. Ich habe auch eine Muschelsammlung. Mein eigentlicher Traum ist, Meeresbiologie zu studieren. Aber es war auch nicht alles schön auf dem Meer. Zu Viele fischen mit Dynamit. Diese Art der Ausrottung möchte ich mit verhindern helfen. Auf Jolo hatten wir einen alten Kahn aus zweiter Hand, dessen Motor nur mit viel Mühe und Muskelkraft starten wollte. Wir waren dreißig an Bord und schliefen auf Deck. Die Gischt fegte in der Nacht über uns weg. Decken gab es keine. Morgens war man immer klebrig feucht. Manchmal blieben wir viele Tage lang draußen und mußten den Fisch einsalzen, um ihn haltbar zu machen, und selbst die stinkigen darunter als einzige Nahrung essen. Es gab viel Dreckarbeit. Meine Mutter hat mich von Jolo zurückgeholt.

- Was studierst du denn eigentlich, und wie bezahlst du deine Studien?

- Ich habe nur einen allgemeinen Grundkurs belegt, weil ich nicht sicher war, wie es weitergeht. Durchgeschlagen habe ich mich immer selbst. Ich bin vor Abschluß der Oberschule nach hierher abgehauen, um zu versuchen, ob ich das kann. Auf dem Bild sieht man das Knie, auf dem ich kriechen mußte. Auch auf dem Knie ist der grüne Diamant. Der Zorn entbrannte darüber, daß meine Eltern mich zwangen,

meine Zukunft in der Weite zu suchen, um zu studieren. In der Oberschule nahm ich Aufträge für Portraitzeichnungen an, doch das Geld hat nicht gereicht. Aber ich schlage mich durch. Ich wohne bei einem Onkel. Ich helfe dort im Haushalt. Als ich Abitur machte, kam mein Vater. Er hatte soviel verspielt, daß er alles, was er konnte, verkaufte, inklusive seiner Werkzeuge. Dann hat er das auch noch alles verspielt. Er ist dann hier in Dumaguete verstorben. Als ich darauf mit der Schule aufhörte, habe ich mein ganzes Talent verloren. Ich arbeitete in einem Metallwarenlager für 2 DM am Tag. Damit konnte ich mich jedoch im darauffolgenden Jahr einschreiben. Bis mein Onkel erkrankte. Ich war der, der ihn monatelang im Krankenhaus betreute. Das beeinträchtigte natürlich meine Zensuren. Er verstarb im Juni letzten Jahres.

- Damit verlorst du noch eine Vertrauensperson.

- Das ist es ja. Die Verwandten meines Vaters zeigen keinen großen Familienzusammenhalt. Sie reden über mich. Ich muß mich immer zusammenreißen, daß ich nicht platze. Ich möchte zurück. Ich möchte meine Schwester bitten, für meinen 15jährigen Bruder zu sorgen. Ich will sie auch fragen, ob sie mir ein Stipendium für ein Studium in Meeresbiologie geben kann. Sie arbeitet in Malaysien. Sie hat dort ihre Familie.

- Hast du ihr denn schon geschrieben?

- Ich habe ihre Adresse gar nicht. Aber manchmal kommt sie nach Zamboanga.

- Hast Du denn an der Uni kein Stipendium bekommen?

- Die sind selten. Ich habe es versucht, aber ich stoße immer wieder auf die Schwierigkeiten meiner Vergangenheit. Ich habe nicht die Möglichkeit, die verlangten Papiere zu besorgen. Wo soll ich den Hochzeitsschein meiner Eltern oder eine Bestätigung über unser Familieneinkommen herholen? Ich habe ein Goldkettchen verpfändet und bei einem Lederschnitzer im Kunstgewerbe eine Anstellung gefunden. Aber ich muß da weg, denn er hat Angst vor fremder Kopie und hält das Gewerbe so dicht, daß er mich nicht mehr ziehen lassen wird, wenn ich zulange dort bin. Er schätzt meine Arbeit, deshalb hält er mich fest. Mir scheint, ich gehe immer im Kreis.

- Kennst du die Passagen über den Gottesknecht in Jesaja ?

- Nein, das ist mir unklar. Aber ich besitze eine Bibel.

- Ich denke besonders an Jesaja 53,10-11: "Doch der Herr fand Gefallen an seinem zerschlagenen Knecht. ... Nachdem er so vieles ertrug, erblickt er das Licht. Er sättigt sich an Erkenntnis."

- Mein ganzer Einsatz gilt der Suche nach Licht und Erkenntnis. Aber falls ich zurückgehe nach Zamboanga, wenn sich der Kreis schließt, trage ich immer noch mein breites Kreuz. Diesmal ist es diagonal dargestellt, fast durchsichtig und in bunten Farben. Hauptsächlich grün, meine Liebe zur Natur. Vielleicht löst es sich eines Tages ganz auf.

[Inzwischen erhält Nick von einer deutschen Familie ein Stipendium und studiert Meeresbiologie an der Silliman Universität.]

"Vereint in der Auferstehung Christi".
Eine Malerei des Studenten Kristoffer 'Denz' Ardeña
(Textilfarben und Ölkreiden auf Leinwand, 82 x 69 cm, 1994)

"Dies ist mein erstes Bild, in dem alles original ist. Kein Stück ist Kopie. Das ist für mich eine wirkliche Befreiung!"

Der Wirt in der Ozean-Kneipe bietet mir eine Flasche Bier an. Ich unterhalte mich mit seinem ältesten, achtzehnjährigen Sohn Kristoffer über sein neuestes Bild. Er ist ein Teilnehmer meines Kunstateliers. Unser Blick schweift über die Weite des Ozeans, über dem sich der Mond von Wolkenflaum spiralisch umhüllen läßt und sich so in den Wellen reflektiert. "Spiralisch wie die Form meiner Bilder", schwärmt Kristoffer. Man nennt ihn 'Denz', eine Abkürzung seines Familiennamens Ardeña. Fern in der Nacht umschreibt gleißendes Wetterleuchten die trüben Umrisse der gegenüberliegenden Inseln. Ohrenbetäubend wird im Lokal ein widerlicher Sumo-Catchkampf über zwei neue Fernsehgeräte übertragen. Wir können uns kaum unterhalten. Auf der Straße vor der vergitterten offenen Hauswand der Fernsehkneipe ist Stelldichein all jener Mittellosen, die sich drinnen kein Bier leisten können. "Ausländer, die hier verkehren, sind meistens tätowiert. Dies ist ein Milieu, dem man abends keine Studenten aussetzen kann", meint Kristoffer. Er selber hat seine Jugend hier verbracht und wirkt viel besonnener als andere seines Alters. "Ich habe abschalten gelernt, ich kann mich auch in diesem Trubel konzentrieren und studieren. Die Stille schöpfe ich aus der Weite des Ozeans." Wir sitzen auf jener Straßenecke, wo die renommierte protestantische Silliman Universität auf der einen Seite an die Strandpromenade, den schmucken Boulevard des florierenden Städchens Dumaguete, stößt und wo auf der anderen Seite Schiffe am Pier anlegen, einer bedeutenden Verladestelle der Insel Negros. Des Nachts quellen die Menschen heraus aus dem Slumgebiet Lo-oc, welches sich wegen der anfallenden Gelegenheitsarbeiten um den Hafen gebildet hat, und suchen auf dem Bürgersteig ein kleines Einkommen in Kleinsthandel, Spiel und Prostitution. Wie die Brandung an die Kaimauer der Strandpromenade schlägt, so werden hier soziale Schichten aufeinandergeworfen und vermengt, vermischen sich Menschen im Lärm und im Staub und in der dunklen Anonymität der Nacht. Die vierzehnjährige Raiissa bietet sich an, denn ihr Vater ist flüchtig, ihre Mutter verstarb bei einer Abtreibung zuhause, und der Stiefvater nutzt sie aus. Ein schmächtiger zwölfjähriger Junge vom Lande bleibt bei uns stehen. Er trägt einen schweren Korb und bietet angebrütete Enteneier zum Verkauf an, *Balot*, welche potenzfördernd wirken sollen.

-Einmal habe ich mich mit dem jugendlichen Verkäufer unterhalten, erzählt mir Denz. Er verdient maximal 200 Pesos (13 DM) im Monat. Wenn er die Eier verkauft hat, ist es etwa 2 Uhr nachts. Dann macht er sich zu Fuß auf den zwei Kilometer langen Heimweg zur Hütte seiner Eltern. Des Morgens geht er hungrig zur Schule. Dort fehlen ihm die nötigen Lernmaterialien. Der Christus, den ich malen will, ist ein Christus, in dem sich dieser Junge wiederfinden kann, ein Jesus der einfachen Leute, der Bettler, Straßenverkäufer, Kellnerinnen, Hausgehilfinnen, ja, unserer Klientele hier, und auf den auch meine Oma und mein Opa sowie ich mich beziehen können.

-Wie sieht der Christus dieser Menschen aus?

-Die Menschen im Bild sind die einfachen Leute, mit einem Christus, der für die Massen da ist. Es ist nicht der Jesus, der an den Wänden der Reichen hängt, nicht der Christus, der reich mit Ornamenten behangen ist, mit einem Seidenkleid und goldener Krone und Zepter. Statt dessen ein Christus in schlichtem Gewand, ein Christus, mit dem sich die Massen identifizieren können, ein Christus, an den Filipinos überall, sei es in Mindanao, Luzon oder woanders, in Vergangenheit, Gegenwart oder Zukunft immer glauben können.

-Du stellst diese Menschen in Deinem Bild dar?

-Ja. <u>Der Mann im ärmellosen T-Shirt links</u> im Bild ist der Typus des heutigen Filipinos. Darunter verstehe ich diese Menschen, die hier bei uns auf der Straße täglich verkehren und die man eigentlich nicht wahrnimmt. Kennen Sie denn die Identität des Bonbonverkäufers drüben am Straßenrand? Wenn Sie ihn wahrnehmen, ist er für Sie ein Armer. Ein Armer, aber das ist nicht das rechte Wort. Es ist zu abgegriffen, - manipuliert. Qual und Leid, Schmerz und Tränen sind zu oft dargestellt worden. Es erniedrigt Menschen. Mich macht das traurig. Man sieht sie nicht mehr als Menschen mit einer eigenen Vorstellung von ihrem Leben, die nach Selbstverwirklichung streben. Bilder, die Mitleid erwecken wollen, machen den Betrachter immun gegen Schmerzen. In meinen Bildern sind an strategischen Punkten viele Augen. Es ist die Gesellschaft, die wahrnimmt und richtet. Die Gesellschaft macht Menschen hilflos, hoffnungslos. Der Eigenwille der Betroffenen wird gedämpft. Sie glauben nicht mehr, daß sie das erreichen können, was sie wollen. Alle Menschen möchten den Punkt der Selbstdarstellung erreichen. Man muß ihnen Verantwortung geben, aber nicht Mitleid. Mitleid ruft Selbstmitleid hervor. Mein Freund ist Krankenpfleger. Er sagt, man darf einem Sterbenden kein Mitleid entgegenbringen, keine traurigen Augen. Aber Einfühlungsvermögen zeigen, mit Nachdruck Mut zusprechen. Unterstützen, fördern, nicht aber selbst auch noch weinen. In meinem Bild stelle ich die gesellschaftlichen Verhältnisse vom Gesichtspunkt des einfachen Menschen dar, ich steige in seine Schuhe. Menschen, die leiden, finden Hoffnung in Christus.

-Wer sind die anderen Menschen in deinem Bild?

-<u>Der Mann im Buri-Strohhut</u> repräsentiert den philippinischen Bauern. Ich meine, die

meisten Filipinos sind ja heute noch Kleinbauern, die nur für ihren Eigenbedarf produzieren. Sie führen ein sehr einfaches Leben, in dem oft die Erfüllung der menschlichen Grundbedürfnisse nicht gewährleistet ist. Die Einfachheit des Lebens, das ist es eigentlich, woran mir gelegen ist. Um diese Art des Denkens zu fördern, malte ich auch die geflochtene Strohmatte (banig), *auf der viele Filipinos schlafen, und die Blätter der allgegenwärtigen Banane. Sie repräsentieren dieses nüchterne Gefühl der Einfachheit.*

Die Frau in Weiß stellt die Bauersfrau dar, die typisch schwer arbeitende Hausfrau, die in ihrem Denken zwar einfach geblieben ist, aber dennoch die Bedeutung ihres religiösen Glaubens begreift.

Die Frau in Rot ist die Filipina aus dem 19. Jahrhundert, die typisierte "Maria Clara", *die José Rizal in seinem Roman* Noli mi Tangere *beschreibt. Es ist das gängige Bild der Frau, wie sie sich der Durchschnittsfilipino vorstellt. Ihre Eigenschaften sind Sanftmut und Unterwürfigkeit. Sie denkt über die Welt nicht viel nach, sie ist zufrieden, aber nicht wahrnehmend. Sie gibt meinem Bild einen historischen Anklang, es erhält dadurch Allgemeingültigkeit, es reicht über Ort und Zeit hinaus.*

-Eine deiner Figuren ist mit farbigen, traditionellen Webstoffen bekleidet.

-Die farbige Person links oben charakterisiert einen Moslem aus Mindanao. Sie bezeichnet allgemein die Filipinos in Mindanao, also auch ethnische Minderheiten. In Mindanao scheinen die Auseinandersetzungen nie zum Stillstand zu kommen. Es herrscht Chaos. Meine Studienkollegen von Basilan berichten, daß sie es schon gewohnt sind, die Schnellfeuergewehre ballern zu hören. Trotz der Gefahr zieht es sie während der Ferien in ihre Heimat zurück. Aber wie lange kann man einen so unsicheren Ort noch als Heimat bezeichnen?

-Dein Bild birgt aber eine Friedensbotschaft.

-Die Menschen haben sich vereint, um die Auferstehung Christi zu bezeugen. Unter ihnen befindet sich eine farbenfrohe Friedenstaube als Prunkstück des Reigens. Die Sonne und der himmelblaue Mond nehmen teil an der Einheit, sie krönen den Auferstandenen, denn was könnte wohl eine größere Krone sein? Der blaue Hintergrund stellt das Universum dar, welches gleichsam Zeuge wird von diesem Ruhm. Alles wird plötzlich harmonisch still, alles kommt in Frieden mit sich selbst. Die philippinische Fahne liegt in der Position des Friedens, da die rote Seite links liegt und das Blau rechts. Die Flaggenform scheint das ganze Geschehen zu umarmen. All diese Elemente (Menschen, Sonne, Mond, philippinische Fahne und Taube) sind zusammengekommen, um sich mit dem Wiederauferstandenen zu vereinigen. Die philippinischen Menschen sind als Ganzheit dargestellt. Sie schauen auf den Auferstandenen mit Erstaunen und Bestätigung, so wie die Jünger es taten, als sie Zeugen der Auferstehung wurden. Die Auferstehung hat sie vereinigt. Christi Auferstehung hat Einheit unter ihnen bewirkt, so daß sogar die Friedenstaube der Menschen sich zu ihnen gesellt hat. Das Chaos ist aufgehoben, Friede und Harmonie regieren und eine tiefe Stille ist eingetreten.

Kristoffer 'Denz' Ardeña, Vereint in der Auferstehung Christi

-Die Komposition deines Bildes ist sehr kompakt. Menschen vereinigen sich zu einem Kreis um den Auferstandenen. Sogar die Bananenblätter gruppieren sich im Bild als Teil dieser Einheit.

-Meine Bilder sind sehr symbolisch. Jedes Zeichen, jede Farbe und Form haben ihre Bedeutung. Ich versuche immer, die Umrisse in einer kontinuierlichen Linie ununterbrochen zu verbinden. Das ist auch in diesem Bild der Fall. Ich arbeite eigentlich linear. Die Gesamtform passe ich in einen Kreis. Ich möchte, daß es zyklisch ist, daß

es seine eigene Welt hat. Es wäre mir lieb, wenn meine Bilder keinen rechteckigen Rahmen hätten. Hier wäre es ein Oval. Der Kreis entstammt einem Pressefoto von Sarajevo, das ich gesehen habe. Zwei Familienangehörige hatten sich, durch den Krieg getrennt, monatelang nicht gesehen und trafen sich unerwartet auf der Straße. Dies ist die Urform ihrer Umarmung. Mein Vater versteht, daß all diese Elemente bedeutungsvoll sind. Meine Mutter sähe es lieber, wenn ich erst realistische Werke malen würde wie Landschaften oder Porträts. Dennoch möchte sie mir helfen, den Strassenkindern Textilmalerei beizubringen. Das wäre ein sinnvolles Projekt. Sie müßten in einem Werkatelier vereinigt werden, wo sie sich selbst verwirklichen können.

-Du hast auch den Betrachter ins Bild mit einbezogen..

-Ich möchte, daß mein Betrachter sich mit der Menschengruppe im Bild vereinigt, daß er sich verbunden fühlt mit dem, was er sieht; sich für eine Weile mit Christi Auferstehung verbindet, wie es die anderen Figuren getan haben. Dieses Bild hat nicht die Absicht, Christi Auferstehung oder Himmelfahrt darzustellen. Wenn dem so wäre, hätte ich Christus auffahrend dargestellt. Statt dessen möchte diese Darstellung beschwören. Sie drückt meine Wahrnehmung, meine Interpretation der Auferstehung Christi aus. Sie beschreibt nicht, sie ist sinngebend. Christus ist von den Toten auferstanden. Das spiegelt sich für Dich heute in Deinem täglichen Leben wider. Das ist nicht physisch gemeint. Es ist, als ob Du ein Pflichtgefühl dem Herrn gegenüber hast. Versuche nicht, etwas Außergewöhnliches für den Herrn zu vollbringen, sondern strebe danach, deine tagtäglichen Aktivitäten außergewöhnlich zu verrichten.

-Deine Bestrebungen verdienen Aufmerksamkeit. Kannst Du uns noch etwas über Deine eigene Entwicklung sagen?

-Alles fing damit an, daß ein Malwettbewerb ausgeschrieben war und ich plötzlich Lust empfand mitzumachen. Ich gewann und dann noch einmal und noch einmal. Mal 500 Pesos, mal 800, ich gab das Geld meiner Mutter für Wasser und Elektrizität. Mit 15 Jahren habe ich die Oberschule abgeschlossen. Ich wollte mich für ein Stipendium in den USA für das Fach "Design" bewerben, aber hohe Erwartungen werden doch meist nicht wahr. Ich möchte erleben, was sich spontan erfüllt. Viele meiner Verwandten sind in medizinischen Berufen. Meine Eltern erwarten, daß ich hier an der Silliman Universität in Dumaguete Krankenpflege studiere, damit ich in die USA auswandern kann! Sie denken, von Kunst könnte ich nicht leben. Aber den Weg als Krankenpfleger in den Westen wollen Millionen Filipinos schaffen, er ist längst schon verschlossen. Ein Jahr lang habe ich ihnen ihren Willen getan, aber ich bin im Hauptfach durchgefallen. Vielleicht aus Widerwillen. Ich möchte unbedingt Kunst studieren, aber dafür müßte ich nach Manila zur University of the Philippines. Wie soll ich meine Gedanken vertiefen, wenn ich in Dumaguete festsitze? Es gibt ein chinesisches Sprichwort: "Laßt uns interessante Zeiten durchleben". Ich bin keine langweilige Person, ich möchte so ein interessantes, kreatives Leben führen.

Miss Saigon in Stuttgart.
Aber zuerst Deutsch bei Goethe in Manila!

Von Dirk Angelroth

Das Goethe-Institut Manila gilt manchen als das aktivste ausländische Kulturinstitut in der philippinischen Hauptstadt. Deutschkurse, eine Bibliothek, Informationsveranstaltungen über Deutschland, Filmvorführungen, Konzerte, Seminare und Workshops ziehen das ganze Jahr über zahlreiche philippinische Besucher an. Der Leiter dieses Instituts ist Dr. Dirk Angelroth, der im folgenden Beitrag die Vorbereitungen zur Aufführung des weltbekannten Musicals in Deutschland schildert. Die zitierten Texte, die nicht gerade zimperlich sind, wurden dem Stück entnommen und dienten den Schauspielern bereits im Deutschunterricht als Sprachübungen.

"Eine der Schlitze wird gleich Miss Saigon.
Gott, hier stinkt es nach Spaß,
ganz zu schweigen vom Schweiß!"
"Stop, stop, okay! Bitte, nochmal .... Schlitze. Nicht Sssslitze - Schlitze! Und Schpaß, Schweiß, schweigen. Und jetzt singen, im Chor, acht, sieben, sechs, fünf und .... ".
"Eine der Schlitze wird gleich Miss Saigon ....".
"Nun Seite fünf bitte, Mimi!" .... "Hier mein Bikini, wie prall der mir sitzt!" "Gut. Yvette!" .... "Wie der im Schenkel schön kneift, wo es schwitzt!"
Jetzt alle: "Sitzt, schwitzt ....". "Ja, gut! Sue, eine Frage?"
"Was heißt 'knieft'?"
"Kneift, Sue, ei, ei, ei, mein, dein, sein, kneift. Kümmere dich jetzt nicht um die Bedeutung. Ja, Gina?"
"Was heißt denn 'es'? Wo 'es' schwitzt."
....
Goethe-Institut Manila, Philippinen.
Statt solider Texte aus Themen I und II nun dieses!
Zwingt Bonner Geldknappheit zur Absolut-Nivellierung von Wortschatz und Geschmack im Hause Goethe?!
Der Institutsleiter verläßt die Klasse. Sein Kollege und Vertreter folgt ihm: "Ich brauch 'ne Pause, die machen einen fertig, Mann!" In der Bibliothek fragt eine Kollegin spitz: "Wissen Sie eigentlich, was die da oben singen?"

'Die da oben' sind 23 von aus über 600 Bewerbern ausgewählte junge Filipinas und Filipinos, Tänzer und Sänger, die von April bis Juni und nochmals im August im Goethe-Institut Manila Deutsch lernen. Sie bilden den Stamm und stellen die meisten Hauptrollen (u.a. Miss Saigon = Kim selbst) für die Stuttgarter Aufführung des Welterfolg-Musicals "Miss Saigon" in deutscher Sprache.

Nachdem die Filipina Lea Salonga mit dieser Rolle in New York und Londen ein Star geworden ist, gefolgt von Monika Wilson, deren Schwester Gina nun in der Stuttgarter Truppe sitzt, erscheint es fast selbstverständlich, daß jede 'Miss Saigon' eine Filipina ist. Auf Stuttgart folgt Australien, und wieder wird 'Miss Saigon' aus Manila kommen!

Caselyn, Doppelbesetzung der Stuttgarter 'Kim' und 17 Lenze jung, stellt sich in der Bibliothek dem Institutsleiter, der gerade das Schreiben aus München "Betr.: 58er Regelung" (Drohbitte um frühzeitige Verrentung zum Platzmachen für Jüngere) in der Hand hält, in den Weg, umarmt ihn und flüstert gekonnt in das von München gewollte Vorrentner-Ohr: "Du fehlst mir so!"

Während über den ohnehin tropisch feuchten Rücken des vom Personalreferenten gewünschten Auslaufmodells wohlige Schauer rieseln, kühlt Kollege Kuhne gelassen ab: "Mach dir nichts draus, Chef. Das habe ich heute früh eingeführt: 'Ich vermisse sie, du fehlst mir so' usw., und ich habe ihnen geraten, alles Neue immer sofort mehrmals anzuwenden, egal bei wem!"

Egal, bei wem .... - peng, die Rache des kleinen Mannes für das am Sonntag verlorene Tennismatch!?

Wenig später macht 'Kim II' alles wieder gut und lädt den Leiter mit Frau 'für meine Geburt' ein - eine rauschende Ballnacht zu ihrem 18. Geburtstag! Mami lernt auch Deutsch und fliegt mit und wird eine Zeitlang in Stuttgart bleiben.

Für den letzten Abend des offiziellen Kurses (morgens Deutsch, nachmittags Tanz und Gesang, abends Vorstellungen - schließlich müssen die jungen Leute auch von etwas leben) hat der Leiter die Truppe zur Dinnerparty nach Hause eingeladen. Dazu deutsche und philippinische Gäste, den neuen deutschen Botschafter mit Gattin, Pressevertreter, Freunde und Partner des Deutschen Kulturzentrums.

Es hat den ganzen Tag über tropisch gegossen. Manila versinkt einmal mehr in den Fluten, und es herrscht Freitagsverkehr. Dennoch ... , etwa 70 Gäste kommen schließlich, manche nach zweistündiger Fahrt für nur wenige Kilometer. Die Stimmung ist bestens, das Klavier gestimmt, die Gruppe singt, der amerikanische Nachrichtensender CNN ist da und filmt für eine Dokumentation, die weltweit ausgestrahlt werden wird. Die Presseleute halten die weißen Goethemappen in Händen mit Texten und Fotos und interviewen in Gruppen, und es blitzt hier und dort, bevor die Fotografen ans Buffet eilen. Der Leiter beendet seine Begrüßungsrede mit dem Satz: "Stuttgart ist die Stadt, aus der das weltberühmte Auto mit dem Stern kommt. Die Stuttgarter werden bald Grund haben, auf weitere Sterne stolz zu sein, ... born in the Philippines!". Das sitzt, und kaum eine Zeitung läßt dieses Zitat in den Folgetagen ungedruckt.

Das Medienecho ist enorm! Mehrere Fernsehstationen schicken ihre Teams ins Goethe-Institut oder bitten ins Studio. Immer wieder erscheinen Presseleute, und der Leiter bestreitet beharrlich, daß er die Idee und Initiative gehabt habe, 'Miss Saigon' nach Stuttgart zu bringen, oder gar der Produzent sei.

Nicht dagegen bestreitet er, daß er diese 23 jungen Leute gern gesehen und lieb gewonnen hat und daß man sie im Goethe-Institut arg vermissen wird, wenn sie nach Stuttgart fliegen und dort in dem eigens für sie gebauten Theater auf den Brettern, die ihnen Welt und Heimat bedeuten, singen: "Ganz Saigon fiebert im Licht, die Girls sind höllisch und heiß". Niemand im Parkett wird ahnen, wie schwer das einmal am Anfang war bei 'Goethe Manila' mit hölli...sch und hei...ss und gan...z und Licht.

Die philippinischen Physiker.
Eine Dürrenmatt-Inszenierung in Manila

Von Berthold Kuhne

Das Theater in den Philippinen hat einen schweren Stand. Während in diesen Tagen (März 1994) Zehntausende Schlange stehen, um Spielbergs "Schindlers Liste" zu sehen, finden nur knapp hundert Theaterfans pro Vorstellung den Weg in die Black Box unten an der Manila-Bucht. "Die Physiker" von Friedrich Dürrenmatt stehen auf dem Programm; und wie so etwas in den Philippinen zustande- und ankommt, beschreibt im folgenden der Leiter der Spracharbeit des Goethe-Instituts in Manila.

Lito Casaje ist einer aus der hauchdünnen Mittelschicht des Landes. Ein mißratener Junge, meint sein Vater. Denn Lito hat den Beruf des Vaters, Optiker, zwar erlernt und auch ein paar Jahre ausgeübt, dann aber hat er sich dem Theater hingegeben - eine brotlose Kunst - und die Gruppe "Dramatis Personae" gegründet. Seine scharfen und geschulten Augen spähen seitdem nach geeigneten Theaterstücken in englischer Sprache bzw. Übersetzung, nach Schauspielern, Profis und Laien und nach möglichen Sponsoren für eine immer wieder waghalsige Produktion.

Im letzten Jahr hatte er mit der Unterstützung des Goethe-Instituts Manila eine recht passable Inszenierung des "Zerbrochenen Krugs" von Heinrich Kleist zustandegebracht, so daß der rezessionsgebeutelte Institutsleiter Dr. Angelroth, dem in diesem Super-Spar-Jahr von Deutschland aus regelrecht das Wasser abgegraben wird, Litos Charme nicht widerstehen und ihm eine für philippinische Verhältnisse ganz anständige Summe zur Verfügung stellen konnte.

Und dann stand Lito plötzlich an einem schwülheißen Freitagnachmittag kurz vor Dienstschluß in meinem Büro. "Die Physiker", sagte er und "Wir brauchen Dich!" Nun muß man wissen, daß ich der zweite Mann am Goethe-Institut Manila bin, seit zwei Jahren im Lande, vorher Tokyo und München, jetzt Leiter der Spracharbeit, mit

Sprachkursen, Lehrerfortbildung, Stipendien, Prüfungen usw. beschäftigt.

"Die Physiker", sagte ich und erinnerte mich dunkel an meine Abiturklasse, vor zwanzig Jahren im Stadttheater in meiner Heimatstadt Gießen an der Lahn. "Da geht es doch um die drei verrückten Wissenschaftler, die in der Irrenanstalt landen, um die Welt vor ihren Entdeckungen zu bewahren. Eine dunkle Komödie .... " "Ja", sagte Lito. "Und wir brauchen Dich. Du mußt Einstein spielen."

Ich wies ihn daraufhin, daß ich nicht Schauspieler sondern Deutschlehrer sei, meist mit Bürokratie, Kursstatistik, Jahresberichten beschäftigt, und außerdem sei ich schließlich einen Meter zweiundneunzig groß, blond und vollbärtig. Es nützte alles nichts, und schließlich sagte ich ja. War es die Hitze, die melancholische Erinnerung an meinen Deutschleistungskurs, die freitagnachmittägliche Kurz-Vor-Dienstschlußstimmung, Litos Optikerblick, pure Abenteuerlust, ich weiß es nicht mehr. Die Proben begannen am selben Abend. Typisch philippinisch: Sofort oder gar nicht!

Dürrenmatts 1962 uraufgeführtes Werk gehört zu den berühmtesten Theaterstücken Mitteleuropas. Die Verantwortung der Wissenschaftler für ihr Denken und Handeln ist das Thema, damals im Kalten Krieg unter dem Eindruck der nuklearen Katastrophe von Hiroshima und Nagasaki stehend, Wiederbewaffnung, NATO und Warschauer Pakt, Einsteins eindringliche Mahnungen .... .

Wo sollen wir proben? Manila erstickt wie viele Metropolen am Verkehr, und eine sechs Kilometer lange Fahrt in der Zehn-Millionen-Stadt kann zu einem zweistündigen Horrortrip werden. Zwischen dieselstinkenden Jeepneys und Bussen eingekeilt, stehe ich im Verkehr, die Klimaanlage läuft auf Hochtouren, und auf meinem Schoß liegt das Manuskript "Die Physiker". Ich deklamiere laut, es hört mich ja keiner. Auf Englisch fällt es noch schwer. Meine Finger suchen nach dem Bart, den ich mir kurzerhand scheren ließ. Nur ein Schnauzer ist geblieben.

Wir proben in Makati, in Lindas Wohnzimmer. Die Möbel werden in den Hof getragen. Die Ventilatoren an der Decke surren, trotzdem klebt jedem das Hemd am Leib. Die Hälfte der Mannschaft kommt natürlich eine Stunde zu spät. Typisch. Ich blättere in meiner acht Tage alten Süddeutschen. Da ist von der Winterolympiade in Lillehammer die Rede, Nachrichten aus einer fernen Welt.

Wir lesen dann, etliche zum ersten Mal, das Theaterstück. Noch wagt keiner laut zu werden, denn Lindas Dobermann schlägt bei jedem Ausruf an. Linda ist eine nette, etwa fünfzig Jahre alte, durchaus noch attraktive Filipina, die das bucklige, alte "Froilein" Dr. von Zahnd spielen soll. Ob das was wird? Dürrenmatt hat diese Rolle schließlich Therese Giese auf den Leib geschrieben. Newton wird durch einen Engländer dargestellt, mit dessen Antiquitätenhandel es bergab geht, und der die paar Pesos gut gebrauchen kann. Ein wunderschönes Oxford-Englisch - aber ich darf und soll ja den Einstein mit deutschem Akzent sprechen, was mir nicht schwerfällt.

Möbius, der Physiker, der seine entsetzlichen Erfindungen vor der Welt verbergen und damit die Welt bewahren will und deshalb ins Irrenhaus geht, wird von einem Filipino gespielt, der sich bisher in blutrünstigen Billigfilmen in Nebenrollen durchgeschlagen hat. Zwischen dem ersten und dem zweiten Akt fragt er schon nach dem Honorar. Umgerechnet vierzig Mark pro Vorstellung werden ausgehandelt; für Proben gibt es natürlich nichts. Und Möbius bittet schon 'mal um einen Vorschuß, denn er muß seine Miete bezahlen.

Nach dem ersten Durchgang ist man ratlos. Das sei ja gar nicht lustig, eher erschreckend. Ob so etwas beim seichte Unterhaltung gewöhnten philippinischen Publikum ankommt? Während einer einen Stapel Pizza besorgt, reden wir von der Relevanz des Stückes. Hat es noch eine? Die Supermächte stehen sich nicht mehr gegenüber, die Gefahr einer nuklearen Auseinandersetzung besteht nicht mehr.

Die Verantwortung der Wissenschaftler: da kommen wir auf die Gentechnik und die Kernkraft zu sprechen, bald auch auf die unverantwortliche Verkaufspolitik eines deutschen Chemiekonzerns, der in den Philippinen in Deutschland schon längst verbotene Pestizide an die Bauern verteilt. Und der Giftmüll, den ihr uns schickt! Man redet, landesüblich, eine Mischung aus Englisch und Tagalog, auch "Taglisch" genannt, und man wird lauter, auch wenn der Dobermann durchdreht.

Später landen Newton, Möbius und Einstein noch in einem Nachtclub in der Nähe. Doch an diesem Abend will keines der leichtbekleideten Mädchen an unserer Seite einen Lady-Drink schlürfen, denn wir sprechen von geclonten Embryos, vom Ozonloch und Treibhauseffekt. Als ich um drei Uhr ins Bett krieche, weiß ich, daß wir viel Zeit brauchen. Zeit, die wir nicht haben, denn in zwei Wochen ist Premiere. Ab jetzt wird jeden Abend geprobt.

Lindas Haus wird in den nächsten Tagen zum Tollhaus. Auf der Straße bleiben die Leute stehen, ein paar Kinder drängen sich draußen vor dem Fenster, um zu sehen, wie Möbius die Krankenschwester erdrosselt. Furchterregend laut schreit er: "Monika!"; und der Dobermann frißt nichts mehr. Jeden Abend platzt der schwergewichtige amerikanische Ehemann von Linda in unsere Probe und beweist seine Deutschkenntnisse, dadurch, daß er mich mit "Guten Tag, mein Herr, wie geht es mit Ihnen" grüßt. Ein Mitspieler fragt mich, ob man auch "Siegheil" sagen kann.

Lindas Tochter will natürlich nicht auf ihre Lieblingssendung verzichten, nur weil ein paar Verrückte im Wohnzimmer Krankenschwestern ermorden, und stellt den Fernseher noch lauter. Auf was habe ich mich da eingelassen?

Unsere nötigen Requisiten sind Revolver, eine Pfeife und eine Geige. Die Knarren sind schnell aufgetrieben in dieser von Waffen starrenden Stadt. Sie sind echt, und vor jeder Probe schaue ich nach, ob die Magazine auch wirklich leer sind. Einsteins Geige ist anscheinend schwieriger aufzutreiben. Erst bei der Premiere habe ich eine in der Hand; bis dahin habe ich mit einem Regenschirm gespielt.

Einsteins weiße Wuschelhaarperücke ist das größte Problem. In einer Stadt, die keine Theatertradition und keinen Karneval kennt, ist alles andere leichter zu kriegen. Die Generalprobe findet dann endlich in einem kleinen Theater im Kulturzentrum der Philippinen, einem Betonprotzklotz aus der Marcos-Ära, statt. Ohne Luftkühlung ist es unerträglich heiß und vor lauter Moskitos kaum auszuhalten. Mit Klimaanlage kann man kaum sein eigenes Wort verstehen und friert trotz Jackett und Perücke. Der Regler ist kaputt, sagt man uns - also entweder Sauna oder Kühlschrank.

Fräulein Dr. von Zahnd, also Linda, trägt ein artiges Kostüm, das nicht wirkt. Lito kommt auf die Idee, ihr den Kampfanzug der US-Armee, den ihr Mann noch aus Vietnamzeiten im Schrank hat, und die Knobelbecherstiefel anzuziehen. Er stopft ihr ein Kissen in den Rücken, denn sie muß ja bucklig sein, und verpaßt ihrem Gesicht eine scheußliche schwarzgrüne Tarnfarbe. Der Engländer Newton und ich haben anfangs noch typische mitteleuropäische Bedenken, die bald verfliegen.

Und da ist Mia, die erst sehr glaubhaft die mausgraue Frau Möbius spielt und nach wenigen Minuten als die Schwester Monika zu einer ungeahnten Schönheit erblüht, ihr langes schwarzes Haar löst, Physiker Möbius umarmt und küßt und schließlich von ihm auf grauslige Weise stranguliert wird. Daß sie mehrere Rollen spielt, senkt die Kosten, bringt aber auch ihr unglaubliches Talent zur Geltung.

Das Plakat wird fertig. Ich stelle fest, daß man "The Pysicists" angekündigt, also das H vergessen hat. Man gibt zu bedenken, daß auch die Philippinen in der spanischen Schreibweise als die Pilipinas erscheinen .... Ich protestiere, und das Plakat muß noch einmal gedruckt werden.

Dreizehn Vorstellungen finden statt: die Premiere vor nur ungefähr fünfzig verhalten klatschenden Studenten, später vor hundert und zweihundert begeistert klatschenden Zuschauern.

Ein Schiff von Greenpeace legt im Hafen von Manila an und warnt vor dem Giftmüll der Industrieländer, vornehmlich aus Deutschland und Japan. Vor dem Eingang des Goethe-Instituts wird ein Mann erschossen, wahrscheinlich ein krimineller Polizist, und liegt am hellichten Tag in seinem Blut. Im Institut hängt zur Zeit die Fotoausstellung "Sein oder Nichtsein - über die industrielle Zerstörung der Natur".

Und Einstein deklamiert: "Wir haben Pionierarbeit zu leisten, doch dürfen wir die Verantwortung nicht ausklammern." Und Möbius schreit mich an: "Es gibt Risiken, die man nie eingehen darf: Der Untergang der Menschheit ist ein solches!" Lucy, die das Make-up macht, beklagt sich über meine Perücke. Ein Wahnsinnsding, alles verfilzt, zwanzig Haarklammern benötigt sie, doch das Ergebnis ist beeindrukkend: Ich bin ein verrückter Professor wie der Typ in dem Film "Zurück in die Zukunft".

An einem Sonntag findet Linda, also "Froilein" Dr. von Zahnd, nach der Vormittagsvorstellung einen Zettel vor, auf dem steht: "Bitte Hospital anrufen". Sie telefoniert, fährt los; ihr Vater liegt im Sterben. Kurz vor Beginn der ausverkauften Nachmittagsvorstellung - ich habe schon wieder die Wahnsinnsperücke auf - kommt sie zurück. Ihr Vater ist gerade verstorben. Sie wischt sich die Tränen aus dem Gesicht, sagt: "The show must go on!" und spielt ihre Rolle so gut wie nie zuvor. Anschließend weint sie im Umkleideraum, und alle beten.

Gebetet wird übrigens immer, vor jeder Aufführung. Unter anderem: "Und gib, daß wir keinen Stromausfall haben ... ." Man wünscht sich: "Break your leg!", was im Deutschen noch radikaler mit "Hals- und Beinbruch" ausgedrückt wird, und dann, nach dem obligatorischen Absingen der philippinischen Nationalhymne, geht es los.

Wenn man nicht dran ist, hockt man hinter der Bühne im Dunkeln und tuschelt: "Hey, Einstein, was wäre eigentlich passiert, wenn Einstein kein Jude sondern ein Nazi gewesen wäre?" Oder: "Ist die Schweiz eigentlich auch ein Teil von Deutschland? Was denkst du über die Wiedervereinigung? Und du, Newton, wie ist das Verhältnis zwischen Engländern und Deutschen? Ihr seid doch jetzt alle reiche Europäer. Und seid ihr eigentlich gern in den Philippinen? Habt ihr kein Heimweh?"

Einstein und Newton leben gern in den Philippinen, auch wenn ihnen die chaotischen Filipinos manchmal auf die Nerven gehen. Bis zum Jahr 2000 soll sich das Land von den Wunden der Vergangenheit erholt haben, Korruption und Gewalt sollen überwunden werden, und eine radikale Industrialisierung soll den armen 'Pinoys' den Weg in eine bessere Zukunft bahnen.

Werden die Mächtigen Verantwortung zeigen und die sich anbahnende ökologische Katastrophe im Reich der siebentausend Inseln noch abwenden können? Und kann eine alte, dunkle Komödie aus der Alten Welt vielleicht ein kleines Stück dazu beitragen, Bewußtsein für die Verantwortung zu schaffen?

Möbius bekommt am Ende jeder Vorstellung großen Beifall, weil er wirklich in Tränen ausbricht, wenn er sagt: "Ich bin Salomon, der arme König Salomon."

Wenn ich danach zu meinem Auto gehe, ist es umlagert von lachenden, bettelnden Straßenkindern. Das Land ist so jung und voller Hoffnung. Sie lachen, weil mein Schnauzer noch weiß gefärbt und mein Gesicht noch schminkeverschmiert ist.

Die Philippinen verstehen

Im Gewirr einer Stadt näherten wir uns einem Filipino und fragten ihn nach einer Straße. Der Mann zog zunächst beide Augenbrauen hoch, senkte sie wieder und lächelte uns an. Dann wies er mit einem ausgestreckten Arm vage in eine Richtung und sagte: "Dort!" Ratlos gingen wir weiter. Bei einer anderen Gelegenheit versicherte mir ein Kollege, der eine bestimmte Arbeit erledigen sollte: "Ich will es versuchen", unternahm jedoch nicht das Geringste, seine Aufgabe in Angriff zu nehmen.

Wer kann die Filipinos da noch verstehen? Manche Ausländer machen aus ihrem Ärger und Unbehagen über Land und Leute keinen Hehl. Mit einem ablehnenden Urteil sind sie rasch zur Hand. Und oftmals bleibt ihnen auf Dauer verborgen, daß sie im Grunde kulturellen Mißverständnissen aufgesessen sind.

Schauen wir uns unsere Beispiele näher an. Wer in den Philippinen eine unangenehme oder traurige Botschaft zu überbringen hat, lächelt, um den Schock einer bestürzenden Botschaft abzufedern und Gefühlsspannungen zu mildern. Filipinos möchten ihre Sorgen durch Lachen verscheuchen. Doch ihr Lachen bedeutet nicht, daß sie sich über die betreffende Nachricht freuen oder gar belustigen.

Antworten wie "vielleicht" oder "ich will es versuchen" bedeuten häufig "nein". "Nein" zu sagen gilt in den Philippinen jedoch als äußerst unhöflich und wird möglichst vermieden - besonders Vorgesetzten oder Ausländern gegenüber. Statt dessen verwendet man euphemistische Umschreibungen, die niemanden vor den Kopf stoßen, tatsächlich jedoch signalisieren sollen, daß sich der Betreffende den Anforderungen nicht gewachsen fühlt oder nicht entsprechen möchte. Der Ausländer indes versteht die eigentliche Aussage nicht, nimmt ihren positiv klingenden Gehalt wörtlich und ist verärgert, wenn er sich in seinen Erwartungen getäuscht sieht.

Oft sind es feine und verborgene Elemente, die den Kulturschock eines Ausländers verursachen. Da Filipinos zunächst als gesellig, aufgeschlossen und großzügig erlebt werden, stellt sich der Kulturschock häufig mit einer gewissen Verzögerung ein. Der fremde Gast bemerkt erst allmählich, daß Filipinos anders leben, denken und handeln, als er es sich zunächst vorgestellt hat. Mancher auswärtige Besucher fühlt sich verunsichert, wenn nicht getäuscht. Warum sind Filipinos so? Warum reagieren sie anders, als es der westliche Mensch von ihnen erwarten würde? Worin unterscheiden sich ihre Denkmuster und Verhaltensweisen von den unseren?

In diesem Kapitel sollen einige Mißverständnisse aufgedeckt und Hintergründe philippinischen Denkens und Handelns offengelegt werden. Welche Sinnvorstellungen und Symbole leiten die Ausdrucksformen philippinischer Kultur? Wo assoziieren Filipinos und Europäer unterschiedliche Vorstellungszusammenhänge? Diesen Fragen soll im folgenden am Beispiel einzelner Themen nachgegangen werden.

Über das Schlendern

Filipinos schreiten nicht, sie schlendern. Mit aufrechtem Gang, die Frauen häufig mit einer leichten Bewegung in der Hüfte, gehen sie gemessenen Schrittes. Auch wenn sie einen bestimmten geographischen Punkt ansteuern, sind ihre Bewegungen selten zielgerichtet. Der Fluß ihrer Bewegungen scheint jeden Moment korrigierbar zu sein, mutet mitunter zögernd und ausweichend an. Die Körperhaltung gesunder Filipinos ist stets gerade und wirkt vornehm. Krumme Ganghaltungen - wie in westlichen Ländern - sieht man hier kaum und gehören zum Bereich arthritischer Erkrankungen. Ein Filipino geht aufrecht und gemessenen Schrittes - ohne Andeutung von Eile und Zielfixierung.

Westliche Ausländer erfreuen sich an der ästhetischen Körperhaltung, ereifern sich jedoch über den "Schlendrian" der Filipinos. Wohlwollende unter ihnen versuchen den langsamen Gang mit der tropischen Hitze zu erklären, die leicht zu Schweißausbrüchen treibt. In Laoag wies ich gerne darauf hin, daß ich die gleiche Zeit brauchte, um zu Fuß von unserem Haus zum College zu gelangen wie vom Eingangstor des College zum Vorlesungsraum. Trauben schlendernder Studenten hemmten jede rasche Fortbewegung und machten besonders die Treppenhäuser zu Hindernisstrecken. Mit zahlreichen "Excuse me, please" versuchte ich oft, meinen Gang zu beschleunigen.

Für Filipinos hingegen sind die Gangarten westlicher Besucher mitunter ein Kuriosum. Ich sitze mit vielen Filipinos in einem Jeepney. Ein westlicher Tourist in kurzer Hose, Kniestrümpfen und Wanderschuhen überquert mit ausholenden Schritten schnurstracks hinter unserem Wagen die Straße. Die Insassen halten einen kurzen Moment die Luft an; kaum daß der Tourist vorüber ist, prusten sie los. Zu komisch, wie sich jemand zwischen all den schlendernden Passanten so entschlossen und zielgerichtet seinen Weg bahnen kann. Tatsächlich lief der Tourist nicht anders, als es einem guten deutschen Wanderschritt entspricht. Er wird weder in besonderer Eile noch in einer besonderen Gemütsverfassung gewesen sein. Er schritt durch eine fremde Stadt. Doch in dem kollektiven Lachen meiner Beifahrer lag auch ein Stück Erleichterung, so als wäre man gerade einer Bedrohung entgangen; als wäre plötzlich und unerwartet vom Gehsteig eine Gefahr auf den Jeepney zugekommen, hätte die Insassen für Augenblicke die Luft anhalten lassen und wäre dann vorbeigezogen.

Der amerikanische Ethnologe Renato Rosaldo berichtet folgendes Erlebnis: Er lebte ein Jahr lang bei den Ilongot in den philippinischen Kordilleren. Eines Tages schritt er ohne besondere Absicht geradewegs in eine Hütte, in der er oft verkehrte. Dort waren nur Kinder anwesend, die bei seinem raschen und entschlossenen Eintreten entsetzt aus dem Fenster sprangen. Draußen riefen sie anderen zur Warnung: "Onkel Natu ist wütend." Sie fürchteten ein unmittelbar drohendes Donnerwetter. Tatsächlich war Renato Rosaldo weder schlecht gelaunt, noch verfolgte er überhaupt eine besondere Absicht. Er war nur in seine Gedanken versunken gewesen und hatte beim Schreiten so ausgeholt, wie es ein Westler besonders in freier Natur eben tut. Die philippinischen Beobachter empfanden diese Fortbewegungsweise jedoch als Ausdruck innerer Erregung und befürchteten Schlimmes. Der rasche Eintritt in die Hütte schien einem Überfall gleichzukommen, und die Anwesenden reagierten mit Flucht.

Jemand, der sich schnell und zielgerichtet auf etwas zubewegt, verfolgt keine gute Absicht. Er stellt eine potentielle Gefahr dar. Um friedvolle Absichten anzudeuten, um innere Ausgeglichenheit und Harmonie darzustellen, muß man sich gemessen bewegen, darf kein besonderes Ziel anfixieren und keine Eile zeigen. Erst jetzt verstehen wir, warum uns unser ehemaliger College-Rektor vor unserer Ausreise in die Philippinen zur Vorbereitung schrieb: "Geht niemals eilig, ihr macht euch verdächtig." Ich befürchte, wir haben uns in diesen Jahren oftmals "verdächtig" gemacht.

Der Filipino - ein Gemeinschaftswesen

Unsere neue Helferin Doris, 16, wollte die Stelle bei uns unter der Bedingung antreten, daß sie in unserem Haus wohnen dürfe. Wir hatten es uns anders vorgestellt, boten ihr jedoch unser Gästezimmer an. Zwei Nächte lag sie weinend in ihrem Bett. Dann gestand sie uns, daß sie nicht alleine in einem Raum schlafen könne. Sie wolle wieder bei ihrer Familie im Nachbarort schlafen.

Die Feststellung Gottvaters: "Es ist nicht gut, daß der Mensch allein sei", wird in den Philippinen wie ein Gebot verstanden. Vom Tag seiner Geburt bis zu seiner Grablegung bleibt ein Filipino von Verwandten, Kindermädchen, Freunden, Liebhabern und Bekannten umgeben. Einsamkeit gilt als ein schweres Schicksal.

Filipinos sind ihrem Wesen nach Gruppenmenschen. Sie vermeiden es tunlichst, allein zu essen, zur Schule, ins Kino oder einkaufen zu gehen. Sie reisen nur in Begleitung. Eine der unvermeidlichen Fragen, die der westliche Ausländer in den Philippinen häufig gestellt bekommt, lautet: "Where is your companion - wo ist dein Begleiter?" Die Antwort, daß man alleine unterwegs sei, löst spontan Bedauern aus. Oft bemüht sich ein Mitreisender teilnahmsvoll, den Alleinreisenden durch möglichst viele Fragen nach seinen persönlichen Verhältnissen zu "unterhalten", was der westliche Reisende wiederum als äußerst lästig empfindet.

In ländlichen Gegenden schläft die ganze Familie dicht nebeneinander auf einer Pritsche aus Bambusleisten. Auch manche älteren Filipinos haben in ihrem Leben noch nicht allein in einem Raum geschlafen. In einem Gästehaus hatte ich mich mit zwei Deutschen verabredet. Ich traf einen Tag früher als die beiden anderen Reisenden ein. Ein Drei-Bett-Zimmer war für uns schon reserviert. Ich wurde jedoch zu anderen Gästen in ein Sechs-Bett-Zimmer einquartiert, um nicht allein schlafen zu "müssen".

Von einer Frau, die nach fünfzig Ehejahren verwitwete, hörte ich, daß sie wieder bei ihrer alten Mutter schlief. Und wer das Museum "Casa Manila" im Stadtteil Intramuros besucht, sollte es nicht versäumen, den Toilettenraum dieses alten spanisch-philippinischen Hauses zu besichtigen. Dort stehen zwei gemütliche Klos Seite an Seite, um auch am "stillen Örtchen" gesellig plaudern zu können.

Einzelgänger gelten in diesem Land als seltsame Typen, wenn nicht als Misanthropen. Eine betont eigene Meinung zu haben oder ungewöhnliche Ideen zu vertreten, macht ein Individuum schnell zum Außenseiter. Man vermutet, daß er Aufmerksamkeit erregen will oder einfach dickköpfig ist. Individualisten gelten schnell als unsympathische Zeitgenossen und werden mitunter als stolz oder "verrückt" bezeichnet. In religiösen Kreisen wird ein eigenständiger Denker leicht mit dem Etikett "Liberaler" versehen - in politischen Kreisen heißt er entsprechend "Kommunist".

Philippinische Mönche und Mystiker sind rar - trotz jahrhundertelanger spanischer Einflüsse. Philosophen sind noch seltener; "filosopos" jedoch zahlreich. Während der Philosoph in der Einsamkeit seine Gedanken entwickelt, reproduziert der "filosopo" vor einem Publikum schönrednerisch seine Zungenfertigkeit. Es gibt in diesem Land wenige Autoren und Leser. Denn Schreiben und Lesen erfordern Einsamkeit. Lesen gilt vornehmlich als Schulaufgabe, und auch dann möchte man kaum auf die Untermalung durch ein Radio verzichten.

Kein Wunder, daß das Fernsehen in den Philippinen so populär ist. Fernsehen ist ein Gemeinschaftserlebnis, das die ganze Familie einbezieht. Auch Nachbarskinder schauen am offenen Fenster zu. Und dann erfüllt das angeschaltete Fernsehgerät den Wohnraum den ganzen Tag mit menschlichen Geräuschen und Gestalten: nie mehr Einsamkeit! Übertroffen wird Fernsehen noch von Video-Karaoke. Dann versammelt sich der ganze Haushalt vom Baby bis zur Köchin vor dem Fernsehgerät und singt lauthals die neuesten Schlager mit.

Fotoalben sind Allgemeingut. Besucht man ein fremdes Haus, werden einem häufig zuerst die Familienalben mit den üblichen Hochzeits- und Schulabschlußbildern gezeigt. Folglich zögern auch in unserem Haus Gäste nicht, sogleich sorgfältig unsere Fotoalben zu studieren und sich nach den Verwandtschaftsverhältnissen und dem Familienstand des Abgebildeten zu erkundigen ("noch ledig?"). Wenn Fotolaboranten Filme von Kunden entwickeln, scheuen sie sich nicht, von Aufnahmen, die ihnen gefallen, Abzüge für sich selbst zu machen.

Filipinos leben gruppenorientiert. Pakikisama *heißt die entsprechende Wertvorstellung, wörtlich: "mit den anderen gehen", mit den anderen und der Umwelt in Einklang leben.* Pakikisama *bedeutet, sich der Meinung der Mehrheit anzupassen und sich nach Kräften für das Wohl und das Weiterkommen seiner Gruppe einzusetzen - auch dann, wenn es eigenen Interessen oder Überzeugungen widerspricht. Wichtig ist das Gefühl von Kameradschaft und Zusammengehörigkeit. Jungen und Männer organisieren sich in* barcadas, *Bruderschaften oder auch Banden, die ihnen das Gefühl vermitteln "dazuzugehören" - gerade auch dann, wenn man fern der eigenen Verwandtschaft lebt. Das Motto all dieser Gruppen könnte heißen: "Einer für alle, alle für einen." Wohl in kaum einem Land der Welt haben die Rotarier, Lions, Freimaurer und studentischen Verbindungen so viele Mitglieder wie in den Philippinen. Die positive Seite dieser Werteinstellung heißt*

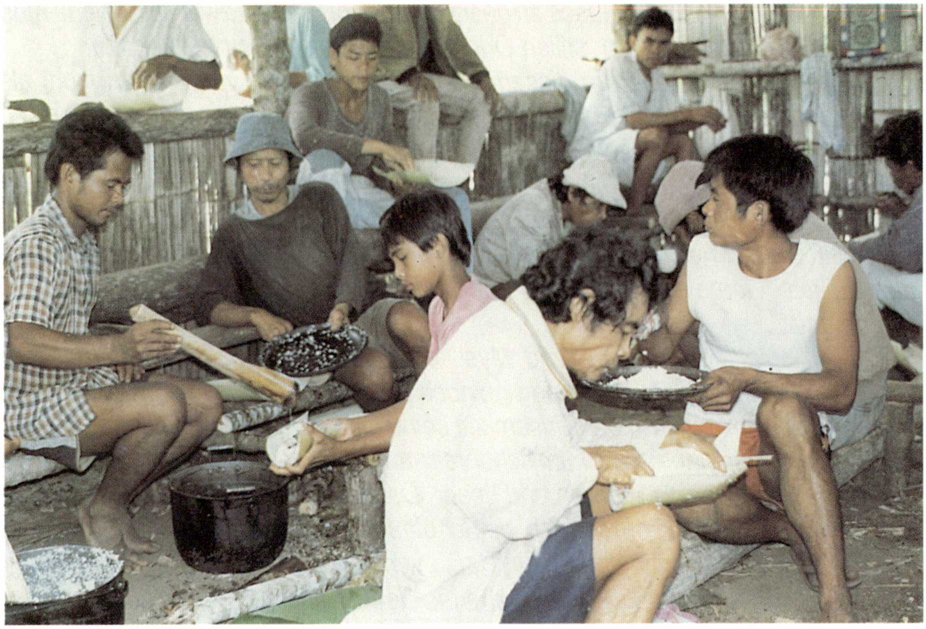

Filipinos leben und arbeiten in Gemeinschaft. Einsamkeit gilt als bemitleidenswerter Zustand. Bergbauern teilen sich eine Mahlzeit während der Feldarbeit

bayanihan: *die (unentgeltliche) gegenseitige Hilfe in allen Lebenslagen. Alle packen an, und in Kürze wird ein Reisfeld bepflanzt, eine Straße befestigt, ein Haus errichtet oder eine Fiesta vorbereitet. Die Schattenseite solcher Gruppenorientierung sind Vetternwirtschaft und Korruption. Wenn in den Philippinen ein Mord aufgedeckt wird, steht dahinter oft kein Einzeltäter, sondern eine Gruppe.*

Philippinische Filmschauspieler - so liest man - sind ständig von Fans umgeben. Das kann als ihr Markenzeichen gelten. Doch auch Politiker scheinen ihre Fanclubs zu hätscheln. Einer unserer Nachbarn ist Kongreßabgeordneter. Gewöhnlich lebt er in Manila. Doch es gibt ein untrügliches Zeichen dafür, daß er zu Hause ist: wenn nämlich Tische und Stühle im Garten vor seinem Haus aufgebaut werden. Fans und Bittsteller mögen Platz nehmen und je nach der Tageszeit mit Frühstück, Mittagessen oder Abendessen bewirtet werden.

Ein Privatleben gibt es in philippinischen Familien nicht - da bilden Filmschauspieler und Politiker keine Ausnahme. "Privatsphäre" ist ein sehr deutsches Wort. Ich glaube nicht, daß es sinnvoll in eine der philippinischen Sprachen übersetzt werden kann.

Symbole

Die Bedeutung von Symbolen wurde in unserem westlichen Verständnis zu bloßen Zeichen verwässert, die nicht mehr besagen als "Ausgang - Eingang", "Herrentoilette - Damentoilette" oder "oben - unten". Ganz anders bei unseren philippinischen Studenten, für die Symbole reale und machtvolle Phänomene repräsentieren, die eine aktive und gestaltende Kraft unseres Lebens darstellen. Ich möchte das an einer Gegebenheit aus einer Unterrichtsstunde demonstrieren.

Bei einem Besuch auf dem Chinesischen Friedhof von Dumaguete hatte ich meinen Studenten eine Drachenfigur auf dem Dach eines Grabmals gezeigt und ihnen die Bedeutung des Drachensymbols in der chinesischen Kultur erklärt. Während der Drache in den philippinischen Überlieferungen nämlich - ähnlich wie im europäischen Denken - ein unheilvolles Wesen symbolisiert, wird der Drache in der chinesischen Kultur als Glücksbringer verstanden. Etwas genauer gesagt, verhält es sich so: Die Drachenkönige Lung-wang sind für den Regen zuständig. In Zeiten der Trockenheit wendet man sich an sie mit der Bitte um Hilfe und ist gewiß, daß diese nicht lange auf sich warten lassen wird. Die Drachen symbolisieren also Fruchtbarkeit und damit Wohlstand und Glück. Ebenfalls sind die Drachenkönige für Bestattungen zuständig. Ist bei den Bestattungsfeiern ein Fehler begangen worden, der den Nachkommen des Verstorbenen Unheil bescheren könnte, so sucht man ebenfalls bei den Drachenkönigen Hilfe. Die Drachenkönige lassen sich also bereitwillig als Fürsprecher den himmlischen Gottheiten gegenüber verwenden. Einmal im Jahr steigen sie in den Himmel auf, um den Gottheiten ihre Berichte über das Leben der Menschen und ihre Sorgen und Nöte vorzulegen.

In der Unterrichtsstunde nach dem Friedhofsbesuch zeigte ich meinen Studenten ein Bild zweier Drachen auf dem Dach eines chinesischen Tempels, um unser Gespräch noch einmal zu vertiefen. Dabei fragte mich eine 26jährige Studentin, wo es denn Drachen gäbe und wo sie leben würden, denn sie hätte noch nie einen gesehen, wünsche sich das jedoch. Obwohl ich ihre - nach unserem westlichen Verständnis - Verwechslung von Symbol und Wirklichkeit sogleich bemerkte, blieb ich auf ihrer Vorstellungsebene, um die Gedanken meiner Studenten kennenzulernen. Ich erklärte kurz, Drachen lebten in tiefen Wäldern und entlegenen Bergregionen, seien jedoch durch die Abholzung der Wälder selten geworden. Daraufhin wollte ein zweiter Student wissen, ob Drachen denn eine Art Schlange seien. Ich erklärte ihm, daß Drachen viel größer seien und Feuer und Rauch speien könnten. Es meldete sich ein dritter Student zu Wort, dessen Beitrag zu verstehen gab, daß er die beiden angemalten Metalldrachen auf meinem Bild für lebendige Tiere hielt. Ich war verdutzt, verhielt mich jedoch weiterhin abwartend. Nun wurde es allerdings einem koreanischen Studenten zu bunt, und er erklärte seinen Kommilitonen liebevoll, daß Drachen mythologische Wesen seien, denen keine Realität zukäme. Dieser Beitrag schien allerdings keineswegs von allen Studenten akzeptiert zu werden, die mich nun fragend ansahen und offenkundig auf eine Antwort meinerseits auf diese für sie herausfordernde Aussage warteten. Als ich nun erklärte, es handele sich in der Tat

Drachenfiguren auf den Dächern des Taoistischen Tempels mit Blick über Cebu

um Gestalten aus der Welt mythologischer Erzählungen, und man könne keine Drachen in der alltäglichen Wirklichkeit sehen, klärte sich dieses "Mißverständnis" auf.

Nun beging ich allerdings den typisch westlichen Fehler, es bei dieser rationalistischen "Aufklärung" zu belassen, als sei damit das Symbol schon in irgendeiner Weise erläutert. Erst bei einer Nachbesinnung zu Hause bemerkte ich, daß ich zu einer eigentlichen Entschlüsselung des Sinngehaltes noch gar nicht vorgedrungen war und meine Studenten vermutlich weiterhin ratlos waren.

Also machte ich in einer weiteren Stunde einen dritten Anlauf. Ich erklärte die Funktionen der Drachenkönige in der chinesischen Vorstellung, deren Aufgabe es ist, die Seelen der Verstorbenen zum Himmelsgott zu bringen, über deren Lebenswandel auf Erden Bericht zu erstatten und bei dieser Gelegenheit für sie auch ein gutes Wort einzulegen. Jetzt kamen wir von selbst darauf, daß es sich bei ihnen um eine Art Fürsprecher handelt, um Mittler zwischen der irdischen und der himmlischen Welt. Um hilfsbereite Wesen, die in Zeiten der Not auch als Schutzgeister auftreten. Diese Vorstellungen sind den meisten philippinischen Studenten recht geläufig. Christlich gesprochen, handelt es sich bei ihnen um Engel, die manchmal die Rolle von Schutzengeln übernehmen.

Erst jetzt war für meine Studenten das Symbol entschlüsselt. Für sie war damit klar: es handelt sich also in der Tat um <u>wirkliche</u> Wesen. Zwar können sie nicht in freier Natur beobachtet werden, es handelt sich nicht um wilde Tiere, sondern es sind Schutzgeister, Fürsprecher und Mittler zwischen den Menschen und Gott. Und die sind fast allen Filipinos vertraut: nicht als Fabelwesen, sondern aus <u>Erfahrung</u>.

Schönheitsköniginnen

Rund dreißig herausgeputzte Mädchen, die Jüngste mag erst fünf Jahre alt sein, bewegen sich mit kerzengradem Gang etwas linkisch durch die Menge im Saal. Auf diesen Augenblick haben sie lange gewartet. In ihren roten Stöckelschuhen stolzieren sie im Gänsemarsch quer durch die weite blumengeschmückte Halle und ziehen lange mit Fransen besetzte Schleppen hinter sich her. Ihre für den heutigen Abend ausgeliehenen Nylonrüschenkleider in feinstem transparenten Rosa sind mit synthetischen Stoffröschen besetzt, rundherum mit Goldimitat verziert und mit Tausenden von Hand angenähten Glitzerpailletten bestückt. Lange weiße Handschuhe kontrastieren mit ihrer braunen Haut, und kirschrote Schminke ist dicht auf Wangen und Lippen aufgetragen.

Es sind aufgeschossene Mädchen mit hellem Teint und geraden Nasen - vom Typ her eher Mestizinnen als Asiatinnen. Im toupierten Haar stecken silberne Knöpfe und weiße Seidenblümchen wie bei Bräuten. Verklärten Puppen gleich, versehen mit geheimnisvollen inneren Mechanismen, spielen sie heute Abend für wenige Stunden Prinzessinnen. Elegante Buben tragen Zepter und Kronen auf Samtkissen hinter den Grazien her. Ein Tusch, es naht der Höhepunkt, und ein Raunen geht durch den übervollen Saal. Die Zuschauer auf den Stehplätzen drängen näher. Die Musiker bieten ihr Bestes. Die schwitzenden Gäste erheben sich ehrerbietig von ihren Klappstühlen; ihre ausgefallenen, für den Anlaß übertriebenen Ballkleider knistern. Etwa zweitausend Menschen stehen Spalier für das Königspaar des Abends, das einem Zwergenpaar gleicht. Die Hochwürden dürften fünfjährig sein. Auf der festlich geschmückten Bühne werden die beiden zur Belustigung der Zuschauer mit einem Schwung auf die Samtsessel gehievt. Dann kehrt die Ernsthaftigkeit in den Saal zurück.

Von Hand ausgeschnittene silberne und rote Papierlettern an der Kopfwand der Bühne verkünden den Anlaß der Feierlichkeit, das Datum, die Namen des Königspärchens und des Festredners. Wir feiern die jährliche Stadtfiesta. Der Höhepunkt ist die Wahl einer Schönheitskönigin, die an einem gesonderten Abend zusammen mit weiteren Preisträgerinnen gekrönt und am darauffolgendem Sonntag auf einem verzierten Wagen in einer Parade durch die Stadt gefahren wird.

An allen Schulen finden jedes Jahr mit viel Aufwand Schönheitsköniginnenwahlen statt. Heute Abend sind die Auserwählten aller Schulen dieser Stadt eingeladen, um geehrt zu werden. Die Honoratioren der Stadt sind zugegen; sogar der Provinzgouverneur ist erschienen. Die Feier beginnt erst, als er eingetroffen ist. So haben wir auch diesmal wieder zwei lange Stunden wartend auf unseren Stühlen gehockt, ohne Musik und ohne Getränke, nur durch einen staubaufwirbelnden Ventilator gekühlt. Je später die Ehrengäste eintrödeln, je wichtiger sind sie. Wir aber mit unserer "deutschen Pünktlichkeit" vertun uns immer noch mit der "philippinischen Zeit", zu der eine extra früher angekündigte Veranstaltung eigentlich erst anfängt. Ein Senator hat eine beschwerliche Tagesreise von fünfhundert Kilometern aus Manila auf sich genommen, um als ehrenvoller Gastredner zu fortgeschrittener

Stunde, wenn die Kinder schon mit dem Schlaf kämpfen, eine steife Festrede zu halten. Manchmal geht soviel Zeit verloren, um auf verspätete Ehrengäste zu warten, daß lang eingeübte Tänze, für deren Probe viele Schulstunden geopfert wurden, kurzerhand vom Programm gestrichen werden müssen.

Nach den üblichen Einleitungen und Grußworten, herrlichen Chorgesängen, folkloristischen und modernen Tanzvorführungen folgt der klassische Hauptteil: die aufwändige Krönung der bejubelten Prinzessinnen. Mit einer Krone ist es allerdings nicht genug: pro Prinzessin sind sieben verschiedene Würdenträger aus der städtischen Öffentlichkeit von Nöten, um diese "Amtshandlung" richtig auszuführen: zuerst zwei, die der Schönheit das Band mit der jeweiligen Auszeichnungsaufschrift an der Schulter und in der Hüfte festnadeln. 'Miß Freundlichkeit' oder 'Miß Grazie', 'Miß Ehrlichkeit' oder 'Miß Eleganz', 'Beste im Abendkleid' oder 'Beste im Badeanzug' steht auf dem Band. Schnell einige Photos - und schon werden zwei weitere Ratsmitglieder aufgerufen, der Gewinnerin die ersehnte Krone aufzusetzen. Dann darf ihr einer das Zepter überbringen, und schließlich überreicht ihr jemand eine Trophäe: ein Holzgerüst mit Blechbeschlag und einer versilberten Plastikfigur mit einem Lorbeerkranz obendrauf. Einmal durfte ich in einem Organisationsgremium einer solchen Veranstaltung mitwirken. Mein Vorschlag, den Studentinnen angesichts der wenigen Bücher, die sie sich leisten können, statt einer Trophäe doch ein lehrreiches Buch im selben Wert zu schenken, wurde gern aufgegriffen. Erhalten haben sie dennoch ihre Trophäe. Eine zusätzliche Ehre ist eine Pergamenturkunde, die laut verlesen wird. "Zertifikat der Anerkennung: Maria Garcias de los Santos ist heute (Datum) in X (Stadt) zur zweitbesten Schönheitskönigin der Y (Organisation oder Schule) ernannt worden. Unterzeichnet (Name), Bürgermeister, und/oder (Name) Rektor." Die Urkunde wird später auf Holz geklebt im Wohnzimmer an der Wand hängen und noch viele Jahre alle Besucher auf die Glanzstunde der Tochter hinweisen.

Was auf der Bühne wie ein Spiel wirkt, ist in Wirklichkeit ein sehr reeller Teil des gesellschaftlichen Strebens nach Anerkennung und Erfolg. Von Kindesbeinen an erfahren die Mädchen, welches Sozialprestige mit dem Titel einer Schönheitskönigin verbunden ist. Die schönsten dürfen in religiösen Prozessionen, bei Sportveranstaltungen und gesellschaftlichen Empfängen teilnehmen. Da sich ihre Ehre auf die ganze Familie überträgt, wird diese auch weder Aufwand noch Kosten scheuen, den Erfolg ihrer Töchter schrittweise aufzubauen und mitzutragen. Dazu gehören Tanz- und Ballettunterricht, Gesangsstunden und Schauspielunterricht, Rezitationen oder das Erlernen eines Instruments. Es ist auch nicht ungewöhnlich, daß Studentinnen, die sich an Mißwahlen beteiligen, Kurse wiederholen müssen, da der Zeitaufwand für Proben und Auftritte keine Zeit zum Studieren läßt.

Obwohl Kinder in den Philippinen zu ausgeprägter Scheu erzogen werden, gehört zu dieser Erziehung hinzu, die konventionelle Scheu zu gegebener Zeit zu vergessen und sich in Gesellschaft zu präsentieren. Obwohl man in den Philippinen aus Schamgründen nicht in Badeanzügen (geschweige denn im Bikini) im Meer badet, treten Mädchen bei Schönheitswettbewerben im Schwimmanzug auf. Diese

Die Siegerinnen im Schönheitswettbewerb der Silliman Universität 1993

Form, seine körperlichen Vorzüge vorzuweisen, gilt gesellschaftlich als legitim und wird schon in der Kleinkinderziehung gefördert. Schönheitsköniginnen werden bereits im Kindergarten gewählt.

Wem der Titel einer Schönheitskönigin verliehen wurde, wird ihn niemehr verlieren. Die Witwe des Diktators Marcos wird noch heute in der Presse als "Rose von Tacloban" gepriesen, da sie in ihren Oberschultagen einmal zur Schönheitskönigin gewählt wurde. Und unvergessen ist ihre Wahl zur "Miß Manila", bei der es nicht unbedingt mit rechten Dingen zuging. Doch sie hatte das Ziel ihrer Karriere erreicht: wenig später heiratete sie den ehrgeizigen Anwalt Ferdinand Marcos, den künftigen Präsidenten des Landes. Schönheitswettbewerbe, egal ob auf Dorf-, Stadt- oder Landesebene, entscheiden über die Chancen des sozialen Erfolgs. Es ist nicht ungewöhnlich, wenn eine Dame in Gesellschaft als frühere Schönheitskönigin vorgestellt wird - mag ihre Sternstunde auch Jahrzehnte zurückliegen.

Im Grunde treten auf öffentlichen Veranstaltungen in den Philippinen jeweils Dutzende von 'Schönheitsköniginnen' auf. Die Frauen der gehobenen Schichten bemühen sich, einander durch Kleidung, Frisur, Schmuck, Körperhaltung, Höflichkeitsformen und Talente auszustechen. Westliche Besucher empfinden gesellschaftliche Zusammenkünfte in den Philippinen häufig als langweilig und schal. Es scheint sich nichts zu ereignen. Man muß nämlich verstanden haben, daß jeder Teilnehmer und jede Teilnehmerin - besonders jedoch die Damen aus besseren Kreisen - eine eigene Programmnummer liefert, die es nach Schönheit und Stil, Auftreten und Haltung, Vorzeigen von Reichtum und sozialer Stellung sorgsam zu begutachten und - bei Bedarf - nachzuahmen gilt.

Den westlichen Besucher beschleicht weiterhin das Gefühl, daß sich viele Teilnehmer dem Anlaß entsprechend unangemessen und übertrieben herausgeputzt haben. Eine Mutter, die zur "Diplomverleihung" ihres Kindes, das gerade den Kindergarten abschließt, im Ballkleid erscheint, würde man im Englischen als "overdressed" bezeichnen. Im Deutschen gibt es dafür kein entsprechendes Wort, doch würde man ein solches Verhalten als protzig empfinden. Doch Protzen ist in den Philippinen erlaubt. Sandalen und Freizeithemden überläßt man mit einem Lächeln den Deutschen.

Zu Glitter und Glanz gehören auch grelle Farben. Sie wirken festlich, denn in ihnen birgt sich der Optimismus der Kindheit. Volle Farben haben einen bejahenden und stabilen Klang; sie streben aufwärts. Die aktiv wirkende Farbe Rot steht für Leben, Glück und Erfolg. Warme, grelle Farben werden assoziiert mit der reichen Ernte goldener Reisgarben, mit tropischen Früchten und üppigen Blumen. Die Filipinos sind ein fröhliches Volk, und gedämpfte Farben verbindet man eher mit mageren Zeiten.

Mißwahlen können auch zu Wohltätigkeitszwecken veranstaltet werden. Wer in einem festgesetzten Zeitraum für einen bestimmten Zweck das meiste Geld sammelt, wird gekrönt. Letztlich geht es dabei um die Frage, wessen Familie über die besten gesellschaftlichen Verbindungen verfügt oder am tiefsten in die eigene Tasche zu greifen vermag. Mit dem Erlös wird dann etwa das Rote Kreuz unterstützt, einem Armenviertel geholfen oder eine Kapelle errichtet. Natürlich verschlingt die Veranstaltung selber viel Geld, doch die Lust am Glanz und Rausch einiger glorreicher Stunden macht genügend Geld locker, den Ball und den wohltätigen Zweck miteinander zu finanzieren.

So haben es sich die Philippinen im Jahre 1994 auch nicht nehmen lassen, die Wahlen zur "Miß Universum" in Manila auszurichten. Zwar hatte die Tourismusbehörde angekündigt, daß die Aufwendungen in Höhe von fast 150 Millionen Pesos von privaten Sponsoren finanziert werden würden, doch stellte es sich hinterher heraus, daß die meisten "Spenden" der Staatskasse entnommen worden waren. Die Philippinen genossen es dennoch, für einige Tage im Rampenlicht der Weltöffentlichkeit zu stehen. Schließlich wollte Präsident Ramos der internationalen Finanzwelt seine Botschaft veranschaulichen: die Philippinen sind ein politisch stabiles und sicheres Land, in das man unbesorgt sein Kapital investieren kann.

Für manchen Bürger gibt es jedoch eine 'Schönheitsköniginnenwahl', die noch "Miß Universum" auszustechen vermag: die Kür von "Miß Schwul", bei der sich Homosexuelle und Transvestiten zur Schau stellen. Im Unterschied zu westlichen Gesellschaften werden Homosexuelle (bakla) *in den Philippinen respektiert oder sogar geschätzt. Homosexuellen, die sich betont feminin kleiden und bewegen, begegnet man häufig unter Friseuren, Modedesignern und Architekten. Auf der Leinwand sorgt dieser Typ häufig für die Lachrolle. Schwule gehören in der philippinischen Gesellschaft dazu, und in Sachen des Stils und des Geschmacks folgt man gerne ihrem Rat.*

Schönheitsköniginnenwahlen sorgen für Glanz, der die harte Wirklichkeit für wenige Stunden vergessen läßt und für die Erwählten eine Stufenleiter nach oben bildet. Sie bereiten die Mädchen auf ihre Aufgabe vor. Schön zu sein und zu gefallen gelten als sichere Mittel zu sozialem Ansehen und einer gesicherten Zukunft.

Die Epen der Manobos

Von Ekkehart Royl

Der Autor des folgenden Beitrages ist Musikwissenschaftler und Ethnologe und unterrichtet zur Zeit als Dozent im Samba-Likhaan an der Asiatischen Schule für Musik,Gottesdienst und Kunst in Manila. Er forscht über den rituellen Kontext und die musikalische Struktur der Epen der Manobos, die im Hochland von Mindanao in den Südphilippinen leben. Eine bisher fünfbändige Sammlung dieser Epen wurde von Dr. Elena Maquiso an der Silliman Universität in Dumaguete veröffentlicht.

Die Manobos gelten als ein sehr friedliches Volk. Ihre Religion manifestiert sich in einem Heldenepos, dem Ulahingan, *welches zu bestimmten Anlässen von speziellen Sängern aufgeführt wird. Zu solchen Anlässen gehört das* Bulangan, *ein Erntedankfest, das zugleich ein Fruchtbarkeitsfest ist. In einigen religiösen Gemein-*

schaften der Manobos werden in regelmäßigen gottesdienstähnlichen Veranstaltungen diese Epengesänge durch verschiedene Sänger vorgetragen.

Als Europäer hat man gewisse Vorstellungen über die Aufführung eines Epengesanges: Auf dem Balkan und in der Türkei sind ja Epen noch lebendig und werden von umherfahrenden Sängern mit der Laute begleitet. Für die Aufführung hat sich entweder ein höfisches Publikum in einem Schloß versammelt oder sie findet in einem Nomadenzelt, einer Schäfer- oder Bauernhütte beim Schein des Herdfeuers statt, anläßlich von Familienfestlichkeiten oder Erntefesten. Man denke an das deutsche Mittelalter zur Zeit Walthers von der Vogelweide und Wolframs von Eschenbach und an die griechische Antike zur Zeit Homers, an Elias Lönnrot und das Kalevala. Gerade Homer und Elias Lönnrot lehren uns, daß mit der Aufzeichnung von Epengesängen das Epos einerseits "unsterblich" wird und andererseits als abgeschlossen gilt. Kein Sänger wagt mehr eine Änderung oder Neuhinzudichtung, wenn das Epos erst einmal durch eine Autorität niedergeschrieben wurde.

Anders verhält es sich mit dem Ulahingan: *Homer und auch Lönnrot hatten in ihrer Zeit schon Reste verschiedener Autoren eines durch den Wandel der Zeit sterbenden Epos gesammelt und zu einem in sich geschlossenen Werk vereinigt oder auch schöpferisch eingegriffen, wenn sich zwischen den Episoden Sprünge zeigten. Das* Ulahingan *geriet auch ins Interesse der Wissenschaft, als sich die Anzeichen einer sich wandelnden Zeit bemerkbar machten und die jüngere Generation nur noch wenig Interesse zeigte. Inzwischen haben sich die Zeiten wieder geändert: Weltweit suchen ethnische Minderheiten nach ihrer Identität und besinnen sich auf eigene Traditionen - so auch die Manobos auf Mindanao. Während der philippinische Ethnologe Salvador Vista vor 1970 noch lange nach einem* talaulahingan, *einem Epensänger, suchen mußte und schließlich auf einen der letzten großen Alten stieß, begegnete ich einer jüngeren Generation von Sängern, alle zwischen 28 und 42 Jahre alt. Nicht zuletzt durch das Interesse von Dr. Elena Maquiso von der Silliman Universität in Dumaguete, die sich 30 Jahre lang für die Aufzeichnung und englische Übersetzung des* Ulahingan *engagierte, ist hier eine neue Begeisterung für das Epos erwacht.*

Die Manobos selbst erkennen den Wert ihrer Traditionen bei der Suche nach ihrer Identität. Das Ulahingan *lebt also wieder oder immer noch. Auch der Kontext, in dem es aufgeführt wird, hat sich seit 1970 kaum gewandelt. In jedem Jahr in der zweiten Dezemberwoche ist der Höhepunkt des* Bulangan. *Immer noch treffen sich wöchentlich ein- bis zweimal Mitglieder bestimmter Gemeinden zu einer Zeremonie, lauschen den Versen mehrerer Sänger und bereiten Opfer zu, um die Geister gnädig zu stimmen, damit diese den Menschen im Dorf Gesundheit und gute Ernten bescheren und den Sängern behilflich sind, sich an die Verse zu erinnern. Ja, es ist eine ungheuere Leistung, so viele Verse aus dem Gedächtnis zu rezitieren. Ob da wohl wirklich bestimmte Schutzgeister nachhelfen?*

Ich durfte im April 1994 an vier solchen Versammlungen teilnehmen und einem Zeremonial in drei unterschiedlichen Gemeinden beiwohnen und den Ablauf mit dem Tonband und der Kamera verfolgen. Durch Jose Humabad, einen alten Ge-

währsmann von Elena Maquiso, hatte ich schon am Tag nach meiner Ankunft in Grebuna/Libungan Kontakt zu den Langkat. *In einer einfachen Hütte wurde für mich beim Schein einer Petroleumlampe eine Sitzung organisiert. Es erschienen mehrere Sänger und Sängerinnen. Es versprach aufregend zu werden, denn ich wußte aus den bisherigen Veröffentlichungen nicht, daß auch Frauen das Epos singen. Die erste Sängerin sang 21 Minuten lang, bis sie mit einigen kurzen gesprochenen Worten ihren Gesang beendete. Was hier an Melodien zu hören war, ist für den Außenstehenden nicht gerade aufregend. Dieser erste Gesang war im wesentlichen eine Aneinanderreihung von Sequenzen einer sich langsam wandelnden melodischen Floskel im Tonraum einer Quint, die zuerst rhythmisch völlig frei schien, nach und nach jedoch ein rhythmisches Gefüge bekam, je länger die Sängerin bei diesem melodischen Muster verweilte. Ähnliches war beim Gesang der zweiten Sängerin zu hören. Die beiden männlichen Sänger schienen - was die melodische Ausführung des Gesanges betraf - talentierter zu sein. Jose Humabad sang zu meiner Enttäuschung nicht. Das ganze Zeremonial dauerte etwa eineinhalb Stunden und hätte ohne Zweifel auch noch beliebig fortgesetzt werden können. Der* Langkat-*Gottesdienst hat also keine festgelegte Liturgie wie in den christlichen Kirchen. Dem Betelnußopfer folgt eine beliebig lange Rezitation von Texten. Und wenn der Sänger oder die Sängerin dann der Meinung ist, man könne noch nicht aufhören, obwohl man im Moment nicht weiß, was man weitersingen soll, dann unterbricht der Ausführende den Gesang der Verse mit einem* penehensan, *einer Rezitation auf einem einzigen Ton, in der die Namen der verschiedenen Geister aufgezählt werden, die dem Sänger neue Verse eingeben könnten.*

Ähnlich verlief eine solche Veranstaltung bei den Salilaya. *In dem Dorf Sinapangan steht eine unauffällige Holzhütte. Niemand wohnte hier. An der Außenwand war ein Schild angebracht mit der Aufschrift:* "Manobo Arumanan Church" *- jedoch mit einem christlichen Gottesdienst hatte das, was hier geschah, nicht viel gemein. An den Innenwänden der Kapelle entlang waren Bänke gebaut und in der Mitte ein Tisch mit einer weißen Decke. Hier wurde das Betelopfer bereitet: Stücke von Betelnüssen wurden auf ein grünes Blatt mit einer Creme geklebt und in gefälliger Anordnung auf das weiße Tischtuch gelegt. Hinter dem Tisch stand ein Schrein, zusammengezimmert aus einfachen Holzlatten und Brettern. Meine Nachfrage, was denn dieser Schrein bedeute, wurde nur unverständlich beantwortet, so daß ich nur ein Geisterhaus vermuten kann.*

An der hinteren Wand standen zwei Stangen, an denen ein gelbes und ein weißes Tuch baumelten, ein tubao *für den Stammesführer und ein Tuch für die Priesterin. Im Raum befanden sich auch einige Waffen: ein Schild, ein Speer und eine aus festem Bast geflochtene Kappe, die mir als Waffen des* Ulahingan-*Helden Agyu erklärt wurden.*

Nicht nur Betelnüsse, Weihrauch und Räucherstäbchen wurden geopfert, sondern auch Hühnereier, Reiskörner, gekochter Reis, Reis mit Safran, fertige Gerichte in Bananenblätter eingewickelt. Einige gebratene Hühner und einige Gläser Wasser waren auf einem großen Bananenblatt ausgebreitet. Die erste

B'laan-Frauen in Südmindanao tanzen auf einer Hochzeit

Sängerin war eine Art Priesterin. Sie erschien zum Zeremonial ganz in weiß mit einer Kopfbedeckung, daß man meinen konnte, sie gehöre einem katholischen Orden an. Über 20 Minuten lang sang sie ein leicht abgewandeltes Motiv mit einigen Varianten. Die Hütte füllte sich nach und nach mit den Bewohnern des Dorfes. Junge Mütter brachten ihre Kinder mit und stillten diese während des Zeremonials. Wenn ein Kind allzu unruhig wurde, ging die Mutter mit ihm aus der Hütte. Es herrschte ein Kommen und Gehen. Dennoch stieg die Spannung. Die Sängerin saß auf einem thronähnlichen Stuhl, der aus einfachen Holzstangen und Brettern gebaut worden war. Zwischendurch hielt sie eine längere Rede, bevor sie ihren Gesang fortsetzte. Plötzlich erhob sie sich, zitterte ein wenig, faßte sich dann jedoch wieder und strahlte über das ganze Gesicht. Sie lief umher und schüttelte jedem Teilnehmer die Hand. Mir flüsterte sie zu: "Der Geist kommt!" Die Priesterin wurde jetzt zu einem Medium zwischen unserer Welt und der Welt der Geister.

Bentangan ist - folgt man den Berichten der Leute in der Umgebung - die älteste Siedlung der Libungan und Arumanon. Der Ort wurde 1921 gegründet. Seine Einwohner weigerten sich damals, sich der staatlichen Autorität zu beugen. Die amerikanisch-philippinische Armee richtete hier deshalb im Jahre 1927 ein Massaker an, das nur wenige Leute überlebten. Unter diesen befand sich der jetzige Datu, der geistige Führer und Dorf-Häuptling, dessen Einfluß weit über die Grenzen seines Dorfes hinausreicht. Auf der Suche nach Ulahingan-Sängern wurde mir in der Kreisverwaltung in Carmen ein Besuch in Bentangan empfohlen, denn es soll das Dorf sein, in dem sich die Traditionen am besten erhalten haben.

Bentangan ist schon mehrfach von Forschern aufgesucht worden. Doch ich bin hier wohl der erste Musikethnologe gewesen. Der Ort ist zu entlegen und für Touristen oder auch Verwaltungsleute schwer zu erreichen. Nachdem in den fünfziger Jahren Abholzungsgesellschaften fast die ganzen Wälder in der Umgebung kahlgeschlagen und damit die Lebensgrundlage der Bewohner gefährdet haben, sind ein paar Wege zurückgeblieben, auf denen die Holzfäller ihre Baumstämme abtransportierten. Heute fahren die Bergbewohner auf diesen holprigen Pfaden zweimal wöchentlich zum Kauf und Verkauf nach Carmen, wenn dort Markttag ist.

Das Haus des Datu Sapalao ist ein großzügiger und solider Holzbau, verglichen mit den anderen Hütten in den Dörfern. Er steht auf einer Höhe. Hinter dem Haus geht es über hundert Meter steil bergab in das Flußbett des Malitubog. In unmittelbarer Nähe der Residenz des Datus, fast an das Haus angebaut, steht noch ein kleineres Haus, das unbewohnt schien. Ein neugieriger Blick durch den Türspalt verriet mir, daß es sich um ein Kulturzentrum handelt, denn auch hier waren Sitznischen an den Wänden und ein mit einem weißen Tuch gedeckter Tisch zu sehen. Zweimal wöchentlich treffen sich hier Männer zu einer Sitzung. Vorher, am späten Nachmittag, sah ich hier einige Frauen Betelnüsse portionieren. Die Früchte wurden zerkleinert und die Stücke mit einer Creme auf ein Blatt geklebt. Dann wurden die Blätter zugewickelt und in eine Keksdose eingestapelt. Es schien sich also nicht um Opfergaben zu handeln, sondern um eine Nascherei für die Versammelten.

Nachdem es dunkel geworden war, riet mir der Sekretär und Sprecher des Datu, Uwang Campung, ich solle jetzt meine Mikrophone aufbauen. Nach und nach füllte sich dann die Hütte mit Männern. Der Datu kam zu meiner Verwunderung nicht. Er ist auch schon über 75 Jahre alt. Der Hauptsänger begann um etwa 18.30 Uhr. Im Schein einer Petroleumfunzel wirkte die ganze Veranstaltung gespenstisch. Nach dreieinhalb Stunden waren meine Vorräte an Tonbändern und Batterien erschöpft, aber ich hatte die ganze Zeremonie aufgenommen. Es war mir auch erlaubt, mit Blitzlicht zu fotografieren.

Frauen waren bei dieser Zeremonie nicht zugegen. Dieses Dorf, welches im Ruf steht, seine Traditionen am reinsten bewahrt zu haben, verwehrt also den Frauen den Zugang zu dieser Männer-Veranstaltung. Die Frauen bereiten nur die Betelnuß-Portionen vor.

Einige Monate, nachdem ich nach Manila zurückgekehrt war, erhielt ich einen Brief meines Begleiters Jose Humabat, der mir mitteilte, daß mein Gastgeber in Bentangan, der Sekretär und Sprecher des Datu Sapalao, Uwang Campung, von Unbekannten auf dem Weg von Bentangan nach Gawason erschossen wurde. Es mögen Rebellen gewesen sein. Eine mögliche Vorgeschichte für diesen hinterlistigen Mord hatte es gegeben: Bentangan wurde vor einigen Jahren von einer Guerilla-Einheit angegriffen. Der Angriff sollte wohl dazu dienen, die Dorfbewohner einzuschüchtern. Uwang Campung, ein selbst für Filipinos ungewöhnlich kleiner, aber energischer Mann, organisierte einen Gegenschlag, da die Polizei im 25 km entfernten Carmen nicht in der Lage war, das Dorf zu schützen. Aus einem Hinterhalt erwischte man zwei der Angreifer. Der Mord an Uwang Campung könnte ein Racheakt gewesen sein, nachdem es lange Zeit schien, als würden die Guerillas dem Widerstand von Bentangan aus dem Wege gehen.

Wohin sollen die Manobos jetzt noch ausweichen, wenn man sie in ihrem letzten Refugium auch bedrängt? In den Tiefebenen Mindanaos haben sich Reispflanzer aus anderen Teilen der Philippinen niedergelassen. Weite Gebiete Mindanaos sind in den Händen von Agrar-Industriegesellschaften. Die Wälder sind abgeholzt worden mit verheerenden Folgen für den Wasserhaushalt des Landes. Die Welt ist für die Manobos eng geworden. Es bleibt nur zu hoffen, daß ihnen Goldsucher und Touristenströme erspart bleiben, die das Schicksal dieses Volkes mit seinen noch lebendigen Traditionen besiegeln dürften. Würden die Manobos anfangen, ihre eigene Folklore zu vermarkten, und damit Erfolg haben, würden sich bald andere Manager aufdrängen. Für die Manobos würde dabei nur ein Hungerlohn übrig bleiben.

Menschen befähigen

Die Ausgaben für die staatliche Entwicklungshilfe sinken. Während im Jahre 1992 die Mitgliederstaaten der Vereinten Nationen noch knapp 61 Milliarden Dollar für Entwicklungshilfe ausgaben, waren es 1993 weniger als 55 Milliarden. Mehr als zwanzig Jahre, nachdem die Völkergemeinschaft vereinbarte, daß die Entwicklungshilfe der reichen an die armen Länder mindestens 0,7 Prozent des Sozialprodukts ausmachen solle, haben nur Dänemark, Norwegen, Schweden und die Niederlande dieses Ziel erreicht. Deutschland zahlte 1993 nur 0,36 Prozent oder 6,8 Milliarden Dollar; Luxemburg 0,35 Prozent oder 44 Millionen Dollar.

Tatsache ist jedoch: Heute hat jeder siebte Mensch weniger zu essen, als er zum Leben braucht. "780 Millionen Menschen sind chronisch unterernährt, mehr als 180 Millionen Kinder untergewichtig", meldet die Welternährungsorganisation FAO. Und ein Ende des Hungers ist nicht in Sicht. Denn gerade in den notleidenden Regionen wächst die Bevölkerung am schnellsten. Dennoch herrscht, global gesehen, an Nahrungsmitteln eigentlich kein Mangel. Gleichmäßig verteilt, könnte jeder Mensch täglich 2700 Kilokalorien zu sich nehmen. Das Problem ist nicht der Umfang der Nahrungsmittelproduktion, sondern deren Verteilung. Die Ärmsten der Armen haben nicht das Geld, sich auf dem Weltmarkt mit Nahrungsmitteln einzudecken.

Die Grundfrage ist also seit den Anfängen der Entwicklungshilfe dieselbe geblieben: Sind wir bereit zu teilen? Dabei steht es um die private Spendenbereitschaft der Deutschen (und vieler ihrer Nachbarn) nicht schlecht. Denn zu der öffentlichen Entwicklungshilfe kommen die privaten Spenden; und viele Deutsche sind durchaus großzügig, wenn es darum geht die Not anderer zu lindern. Trotz Rezession ist das Spendenaufkommen seit 1990 gleichgeblieben. Rund vier Milliarden Mark werden derzeit jährlich in Deutschland für einen "guten Zweck" gegeben. An mehr als 20.000 anerkannte soziale Hilfsorganisationen geht das Geld der Spender. Dabei vereinen zweihundert Organisationen mehr als achtzig Prozent der Spenden auf sich. Die meisten von ihnen arbeiten auch in Entwicklungsländern. An evangelische, katholische und nichtkirchliche Organisationen geht das Spendenaufkommen zu jeweils etwa einem Drittel. Bei den evangelischen Hilfswerken liegt Brot für die Welt an der Spitze, bei den katholischen Misereor. Von den säkularen Organisationen bekam 1992 das SOS-Kinderdorf den größten Anteil, gefolgt vom Deutschen Komitee für UNICEF und der Deutschen Welthungerhilfe.

Während das Spendenaufkommen in den vergangenen Jahren gleich geblieben ist, hat sich die Zahl der Hilfsorganisationen allerdings vermehrt. Erfolgreiche Neulinge sind das Komitee Cap Anamur oder die Ärzte ohne Grenzen. Der Spendenmarkt ist in Bewegung geraten. Die Zeiten des guten alten Klingelbeutels scheinen vorbei zu sein. Fund raising, *wie die Geldbeschaffung in der Manager-Sprache heißt, wird immer professioneller. Heute beraten Experten die Hilfsorganisationen, welche Berufsgruppen mit welchen Mitteln am erfolgreichsten anzusprechen sind.*

Für die staatlichen Entwicklungshelfer oder die Mitarbeiter kirchlicher Organisationen in den Notgebieten, die mit der Auswahl und der Durchführung der Hilfsprojekte beauftragt sind, stellt sich die Frage, wie sich in Zeiten stagnierender oder gar schrumpfender Mittel die vorhandenen Gelder optimieren lassen. Im Zuge der Entkolonisierung haben die Hilfswerke ein klares Konzept entwickelt: partnerschaftliche Zusammenarbeit. Partnerschaft ermöglicht den zunehmenden Einsatz einheimischer Kräfte. Diese müssen nicht aus Deutschland eingeflogen werden, sind mit Sprache und Kultur vertraut, vertragen Klima und Nahrung, leiden nicht unter Anpassungsschwierigkeiten und Heimweh, beziehen ortsübliche Gehälter und bleiben auf Dauer im Land. Partnerschaft basiert auf Vertrauen - und es bestärkt Vertrauen.

Nachdem die Philippinen und Deutschland im Jahre 1956 diplomatische Beziehungen aufgenommen haben, führen sie seit Anfang der 60er Jahre Projekte der technischen und finanziellen bilateralen staatlichen Entwicklungszusammenarbeit durch. Die deutschen Stellen haben in Absprache mit dem philippinischen Partner für die Gegenwart deutliche Prioritäten für die Entwicklungshilfe gesetzt: Landwirtschaft und ländliche Regionalplanung in ausgewählten Regionen; Umwelt- und Ressourcenschutz, insbesondere Forstplanung und Tropenwaldbewirtschaftung; Gesundheitswesen und Familienplanung; Förderung der Klein- und Mittelindustrie; Energieerzeugung und -verteilung; berufliche und technische Ausbildung.

Darüberhinaus engagieren sich zahlreiche nichtstaatliche deutsche Organisationen in den Philippinen, die von Dritte-Welt-Gruppen und Kirchengemeinden bis zu den großen Hilfsorganisationen wie Brot für die Welt, Misereor oder Kindernothilfe reichen. Auf der Empfängerseite bewerben sich neben den staatlichen Stellen der bilateralen Entwicklungszusammenarbeit inzwischen rund 14.000 Nichtregierungsorganisationen ("NGO") um einen Anteil an ausländischen Spenden- und Entwicklungsgeldern. Die Auswahl, Ausrichtung und Durchführung solcher Projekte ist ein schwieriges Unterfangen, das Sachkenntnis und Fingerspitzengefühl verlangt und manchmal umstritten ist.

Im folgenden sollen einzelne Beispiele solcher Projekte vorgestellt werden. Es mag in den Philippinen mehrere zehntausend Projekte geben, an denen ausländische Hilfsorganisationen beteiligt sind. Unter dieser Vielzahl eine Auswahl zu treffen, bleibt ein Spiel des Zufalls. Wir beschränken unsere Beispiele in diesem Kapitel deswegen auf einige Projekte, an denen wir in den vergangenen drei Jahren selbst beteiligt waren oder die durch unsere Arbeit ins Leben gerufen wurden. Die Gelder für diese Hilfsmaßnahmen stammen - unserer eigenen Herkunft entsprechend - aus Deutschland und Luxemburg.

Da uns vergleichsweise nur begrenzte finanzielle Mittel zur Verfügung stehen und unser primärer Aussendungsgrund und Aufgabenbereich in der Ausbildung von Studenten besteht, sehen wir unsere Rolle in der Entwicklungsarbeit darin, Mittler zu sein zwischen Hilfsorganisationen und solchen Projekten, die Menschen vor Ort handlungsfähig machen. "In Menschen investieren" lautet das Auswahlkriterium dieser Projekte, deren Beschreibung einen Einblick in Hilfsmöglichkeiten unter den Bedingungen begrenzter oder gar schrumpfender Mittel gewähren soll.

Am Rande der Gesellschaft

"Man braucht immer einen Anknüpfungspunkt, wenn man mit der Bevölkerung in Kontakt kommen möchte, um Entwicklungsarbeit zu leisten. Man kann sie über Frauenarbeit oder über Umweltschutz, über medizinischen Einsatz oder Arbeitsbeschaffungsmaßnahmen erreichen. Unser Anknüpfungspunkt sind die Kinder", erklärt Pastorin Erna Refugio, Leiterin der Abteilung für christliche Erziehung der Vereinigten Kirche Christi (UCCP) in Dumaguete, während sie deutsche Besucher in die Vorschulklasse führt. Schon zum zweitenmal erhalten 60 Kinder des verslumten Hafengebiets ein Jahr lang freien Unterricht zur Vorbereitung auf die Grundschule. Dieses Programm, welches auch Verpflegung und medizinische Betreuung einschließt, wurde ermöglicht durch staatliche Entwicklungshilfe aus Luxemburg.

"Guten Morgen, Besucher!", schallt es auf Englisch wie aus einem Mund, als wir den Klassenraum im kirchlichen Gemeindehaus betreten. Große, fragende Kinderaugen blicken uns erwartungsvoll an. "Sie werden feststellen, daß diese Kinder viel kleiner sind als der Durchschnitt. Die Ärmchen und Beinchen sind extrem dünn, die Haare sind gerötet und haben ihren gesunden schwarzen Glanz verloren. Ihre Aufnahmefähigkeit ist gering. Das liegt an der Mangelernährung. Die Kinder sind das vernachlässigste Glied der philippinischen Gesellschaft. 90 % aller Kinder in den Slums sind mangelernährt. Der Vergiftungsgrad liegt bei 3,3%, das ist die äußerste Toleranzgrenze. Ich habe Angst, wenn ich daran denke, was für eine Gesellschaft hier heranwächst. Intelligente Jugendliche können sich so nicht entwickeln. Als diese Kinder zu uns kamen, mußten sie erst elementare Hygiene lernen:

wie man sich selbst sauberhält oder wie man ein Klo benutzt. Die zweite Lernstufe war das Miteinanderleben in einer Gruppe: Kommunikation, Sprache, schließlich Grundkonzepte wie Farben und Formen. Diese Kinder sind Zeit ihres Lebens vernachlässigt worden. Sie bedürfen regelmäßiger medizinischer Versorgung. Die Abwesenheitsrate wegen allgemeiner Krankheiten liegt bei 50 %. Wir schicken in regelmäßigen Abständen Ärzte und Krankenschwestern in das Slumgebiet zur freien medizinischen Untersuchung ganzer Familien. Es ist zwar schwierig, freiwillige Ärzte zu finden, da sie alle überlastet sind. Meist kommen sie vom Rotary Club in Dumaguete. Dazu gesellen sich Studenten und Studentinnen der Krankenpflegeabteilung der Silliman Universität. An einem Tag können mitunter 300 Patienten behandelt werden. Die Leute im Slum freuen sich schon lange im voraus auf diesen Einsatz. Wir sammeln vorweg Medikamente. Gebraucht werden hauptsächlich fiebersenkende Mittel, Antibiotika, antibakterielle Cremes und Mittel gegen Hautkrankheiten und Wurmbefall. Die Kinder leiden alle unter Parasiten, viele so stark, daß die normale Einzeldosis nicht verabreicht werden kann. Die Würmer würden sich sonst zusammenknubbeln und könnten den Körper nicht mehr verlassen. Manche dringen dann durch Mund, Nase, Ohren oder Augen heraus. Solche Kinder brauchen eine Sonderkur im Krankenhaus."

Die fünf- bis sechsjährigen Jungen und Mädchen im Klassenraum haben gerade ihre Schreibübung Vv Vv Vv abgeschlossen. Sie müssen, wie ihre Altersgenossen aus wohlhabenderen Familien, das Alphabet in der Vorschule erlernt haben, da sie im ersten Schuljahr, in das sie im Alter von sieben Jahren kommen, gleich mit Leseübungen beginnen. Wenn sie dazu keine Gelegenheit finden, wird ihnen bereits das erste Schuljahr leicht zum Verhängnis. Zu Hause kann ihnen oft keiner helfen, denn in diesem Milieu sind auch viele Eltern Analphabeten.

Die Kinder fragen mich nach dem Lied, das ich ihnen beim letzten Besuch beigebracht habe, und kreischen vor Freude bei den lustigen Bewegungen, die wir beim Singen ausführen. Aus der angrenzenden Küche riecht es inzwischen nach Suppe. In dieser Klasse gehen nämlich die Mütter mit zur Schule. Sie kaufen gesunde Lebensmittel ein und kochen Zusatznahrung für sich und ihre Kinder. Täglich wechseln sich andere Mütter mit der Arbeit ab. Heute gibt es einen riesigen Topf Reissuppe mit kleingehacktem Hühnerfleisch, und als Beilage eine große Banane. Anfangs mußten sich die Kinder erst daran gewöhnen, größere Rationen zu verzehren.

Einmal im Monat treffen sich die Eltern und sprechen über ihre Probleme. Sie lernen Hygiene und gesunde Ernährung. "Man muß behutsam vorgehen, um ihr Vertrauen zu gewinnen. Menschen aus diesen sozialen Schichten haben jegliches Vertrauen verloren. Sie reagieren schnell verletzt, wenn sie den Eindruck haben, daß man sie belehren möchte. Sie kennen ihre Grundrechte nicht und wissen nicht, wie sie für sich selber einstehen können. Wie geschlagene Hunde haben sie sich

Schulunterricht für Straßenkinder in Dumaguete

immer nur zu ducken gelernt."

Eine Mutter erklärt sich bereit, die deutschen Gäste durch das Slumgebiet am Hafen zu führen. Ein solcher Rundgang ist für Besucher immer wieder eine erschütternde, aber auch zutiefst bereichernde Erfahrung. Nett und adrett sieht unsere Begleiterin aus; ihr T-Shirt ist blendend weiß. Wir bringen es nicht fertig, unsere Sachen von Hand so weiß zu waschen. Wenn man es nicht wüßte, würde man der jungen Frau ihre Herkunft aus einer dieser Elendshütten nicht anmerken.

Im Hafen ist ein großes Passagierschiff angekommen. Tausende Passagiere drängen von Bord, beladen mit verschnürten Kisten und berstend vollen Säcken. Emsige Träger bieten in der Mittagshitze ihre Hilfe an. Fünf bis zehn Pesos (0,80 bis 1,60 DM) fallen für ihre vielköpfige Familie dabei ab. Sie dürfen allerdings nur bei der Ankunft jeden zweiten Schiffes im Einsatz sein. Da es so viele Arbeiter gibt, haben sie sich in Gruppen aufgeteilt, um Auseinandersetzungen untereinander zu vermeiden. Manche haben sich auf Sonderleistungen spezialisiert, zum Beispiel lebende Schweine auf das Schiff nach Manila zu hieven oder Wasserbüffel darauf zu leiten. Einen Arbeitsvertrag hat keiner, und Sozialversicherung ist ein Fremdwort. Während Fischer- und Arbeiterfamilien einen Tagesverdienst von etwa 50 Pesos (3 DM) haben, müssen Familien im Slumgebiet mit 50 Pesos in der Woche auskommen. Dabei liegt allerdings ihre Kinderzahl gewöhnlich höher, bei sieben, neun oder sogar zwölf Kindern. Die Kleinen müssen sich in solchen Familien selbst versorgen, anstatt die Schule zu besuchen. Sie verkaufen tagsüber am Markt Plastiktüten, bewachen für ein kleines Entgeld abgestellte Autos oder verkaufen abends bis nach Mitternacht entlang der Strandpromenade angebrütete Enteneier, welche die Potenz fördern sollen und in den Philippinen als Delikatesse gelten. Zu guter Letzt verkaufen sie sich selbst. Prostitution ist für viele die einzige Überlebensmöglichkeit.

Wo kommen diese Familien her? Meist aus entlegenen Regionen vom Land oder aus den Bergen, wo ihnen das Leben zu karg geworden ist oder sie im Krieg zwischen kommunistischen Rebellen und dem Militär zwischen die Fronten geraten sind. Auf der Suche nach Arbeit und Unterkunft in der Stadt landen viele in den Slumgebieten, von wo es dann oft kein Zurück gibt. Unsere neue Hausgehilfin kommt aus einer solchen entlegenen Bergregion. Zur Grundschule mußte sie eine ganze Stunde zu Fuß auf steilen, glitschigen Pfaden laufen. Sie schloß nur das zweite Schuljahr ab, da sie helfen mußte, ihre sechs Geschwister zu versorgen. Mit dreizehn Jahren nahm sie in Manila bei einer chinesischen Familie eine Stelle als Mädchen für alles an. Ihren Verdienst schickt sie zu ihrer Familie, so daß inzwischen eine ihrer Schwestern die Oberschule besuchen konnte. Durch ihre fleißigen Hände verhindert sie, daß ihre Familie vom Land in die Stadt abwanderen muß und in den Slums landet.

Nun gehen wir durch das übervölkerte Hafengebiet. Lo-oc heißt es, was in der Visayan-Sprache "erwürgen" bedeutet. Mehrere Orte in der Umgebung heißen so,

Minderjährige im Slum mit ihrem Neugeborenen. Der Vater: ein westlicher Tourist *und Dumaguete selbst kommt von dem Wort 'dumaguit' ="schnappen". Hier sollen früher Piraten Menschen gekidnapt haben. Lo-oc: ein fürchterlich treffender Ausdruck für die Misere, die in diesem Slum herrscht. Zwischen engen und schmuddeligen Hütten, aus dunkeln Löchern, drängen Menschen hervor. Unter ihnen dünne, nackte Kinder, barfuß, mit gedunsenen Bäuchen, Kranke in Lumpen, doch alle mit freundlich lächelndem, wenn auch von Härte geprägtem Gesicht. Sie sind verwundert, daß sich Besucher zu ihnen vorwagen. Aber sie kennen die kirchliche Mitarbeiterin, denn sonntags kommen viele Kinder zur Sonntagsschule, die von der UCCP-Kirche - wie in anderen Stadtteilen - auch hier organisiert wird. Theologiestudenten sammeln dabei Praxiserfahrung. Mütter fragen uns besorgt nach dem nächsten medizinischen Einsatz; andere wollen ihre Kleinkinder zum Kindergarten anmelden. Der Andrang ist groß. Wir erwägen die Möglichkeit, eine Parallelklasse zu eröffnen, nachdem die Erfahrungen mit der ersten Klasse zufriedenstellend sind. Die Räumlichkeiten wären vorhanden; der gute Wille auch. Aber die anfängliche Unterstützung durch luxemburgische Entwicklungshilfe läuft im März 1995 aus. Es bedürfte einer jährlichen Unterstützung von 250.000 Pesos (mindestens 15.000 DM) pro Klasse von 60 Kindern für das Lehrpersonal, die Medikamente und die Verpflegung. Allein wird die Kirche das Projekt auf Dauer nicht halten können.*

Auf den Markttischen im Slum liegen Männer und schlafen. Sie haben weder Bett noch Arbeit. Hier dehnen sie ihre Privatsphäre aus, da ihre Hütten zu klein sind. Es riecht nach Verwesung und Fäkalien. Nach schweren Regenfällen der vergangenen Tage ist die Erde schlammig naß. Auf einem Tisch kauert ein Junge und futtert einen Teller Reisbrühe. Als sein Vater Erning uns erblickt, kommt er angelaufen, um uns seine Anerkennung auszudrücken. Seine älteste Stieftochter hatte Unterstützung von Kindernothilfe aus Deutschland empfangen. Persönlich hatten wir der Familie zu einer Behandlung ihrer krebskranken Mutter verholfen. Die Ärzte hatten ihr von einer Behandlung noch zehn weitere Lebensjahre versprochen. Sie ist dennoch kurz nach dem Eingriff verstorben, da die Erkrankung zu weit fortgeschritten war. Von Ernings Nachbarn haben wir erfahren, daß es schon seine zweite Frau war, die in ihren besten Jahren an Gebärmutterkrebs verschied. Er soll bei beiden Frauen eigenhändig Abtreibungen vorgenommen haben - bei seiner zweiten Frau vier bis fünf. Die katholische Kirche verbietet nicht nur Abtreibung, sondern auch jegliche künstliche Empfängnisverhütung. Wenn aber zur natürlichen Verhütung Wissen oder Nachsicht fehlen, hilft sich hier mancher auf praktische Weise selbst.

Im Inneren der Slumsiedlung sind die engen Gassen manchmal kaum einen Meter breit. Die Menschen ziehen sich unter die Pfahlbauten ins Dunkel zurück. In einer Ecke hockt eine schmächtige junge Frau und wäscht Babywindeln. Daneben steht ihre Mutter und hält ein Neugeborenes, das uns sofort auffällt. Es hat eine kräftig rosa Hauptfarbe; zweifellos ein Kind von einem Weißen. Der europäische Vater hat sich auf zwei Briefe mit der Geburtsnachricht noch nicht gemeldet. Er hat vor 10 Monaten in der Gegend als Sextourist seinen Urlaub verbracht. Der Eigentümer eines Strandhotels hatte die minderjährige Mutter des Säuglings für 30 DM am Tag direkt aus dem Slum für seinen Gast angeheuert. Sie durfte für zwei Wochen in seinem Hotel wohnen. Für ihre Familie bedeutete dies ein schönes Einkommen. Das Ergebnis ist nun jedoch ein Mund mehr zum Füttern. Für das gerade 18 Jahre alt gewordene Mädchen ist es schon ihr zweites Kind. Das erste stammt von einem Schulkameraden gleicher sozialer Herkunft, der inzwischen in einer anderen Stadt wohnt.

Der Vater dieser Familie befindet sich seit über einem Jahr im Staatsgefängnis von Muntinlupa, wegen Totschlags unter Alkoholeinfluß. Fragt man die Mutter nach ihrem Einkommen für ihre sieben Kinder und zwei Enkelkinder, weicht sie achselzuckend aus. Gar nichts. Prostitution ist ein naheliegender Ausweg. Dennoch scheint Verhütung unbekannt zu sein. Ihr jüngstes Kind ist selbst noch ein Baby.

Inzwischen hat man eine Schar von Kindern ausländischer Väter um uns versammelt - Kinder von Deutschen und Amerikanern, unterschiedlichen Alters bis zu acht Jahren. Der dunkle kleine Junge mit den großen Locken stammt von einem Schwarzamerikaner. Er wird es später besonders schwer haben, da Farbunterschiede auch in den Philippinen eine große Rolle spielen. Die Väter dieser Kinder haben sich in den Ferien 'vergnügt'. Die Kosten zahlen die Mütter und Nachkömmlinge.

Stipendien für Studenten

Erwin ist 20 Jahre alt, das älteste von fünf Kindern, und stammt aus einer wellblechgedeckten Holzhütte in Dumaguete. Sein Vater ist Schneider und arbeitet in Heimarbeit. Die Mutter schafft als Näherin in Manila, tausend Kilometer von ihrer Familie entfernt, um ihre Kinder daheim zur Schule schicken zu können. Das jüngste schließt gerade die Grundschule ab. Als die Mutter erkrankte, konnten die Studiengebühren für Erwin, den Ältesten, nicht länger aufgebracht werden. Doch er hatte Glück. Der Dekan der Ingenieurschule, an der er Maschinenbau studierte, erzählte uns von seiner Not, und wir kannten ein junge Familie in Luxemburg, die einem bedürftigen Studenten in den Philippinen helfen wollte. Wir luden Erwin zu einem Gespräch ein und empfahlen ihn wenig später den interessierten Förderern. Ein Jahr später schloß er mit guten Noten sein Grundstudium ab. Inzwischen war durch Briefverkehr ein herzlicher Kontakt zwischen ihm und der Fördererfamilie entstanden. Seine neuen Freunde in Luxemburg beschlossen, ihm zusätzlich ein Aufbaustudium in Manila zu finanzieren, um seine Qualifikation zu verbessern. Erwin ist begabt und fleißig, doch ohne fremde Hilfe hätte er seinen Abschluß nicht geschafft.

Lalaine ist ein Waisenkind aus den Bergen Nordluzons, 18 Jahre alt und hat einen Oberschulabschluß. Ihr jüngerer Bruder geht noch zur Oberschule, und ihre ältere Schwester arbeitet als Pastorin in den Bergen und verdient 140 DM im Monat.

Mit diesem Wenigen unterstützt sie ihre Geschwister. Für ein Studium reichte das Geld allerdings nicht. Ich lernte Lalaine bei einem Besuch in der entlegenen Gemeinde kennen. Sie half ihrer Schwester bei der Gemeindearbeit und wollte auch gerne Theologie studieren. Ich konnte ihr ein Stipendium versprechen, und schon im nächsten Semester hatte sie sich an einer Hochschule eingeschrieben.

Lalaines Unterstützung wird aus unserem Stipendienfonds bezahlt. Der Stipendienfonds ist aus einer einfachen, aber wirkungsvollen Idee entstanden. Nachdem wir erkannt hatten, wievielen jungen Menschen durch Armut ein Studium versagt bleibt, obwohl sie intelligent und arbeitswillig sind, überlegten wir uns, wie wir ihnen dauerhaft und über unsere spätere Rückkehr nach Europa hinaus helfen könnten. Tatsächlich reichen (außerhalb Manilas) 50-60 DM im Monat aus, einem Studenten ein Studium zu ermöglichen. So sammelten wir während unseres viermonatigen Heimataufenthaltes im Winter 1991/2 bei unseren Philippinen-Vorträgen Geld, verzichteten zu Gunsten unseres Projekts auf Honorare und griffen auf Ersparnisse zurück. Obwohl wir in diesen Monaten für verschiedene Projekte in den Philippinen um Spenden baten, hatten wir vor unserer Wiederausreise allein 50.000 DM für einen Stipendienfonds gesammelt. Dieses Geld wurde langfristig und gut verzinst angelegt und als Stiftung der Silliman Universität in Dumaguete notariell überschrieben. Die Zinsen dieser Geldanlage werden nun von einem Komitee in Form von Stipendien an bedürftige, aber begabte Studierende verschiedener Studienrichtungen ausgeschüttet.

Inzwischen ist die Geldeinlage weiterhin gestiegen, und die Zinserträge belaufen sich auf etwa 80.000 Pesos im Jahr. Die Summe reicht aus, um 13 Studenten ein monatliches Stipendium zu gewähren. Weitere 12 Studenten erhalten Überweisungen von Förderern aus Europa, so daß durch dieses Projekt zum gegenwärtigen Zeitpunkt 25 Studenten ein Studium ermöglicht wird.

In diesen Tagen erreichte uns der Brief einer früheren Studentin, die wir in unsere Familie aufgenommen hatten und die ihre Ausbildung als Sekretärin inzwischen abgeschlossen und eine Anstellung an der Gemeindeverwaltung ihres entlegenen Heimatortes gefunden hat. Sie heiratete dort und schreibt uns: "Uns hier geht es gut, und durch Gottes Führung sind wir eine glückliche Familie. Die Zeit der Tränen und der Entmutigung ist vorüber. Ich freue mich über meinen Beruf, mit dem ich monatlich 3.488 Pesos verdiene. Diese Summe verdanke ich Ihnen, da Sie mich aufgenommen und finanziell unterstützt haben. Ohne Ihre Hilfe würde ich diese Arbeit nicht haben. Auch jetzt müssen wir unser Geld allerdings zusammenhalten. Denn ich komme für drei Studenten auf: meine beiden Brüder und meine Schwester, für die ich ihre Studiengebühren an der Oberschule bezahle." Das eine Stipendium hat also vierfache Frucht getragen: die älteste Schwester, die ein Stipendium empfing, ist nun in der Lage, ihren drei jüngeren Geschwistern zu helfen.

Ärztlicher und gemeindlicher Einsatz in den Bergen

Das wimmernde Bündel, das der Arzt aus dem Reissack befreit, in den es fest eingewickelt ist, entpuppt sich als ein acht Wochen altes Baby. Es ist vom Scheitel bis zur Sohle von einem Hautausschlag befallen. Als das Kleine eine Woche nach seiner Geburt erkrankte, hielt die junge Mutter den Ausschlag für Windpocken oder Masern und begann, ihr Kind auf die ortsübliche Weise zu behandeln. Sie wusch den Säugling nicht mehr und hielt ihn gut warm. Der Ausschlag, der synthetische Sack, der Dreck und die tropischen Temperaturen dürften einen unerträglichen Juckreiz erzeugt haben. Der Arzt klärt die Mutter über den Hautausschlag auf, gibt ihr einige Ratschläge zur Hygiene und überreicht ihr Antibiotika, die sie dem Baby und zur Vorsorge auch ihren anderen Kindern ein paar Tage lang verabreichen soll.

Am Tag zuvor haben wir diese entlegene Siedlung mit dem klangvollen Namen Avocado in den Bergen von Negros nach einem kräftezehrenden vierstündigen Fußmarsch erreicht. Wir, das sind zwei praktische Ärzte, ein Zahnart, eine Psychologin, zwei Pastoren, ein Techniker und verschiedene Helfer. Ein geländegängiger Lastwagen, ein Geschenk des Nationalen Kirchenrates in Japan, hat uns acht Kilometer über die letzte Militärstation bei Santa Catalina hinaus, wo wir diverse Dokumente vorlegen mußten, in die Berge fahren können. Dann ging es nur noch zu Fuß weiter, immer tiefer ins Rebellengebiet hinein. Joey, der Zahnarzt, lief auf dem schmalen Bergpfad der Gruppe unermüdlich voraus. Für eine Frau eine stramme Leistung. Nun ja, eigentlich ist er ja auch ein Mann in seinen besten Jahren. Aber das hört er als Transvestit nicht gern. Vorsichtig tupft er die Haare seiner Perücke zurecht und schlingt neckisch ein Tuch um seine künstliche Lockenpracht.

Schließlich erreichten wir den Rand des tropischen Urwaldes - für mich das erstemal während meines inzwischen fünfjährigen Philippinenaufenthaltes. Ein Begleiter erklärte mir den Grund, warum hier in den 70er Jahren der Holzeinschlag zum Erliegen kam: die Konzessionäre hätten dem damaligen Präsidenten Marcos nicht genügend Schmiergeld bezahlt und die Erlaubnis zum Holzeinschlag entzogen bekommen. Mir scheint darüber hinaus die Annahme nahezuliegen, daß auch die kommunistischen Rebellen den Holzfällern ihre Arbeit verleidet haben, um nicht ihre letzten Rückzugsgebiete zu verlieren. Heute bedeckt der spärliche Waldbestand auf Negros nur mehr etwa 5% der Insel. Bereits in den 50er Jahren haben sich landlose Bauern aus der Küstenregion in diesem Gebiet angesiedelt, um durch Brandrodung Felder zu gewinnen - eine Technik, die bis heute ihre landwirtschaftliche Produktionsweise bestimmt. Es ist extrem schwül in diesem Gebiet, und Schwitzwasser und Luftfeuchtigkeit lassen meine Digitaluhr schon nach einem Tag "erblinden".

Die Bauern - in Avocado sind es rund 130 Familien - leben in sehr einfachen Hütten (öfter mit nur 2x3 m Wohnfläche): die Dächer sind grasgedeckt, die Wände bestehen aus Baumrinde oder Palmblättern und die Fußböden aus groben Bambusleisten. Sie fällen große Urwaldriesen, von denen sie jedoch nur die Baumrinde abschälen können, da es ihnen zur Nutzung des Holzes an Sägen fehlt. Die herrlichen Stämme verfaulen. In ihren Siedlungen gibt es weder Arzt noch Lehrer noch Pastor.

Gleich am ersten Morgen bringen mir Einheimische zwei Bomben vor die Hütte, als ich mich nach der Geschichte dieser Siedlung erkundige. Im April 1988 ist Avocado vom philippinischen Militär bombardiert und in Brand gesteckt worden, da die Bewohner verdächtigt wurden, mit den Rebellen zusammenzuarbeiten. Es gab zahlreiche Tote - durch Bomben und durch das nachrückende Militär. Sie zeigen mir einen Platz, wo die vier Kinder einer Familie durch Bombensplitter starben. Nach diesem Angriff versteckten sich die Familien mehr als zwei Jahre lang an verschiedenen Orten in den Bergen, ehe sie im September 1991 nach Dumaguete flüchteten und bis Januar 1992 auf dem Sportfeld der Silliman Universität lebten. Erst dann - unter dem Schutz von Kirche und Menschenrechtsgruppen - siedelten sich die meisten wieder in der Nachbarschaft ihrer ehemaligen Siedlung an und begannen mit dem Wiederaufbau ihrer Hütten und der Kultivierung ihrer verwilderten Felder.

Es bleibt keine Zeit, uns von diesen Vorfällen weiter erzählen zu lassen. Schon am ersten Tag kommen 182 Kranke zu uns. Nahezu alle Kinder leiden an Würmern, und zahlreiche Patienten sind an Malaria erkrankt. Ich habe zum Glück einen Großteil unseres Familienvorrates an Malariamedikamenten in meinen Rucksack gepackt, von denen die Ärzte in unserem Team reichlich Gebrauch machen. Erst im letzten Jahr gab es in Avocado Masern- und Malariaepidemien, bei der zahlreiche Menschen starben. Die Opfer wurden auf einem separaten Friedhof auf einer Bergkuppe beigesetzt, wo sonst Selbstmörder und andere "schlimme Tote" bestattet werden. Sie dürfen mit gewöhnlichen Verstorbenen nicht vermischt werden, um nicht den Zorn der Ahnengeister zu entfachen.

Eine 19jährige Kranke soll eine Dosis von Medikamenten in gut einem halben Jahr noch einmal nehmen. Der Arzt sagt ihr: "Nimm diese Pillen noch einmal im Mai." Das Gesicht des Mädchens bleibt ausdruckslos. Sie kennt die Monate nicht. Sie weiß nicht, wie es vom gegenwärtigen November zum Mai weitergehen wird. Sie scheint zeitlos zu leben. Da es in den immergrünen Bergen von Negros keinen jahreszeitlichen Rhythmus gibt, kann der Arzt ihr auch nicht sagen: "Im Frühjahr". Geduldig erklärt er ihr die Folge der Monate. Wird sie sich erinnern?

Niemand in Avocado ist über die ersten vier Grundschuljahre hinausgekommen. In Eigenleistung haben sie eine Hütte als Schul- und Versammlungsraum errichtet, in der Männer und Frauen, die Lesen und Schreiben beherrschen, Kinder, Jugendliche und Erwachsene unterrichten. Heute allerdings ist schulfrei, da die Schulhütte als Klinik gebraucht wird. Nebenan hat der Zahnarzt mit Stuhl und Tisch seine Praxis im Freien unter einem schattigen Baum aufgemacht.

Medizinische Versorgung unter freiem Himmel: katholische Ordensschwester behandelt Kranke in den Bergen von Negros

Währenddessen versammelt sich in der Kapelle nebenan bereits eine Festgemeinde. Seit langem ist hier kein Pastor mehr hingekommen, und fünf Paare warten darauf, getraut zu werden. Wir veranstalten eine "Massenhochzeit". Die Trauzeremonie und die anschließenden Feierlichkeiten sind äußerst schlicht, da es an jeglichen Mitteln für ein Fest fehlt. In einer Familie, die wir im Anschluß an den Gottesdienst besuchen, gibt es zur Feier eine Platte Reis, einen Teller Nudeln und eine Büchse Sardinen. Ein anderes Paar hat jedoch Glück gehabt: in den Tagen zuvor ist ein Wildschwein in eine Fallgrube geraten und liefert jetzt einen Festbraten.

Da die Paare bereits mit Kindern gesegnet sind, wünschen sie, am Nachmittag gleich mit einem Taufgottesdienst fortzufahren. Zahlreiche andere Familien gesellen sich hinzu. Da die Kapelle zu klein ist, versammeln wir uns auf ihrem Vorplatz und taufen 39 Kinder und Jugendliche.

Auch unser Techniker hat seine Arbeit aufgenommen. Mit einigen Männern aus der Siedlung hat er den Bau eines Wassertanks an einer Quelle am Hang begonnen, von wo aus Wasserleitungen Trinkwasser zu den Hütten führen sollen. Bis jetzt wird das Trinkwasser in Kanistern von einer unergiebigen und unsauberen Quelle herbeigeschafft, die vermutlich der Grund für die Verwurmung der Kinder ist. Ein Teil des Geldes für die Baumaterialien wurde vom Frauentreff und Kirchenchor der Gemeinde Haldern (Niederrhein) gespendet.

Nur beim Zahnarzt bleibt es heute ruhig. Der ist für Krankheiten zuständig, an denen die Bergbevölkerung selten leidet. Zudem haben sie vor dem Zahnarzt mehr Angst als vor Zahnschmerzen. Und dem bleibt mit seinen wenigen Instrumenten gewöhnlich auch nur eine Behandlungsmethode: die Extraktion. Sein Fazit des ersten Tages: vier Patienten - fünf gezogene Zähne.

Bereits am nächsten Morgen wandern wir nach Cakha, einer Streusiedlung in den Bergen, in der rund 85 Familien leben, und wo wir gleich nach dem Mittagessen die Arbeit aufnehmen müssen. Unter den 121 Patienten befindet sich ein schmächtiges 9jähriges Mädchen, das nahezu erblindet ist und nur noch hell und dunkel unterscheiden kann. Es fehlte an Vitamin A in seiner Ernährung. Die Bauern pflanzen Reis, Mais und Süßkartoffeln an und legen wenig Wert auf Gemüse und Obst, deren Nährwert ihnen nicht bekannt ist. Ein 17jähriges Mädchen ist fast gelähmt, da Tuberkulose einen Nerv angegriffen hat. Auch Tuberkulose ist eine häufige Folge von Mangelernährung. Beiden Kranken könnte durch eine Operation vermutlich noch geholfen werden.

Heute begibt sich eine 23jährige Mutter von drei kleinen Kindern in die Behandlung der Psychologin. Sie leidet gelegentlich unter schweren Angstzuständen, Schuldgefühlen und Störungen ihrer Wahrnehmungen. Schon als 13jährige geriet sie in die Aktivitäten einer politischen Gruppierung und wurde zu einer "Organisatorin" ausgebildet. Sie sammelte andere Mädchen um sich und wurde schließlich mit

Wenn der Pastor nur einmal im Jahr kommt: Massentaufe in der entlegenen Bergsiedlung Avocado

vier Freundinnen vom Militär festgenommen. Ihre Freundinnen wurden getötet, und sie allein überlebte das Massaker. Um sie in Sicherheit zu bringen, wurde sie in die weit entfernte Hauptstadt Manila geschickt, wo sie als Haushilfe arbeitete. Schon nach 6 Monaten kehrte sie in ihr Bergdorf zurück und zeigte schwere seelische Störungen. Sie fühlt sich schuldig am Tode ihrer Freundinnen, leidet Qualen, wenn sich ein ihr nahestehender Mensch verspätet und redet manchmal wirr. Der Frau mag geholfen werden können, wenn die Dorfgemeinschaft ihre Verantwortung erkennt, sich über ihre gelegentliche Verwirrtheit nicht lustig macht und sie solidarisch unterstützt.

Auch in Cakha besteht ein lebhafter Wunsch nach kirchlichen Amtshandlungen, der bis zum nächsten Tag noch mächtig anschwillt. Schon am ersten Tag lassen sich zwölf Paare trauen. Sie sind so einfach gekleidet, daß sie von den übrigen Gottesdienstteilnehmern nicht zu unterscheiden sind. Säuglinge hängen während der Zeremonien in Tüchern von den Dachbalken der kleinen Holzkapelle und werden zu ihrer Beruhigung kräftig geschaukelt. Fünfzehn Kinder werden getauft. Am nächsten Tag melden sich 20 Paare zur Trauung an, und wiederum werden etwa 15 Kinder zur Taufe gebracht. Unter den Gottesdienstbesuchern sitzt ein junger Mann mit einer Harfe, der sein Instrument selbst gebaut hat und vorzüglich beherrscht. Auch sein Vater ist Instrumentenbauer und lebt in dieser Bergeinsamkeit. Der junge Mann hat einige Zeit in der Küstenebene gelebt und dort einen Missionar beobachtet, der Harfe spielte, das Instrument nachgebaut und sich durch Versuche die Spieltechnik selbst beigebracht. Auf dem Rückweg wird er uns nach Dumaguete begleiten, um zwei Harfen in der Stadt zu verkaufen (das Stück für 20 DM).

Inzwischen hat es zu regnen begonnen. Unsere Kapelle, die zugleich Schlafplatz, ambulante Klinik und Gottesdienstraum ist, liegt in einer geräumigen Bergmulde, die sich jetzt in eine Schlammgrube verwandelt. Unser Team, die Patienten, Gottesdienstbesucher, Neugierige, spielende Kinder und streunende Hunde drängen sich in dem kleinen Gebäude. Wegen des Regens muß auch unter dem Vordach der Kapelle gekocht werden, und zeitweise umhüllt uns ein dichter Rauch.

Um uns zu waschen, müssen wir 20 Minuten auf einem glitschigen Pfad den Hang hinuntersteigen, um zu einem Wildbach zu gelangen, in dem wir uns einmal am Tag reinigen. Während wir Männer uns rasieren, zieht Joey es vor, seine Barthaare zu zupfen. Das wirkt wesentlich weiblicher.

Auch in Cakha wird mit dem Bau eines Wassertanks an einer Quelle begonnen, um der Bevölkerung bei der Versorgung mit Trinkwasser zu helfen. Zudem werden die Kinder der Schule, die wie in Avocado auf der Eigeninitiative der Bevölkerung beruht und in der Kapelle durchgeführt wird, zur Anlage eines Gemüsegartens angehalten.

Am späten Nachmittag erscheint überraschend ein Team zur Malariabekämpfung aus Santa Catalina und spritzt die Hütten mit Insektenvernichtungsmitteln aus. Wir sind froh darüber, da sich die Moskitos in der Nacht zuvor als Qual erwiesen haben. In der kommenden Nacht sind die Quälgeister tatsächlich weniger zahlreich; dafür rieseln jedoch verendende Ameisen, Spinnen und Käfer vom Grasdach auf uns im Schlaf nieder.

Am letzten Abend besprechen wir, was in diesen Orten weiterhin getan werden kann. Zwölf Kranke wollen wir in Dumaguete oder Manila von Spezialisten untersuchen lassen. Doch selbst wenn die behandelnden Ärzte auf ihr Honorar verzichten, müssen wir Geld für Transport, Unterkunft und Medikamente besorgen. Im nächsten Jahr soll der ärztlich-gemeindliche Einsatz wiederholt werden.

Der Anbau von Obst und Gemüse muß in diesen Orten propagiert werden. Dazu bedarf es zunächst ernährungskundlicher Aufklärungsarbeit. Dann müßte geeignetes Pflanzmaterial zur Verfügung gestellt werden.

Dringend muß die Ausbildung der Kinder verbessert werden. Dazu wäre es notwendig, zunächst den Unterrichtenden entsprechende Fortbildungskurse zu vermitteln und für die Schüler/innen geeignetes Buchmaterial anzuschaffen.

BILEG heißt Menschen befähigen

Heftig peitscht das Südchinesische Meer seine tobenden Wogen gegen die Nordspitze der Philippinen. Der Nordwestwind trägt die Gischt brausend über den kargen Strand. Eine weiße Kruste bildet sich wie fester Rauhreif auf dem trocknenden Sand. Stellenweise fehlt eine quadratische Fläche: sie ist mit einem Brett fein säuberlich abgetragen worden. Zwei Frauen hocken auf dem weiten einsamen Strand. Wenn kein Taifun wütet, ist das Klima hier wüstenartig heiß. Sie haben Kopf und Arme zum Schutz vor der Sonne in bunte verwaschene Tücher gewickelt. Ein spitzer Hügel türmt sich vor ihnen, und es sieht aus, als wollten sie eine Sandburg bauen.

Sie waschen Sand mit Meerwasser und gießen immer wieder denselben Eimer Wasser durch ein mit Sand beladenes und mit einem Stoffilter versehenes Sieb in einen zweiten Eimer hinein. Bei diesem Sisyphusverfahren löst sich Salz aus dem Sand, und das Wasser wird zunehmend salzhaltiger. Sie werden es schließlich unter Kochen verdunsten lassen, um grobkörniges Meersalz zu gewinnen. Estrelita und Carming sind Salzgewinnerinnen aus dem Küstendorf Estancia bei Pasuquin, 17 km nördlich von Laoag, der Provinzhauptstadt von Ilocos Norte.

Die Männer im Ort arbeiten als Fischer. Doch es gibt nur wenige Boote, und ein Großteil des Fischens geschieht mit Schleppnetzen im flachen Küstengewässer. Wenn eines der kleinen Auslegerboote das lange Bodenschleppnetz an der Küste auswirft, versammeln sich die Einwohner zu Scharen am Strand, um das Netz einzuholen. Wie beim Tauziehen stemmt sich je eine Gruppe an einem der beiden groben Seile in den Sand und zieht es mit großem Kraftaufwand zentimeterweise den Strand hoch. Sobald Tau aus dem Wasser nachkommt, läuft der Hinterste in der Reihe nach vorn, um dort erneut anzupacken. Es dauert über zwei Stunden, bis das Netz geborgen ist. Erst in der fein zulaufenden Spitze ganz am Ende des Netzes finden sich die zappelnden Fische - mitunter für jede Familie nur eine Handvoll. Die meisten Fischer leben vom Existenzminimum. In dieser Gegend gibt es nur wenige Arbeitsplätze. Und auch wer eine Anstellung hat, verdient nur wenige Mark am Tag. Doch in Gemeinschaftsarbeit helfen sich die Einwohner selbst. Dieses typische philippinische System nachbarschaftlicher Hilfe, die auf unentgeltlicher Gegenseitigkeit beruht, heißt bayanihan. *Hier liegt ein guter Anknüpfungspunkt für die Gründung von Kooperativen.*

Die Ilocanos im Nordwesten Luzons gelten unter Filipinos als fleißig und einfallsreich, da sie es verstehen, durch schwere Arbeit unter kargen Verhältnissen zu überleben. Doch stellt sich leicht ein Mangel an Durchhaltevermögen ein, wenn es darum geht, auf Jahre ein bestimmtes Ziel zu verfolgen. Anfänglicher Enthusiasmus verliert sich bei den ersten Schwierigkeiten rasch. Aus Mangel an Führungspersönlichkeiten und finanzieller Unterstützung mißglückte in Estancia in den siebziger

Jahren eine vom Staat ins Leben gerufene Fischereiorganisation. Man sieht im Sand noch die Ruinen von aufgegebenen Fischzuchtbecken.

Im Jahre 1983 wurden die Dorfältesten von Estancia und anderen Orten eingeladen, am Northern Christian College in der Nachbarstadt Laoag an einem Seminar zur Formulierung von Planungszielen und christlichen Werten für die Dorfentwicklung teilzunehmen. Dieses Projekt wurde von der Evangelischen Zentralstelle für Entwicklungshilfe (EZE) gefördert, durch das von 1984 bis 1990 neunzehn Mehrzweck-Kooperativen in entlegenen Orten in Ilocos Norte gegründet und in dem besonders die Ortsführer geschult wurden, in Eigeninitiative entwicklungsfördernde Perspektiven zu entwerfen. In Estancia stießen die Projektleiter damals zunächst auf Skepsis. Erst als die Aktion in den Nachbardörfern Erfolg zeigte, baten Frauen und Jugendliche aus Estancia, in das Projekt einbezogen zu werden. 1988 wurden zunächst zwei kleine Projekte mit Nebenerwerbsmöglichkeiten geschaffen, die 1990 zur Gründung einer Ortskooperative führten. Die Mitglieder stellten ihre Entwicklungsziele auf. Sie hoben einen Brunnen zur Bewässerung ihrer Felder aus. Beamte und Lehrer halfen bei der Schulung im richtigen Umgang mit Pestiziden und Düngemitteln. Um ein Bewußtsein für Umweltschutzmaßnahmen zu schaffen, wurden der Bach und die Bewässerungskanäle des Ortes in Gemeinschaftsarbeit vom Abfall gesäubert.

Das Umweltministerium ließ eine Studie über die Folgen der Feldspatabgrabungen auf den Berghöhen zwei Kilometer oberhalb des Ortes erstellen, die als Rohstoffe zur Porzellanherstellung nach Japan verschifft werden. Seit Jahren verschlammen die hellen Mineralien die Reisfelder und die Wasserwege in den Niederungen. Obwohl die Studie die entstandenen Umweltschäden benannte, erfolgten damals noch keine Gegenmaßnahmen, da die meisten Arbeiter der Abbaugesellschaft aus den betroffenen Dörfern kommen.

Nach dem regulären Ablauf des EZE-Projekts schlossen sich die Projektleiter zu einer nichtstaatlichen Organisation (NGO) mit dem Ilocano-Namen BILEG zusammen, was soviel wie Menschen befähigen heißt. BILEG zeigt sich durch die jahrelange Erfahrung in der Ausbildung von Ortsleitern und der Betreuung der durch das EZE-Projekt gegründeten Kooperativen allen Beteiligten gegenüber verpflichtet. Der Vorsitzende von BILEG, Danny M. Gaces, hält die Kontakte zu internationalen Hilfsorganisationen aufrecht. Danny, der seit seiner frühesten Kindheit als Vollwaise aufwuchs und sich, nicht zuletzt durch ein Auslandsstipendium, zum Eigentümer einer erfolgreichen Druckerei entwickelte, möchte durch sein Engagement in kirchlichen und sozialen Gruppen weitergeben, was er selbst empfangen hat.

Umfassender Umweltschutz und Familienplanung sind die ersten Etappenziele von BILEG in Estancia. Das Projekt fand die Unterstützung von Terre des Hommes Luxemburg in Kooperation mit dem Entwicklungsdienst des Luxemburger

Außenministeriums. Die Dachorganisation des Projekts ist die Gesellschaft der Kooperativen von Estancia; getragen wird es hauptsächlich von der örtlichen Frauen- und Jugendgruppe. Von den 203 Familien oder 1008 Personen dieses Ortes beteiligen sich 150 Frauen und 146 Jugendliche aktiv an der Durchführung des Programms, das allen zugutekommt. Die Umweltmaßnahmen nützen schließlich auch dem Nachbarort und den Strandbesuchern.

Dennoch hatten die Organisatoren die Mitgliedschaft im Anfangsstadium auf 25 Kernteilnehmer beschränkt, zu denen besonders die Ortsleiter gehörten. Sie sollten sich zunächst zu Vorbildern entwickeln, um zu demonstrieren, wozu eine kleine Gruppe fähig ist, bevor sie Ende 1994 weitere 25 Mitglieder in die Organisationsgruppe aufnahmen. Eine anfänglich begrenzte Zahl von Entscheidungsträgern organisierte Aktionen, die alle Ortsbewohner betrafen. In einer Reihe von Versammlungen wurden erst die Bedürfnisse und Prioritäten der Einwohner ermittelt. Das Entwicklungsprojekt sollte die Menschen befähigen, ihre eigene Initiative zu ergreifen und ihre eigenen Richtlinien zu entwickeln, wie sie sie ihren Lebensumständen entsprechend für notwendig erachteten. Kritisch wurde jegliche Einmischung von oben vermieden, wenn auch in den ersten Versammlungen der Bürgermeister, der staatliche Ortsentwicklungsbeamte und ein Kreisrat zugegen waren.

Der aktive und integrale Umweltaspekt des Projekts fügt sich in die von der Kommunalgemeinde geplante Entwicklung der Salzindustrie in Familienbetrieben ein. Zur Salzgewinnung wird Holz als Brennmaterial benötigt. Die jährlichen Taifune und Überschwemmungen spülen große Mengen Treibholz an den Strand, die den Grundstock des erforderlichen Holzbedarfs bilden. Ein zusätzlicher Bedarf soll durch eine rechtzeitige und schnellwachsende Bepflanzung entlang der Wasserwege bereitgestellt werden. Eine eigene Baumschule verschafft die nötigen Setzlinge. Die Begrünung soll auch der Erosion entgegenwirken. Wer Bäume pflanzt, erhält einen Rechtsanspruch auf sie, was ihrem Schutz zu Hilfe kommt.

Verhandlungen mit der (oder gegen die) Feldspatfirma sowie Maßnahmen gegen die Verschlammung der Reisfelder durch die Mineralienabtragungen sind auch vorgesehen. Die Bachläufe werden vom Schlamm ausgehoben, um Tilapia-Süßwasserfische darin zu züchten. Fußbrücken sind im Bau; und inzwischen wurden in Strandnähe, im Ort und bei den Reisfeldern sechs Brunnen für Trinkwasser ausgehoben. Ein großes Anliegen ist es, den herrlichen Strand auf natürliche Weise zu schützen. Er wurde von Unrat befreit, und die Männer errichteten aus Balken und Bambus Strandhütten. Einheimische Picknick-Hütten zur Miete locken nun Ausflügler an, denen die Frauen selbstgekochte Gerichte zum Kauf anbieten. Vier Aborte und einfache Duschen zum Vermieten an Strandbesucher wurden errichtet. Die neuen Einnahmen sowie die durch das Projekt entstandenen Kapitalrücklagen haben den Kooperativmitgliedern kleine Anleihen zur Schaffung von

Klein- und Familienbetrieben, wie zum Beispiel zur Schweine- und Hühnerzucht, ermöglicht. Zur Buchhaltung der Kooperative sowie zu Kapitalfragen werden Seminare veranstaltet. Ein Lesezimmer mit Zeitschriften und Büchern soll die Jugend neben Sport und Spiel sinnvoll beschäftigen. Zur Diskussion stehen der Bau eines Bootes und das Knüpfen von Netzen, um eine weitere gemeinsame Einkommensquelle zu schaffen.

Der schnelle Bevölkerungszuwachs ist besonders in Küstengebieten ein großes Problem. Ansätze zur Familienplanung zeigen nur einen begrenzten Erfolg. Es mangelt an Informationen über den Nutzen und Gebrauch von Verhütungsmitteln. Die einzige von der katholischen Kirche befürwortete Geburtenkontrolle ist nach wie vor der natürliche Rhythmus. Doch selbst diese Methode ist in ländlichen Gegenden vielen Männern und Frauen immer noch nicht bekannt. In Anbetracht der drohenden Verbreitung von AIDS hat der philippinische Gesundheitsminister Juan Flavier Nichtregierungsorganisationen aufgefordert, am Bevölkerungsprogramm mitzuwirken. Die Kooperative von Estancia hat aus eigenem Anliegen die Initiative ergriffen, auf die Verminderung des Bevölkerungszuwachses hinzuwirken. Sie konzentriert sich auf Kollektivmaßnahmen zur Erziehung in Sachen Partnerschaft, Familie und Elternschaft. Die Frauen der Kooperative laden die anderen Frauen und Jugendlichen des Ortes zum Gespräch über Familien- und Beziehungsfragen ein. Zugegen sind dann auch Dozenten und Studenten der Krankenpflege aus dem College der Nachbarstadt. Einen möglichen Ansatzpunkt neben der Familienplanung bietet das Thema Gesundheit. An bestimmten Tagen bieten Ärzte des Rotary-Clubs und staatliche Gesundheitspfleger kostenlose medizinische Versorgung an und nehmen Impfungen vor. Am letzten Kliniktag konnten 123 Menschen kostenlos behandelt werden. Weiterhin wurden sanitäre Maßnahmen getroffen. Diskussionsgruppen erörtern schließlich, durch welche Möglichkeiten man Jugendkriminalität und Drogenkonsum in den Griff bekommen kann. Die Einwohner sollen lernen, daß Werte wie Verantwortungsbereitschaft, Ehrlichkeit und Solidarität oder die Größe ihrer Familien sowie die Qualität ihrer Umwelt sich auf das Wohl aller in der Gemeinschaft beziehen und eine Entwicklung zum Besseren bewirken.

Am 4. und 5. Juni 1994 organisierten die Betroffenen Dankgottesdienste und Ortsverschönerungsarbeiten. Dabei wurde ein umfassender Wettbewerb ins Leben gerufen, bei dem zum Jahresende Preise von privaten Förderern und zivilen Organisationen verteilt wurden. Gesammelt wurden eine Kiste Sardinendosen, je ein Sack Reis und Mehl, ein Karton Kernseife, eine Trommel Bratöl und Haushaltsgegenstände. Der Wettbewerb entschied über den saubersten Ortsteil, die aktivste Lokalorganisation, die engagierteste Frau und den dynamischsten Jugendleiter; desweiteren wurden in jedem Ortsteil drei Modellfamilien zu Leitbildern auserkoren.

Am 20. August 1994 erschienen in Estancia - trotz eines ungeheuren Taifuns, der über Ilocos hinwegbrauste - zwanzig Ortsleiter und Ortsleiterinnen aus dem auf der anderen Seite des Berges gelegenen Ort Alviar bei Vintar. Sie wollten sich mit den Organisatoren des Strandprojekts austauschen und vor den Organisatoren von BILEG ihren Willen zu einem ähnlichen Projekt zum Schutze von Quellwasser in ihrer trockenen Gegend bekunden. Auch diese Bauernkooperative, die heute mit Zwiebeln handelt, ist aus dem ehemaligen EZE-Projekt hervorgegangen. Sie haben damals ein vernetztes System von Bewässerungskanälen für ihre Reisfelder angelegt, deren Hauptkanal durch einen unterirdischen Tunnel unter einem Flußarm hindurchführt und andere Kanäle auf Aquädukten überbrückt. Desweiteren haben sie viele ihrer von Erosion bedrohten Reisfelder durch Deichbau von Hand vor dem reißenden, bei jedem Regen über seine Ufer tretenden Fluß gerettet. Dieses Jahr haben sie aus eigenen Kräften ein Warenlager errichtet, das den Bauern ermöglicht, landwirtschaftlichen Bedarf in der Trockenzeit günstig einzukaufen und für die Regenzeit einzulagern, bevor der Ort regelmäßig durch den Fluß von der Außenwelt abgeschnitten wird. Ihr Anliegen ist es nun, in dem vor Jahrzehnten abgeholzten und trockenen Gebiet Anpflanzungen in dem bewährten System des konturparallelen Anbaus von Erosionsschutzhecken vorzunehmen und sich aktiv an der Wiederaufforstung zu beteiligen. Sie haben eingesehen, daß sie dadurch das Trinkwassereinzugsgebiet der Quelle schützen können. Für das schon bestehende Wasserreservoir ist zusätzlich ein Überlaufbecken geplant. Als nächstes haben sie gemeinsam mit den Leuten vom Strand von Estancia ein Seminar über umweltschonende Entwicklung ins Auge gefaßt.

Heftig peitschte das Südchinesische Meer seine tobenden Wogen gegen den kargen Strand von Pasuquin, und der aufgewirbelte Sand zischte den Besuchern aus Alviar um die Ohren und schnitt ihnen in die Haut, als ihnen eröffnet wurde, daß auch ihnen Gelder aus der Luxemburger Entwicklungshilfe für ihr Projekt zugestanden wurden.

"Luxemburg ist so weit von den Philippinen entfernt, und dennoch helft Ihr uns. Wir können unsere aufrichtige Dankbarkeit nur dadurch ausdrücken, daß wir uns voll und ganz unseren Projekten widmen, um zu zeigen, daß Eure Hilfe nicht vergebens ist, sowie um unseren Mitmenschen die Gelegenheit zu geben, ihre Lebensqualität zu verbessern und die Umwelt zu schützen. Herzlichen Dank ....". Die Festtagsrede des Leiters von BILEG wurde von den reißenden Windböen zerfetzt und mit der sprühenden Gischt über den weiten Ozean gen Westen getragen.

Die Wiederbelebung der Ananasfaserweberei

Textilien aus Ananasfasern gelten unter Kennern als die feinsten der Welt. Es ist ein elegantes, seltenes Gewebe von großer Schönheit. Seine glänzende beige-weiße Naturfarbe ist zeitlos. Der delikate Ananasstoff ist eine einheimische Besonderheit, die speziell mit den Philippinen in Verbindung gebracht wird, wenn es auch Belege gibt, daß die Fasern zumindest für Nähgarn ebenfalls in Malaysien verwendet wurden. Die Gewinnung der haarfeinen, seidenartigen Fasern aus Ananasblättern setzt die Vertrautheit mit Pflanzen und Fasern voraus. Die Technik verlangt Kreativität im Umgang mit der Natur und extreme Ausdauer in der Herstellung. Der seidige, hauchdünne Ananasfaserstoff vereinigt die besten Eigenschaften der erlesensten Gewebe der Welt: den verführerischen Glanz der Seide, die Leichtigkeit der Baumwolle und die Resistenz des Leinens. Tragen, Waschen und Bügeln verleihen ihm Glanz; naß ist er noch resistenter. Er läßt sich wunderbar färben und brodieren. Der raffinierte Stoff wurde in der Vergangenheit geschätzt wie kostbarer Schmuck; er galt als adäquates Geschenk für Könige. Noch heute wird er weltweit in exklusiven Kreisen gehandelt. Im Jahre 1858 berichtete Sir John Bowring, daß mitunter 30 bis 50 Gramm Gold für ein kleines brodiertes Taschentuch bezahlt wurden. Der Wert dieses Materials ist so groß, weil die haarfeinen Fäden vor dem Weben mühevoll Meter um Meter von Hand aneinandergeknotet werden müssen. Vier volle Tage muß eine Person knoten, bevor eine andere einen halben Meter des feinen Stoffs weben kann, wofür sie einen ganzen Tag benötigt.

Seit 1993 bemühen sich Fischer aus Bantayan, einem Stadtteil von Dumaguete (Negros), um die Wiederbelebung dieses exquisiten traditionellen Handwerks im Rahmen der kunsthandwerklichen Hikaban-Kooperative. Männer und Frauen aus Bantayan hatten sich schon zwei Jahre zuvor vereinigt, um ein integratives Konzept für ein Ananas-Projekt zu entwickeln, durch das sich inzwischen über 200 Arbeitslose und Unterbeschäftigte ein regelmäßiges Einkommen verschaffen konnten. Die Idee bestand darin, die Erzeugung des klassischen Ananasfaserstoffes Piña von der Nachbarinsel Panay auf die Insel Negros zu übertragen. Die Verarbeitungstechnik ist derart, daß alle Teile der Ananaspflanze genutzt werden können. Sogar die Blattreste werden zu ungebleichtem handgeschöpftem Papier und die Früchte zu Marmelade verarbeitet. Die Hauptproduktionsmittel sind nicht Maschinen, sondern menschliche Arbeitskraft und Fähigkeiten. Das Projekt dient auch der Begrünung, denn diese wilde einheimische "rotspanische" Ananasart ist resistent und wächst problemlos auf unterschiedlichen Böden.

In den ersten zwei Jahren des Projektaufbaus wurde neben der Eigenleistung eine ausländische Kapitalhilfe von etwa 50.000 DM benötigt. Nach dem Verkauf der ersten Webstücke soll sich die Kooperative allein tragen können. Der Betrag enthält die Investition für Material (Pflanzen, Geräte und Webstühle), den Bau einer einfachen Weberei, die Anfangsgehälter für die Arbeiter und ihre regelmäßige Aus- und Weiterbildung durch Fachkräfte der Nachbarinsel Panay, wo dasselbe Projekt seit über vier Jahren betrieben wird. Nachdem ein Verantwortlicher für die asiatischen Entwicklungsprojekte von Terre des Hommes Luxemburg eines Tages im August 1992 auf der Suche nach einem förderungswürdigen Projekt in unserer Stube gelandet war, fand sich dieses 'Hilfswerk für Kinder in Not' bereit, in Zusammenarbeit mit dem Entwicklungsdienst des luxemburgischen Außenministeriums, einer Kommunalgemeinde, einer Fraueninitiative, einem Lionsclub, dem Bazar International und vielen Privatpersonen diese vielversprechende Initiative zu unterstützen.

Will man sich einen optischen Eindruck über die soziale Lage der Betroffenen verschaffen, muß man vorsichtig auf einem Palmenstamm über Schlamm in die Siedlung balancieren. Hier stößt man auf Cianos Hütte. Ciano ist Analphabet und verdient sich als Gelegenheitsarbeiter hier und dort ein bis zwei Mark am Tag. Er lebt mit seiner schmächtigen Frau Milling und ihren drei halbnackten Kindern in einem recht baufälligen Häuschen. Im etwa 2x3 m großen Wohnraum steht kein einziges Möbelstück, sieht man von einem Brett ab, welches als Bank dienen kann. Die ganze Konstruktion aus mit Pappkarton bestückten Palmholzresten besteht lediglich aus zwei nüchternen Zimmerchen. An seiner Rückseite jedoch hat das Häuschen einen neuen Anbau, denn wenige Wochen nach Beginn des Entwicklungsprojektes konnte sich die Familie eine Art "Einbauküche" aus Bambus leisten.

In Millings Wohnstube türmen sich Hunderte langer, dunkelgrüner Ananasblätter. Wie viele ihrer Nachbarinnen hat sie während der zum Projekt gehörenden Wochenend-Trainings gelernt, Fasern zu gewinnen, die später verknotet und verwebt werden. Nachdem sie die seitlichen Stacheln der Blätter entfernt hat, schabt sie eins nach dem anderen mit System von Hand, auch heute noch so, wie es der deutsche Forscher Fedor Jagor in seinem Bericht "Reisen in den Philippinen" (1873) *beschrieben hat:*

"Eine Frau legt ein Brett auf den Boden, darauf ein Ananasblatt, die hohle Seite nach Oben gekehrt; sie hockt an einem Ende des Brettes, hält das Blatt mit den Zehen fest und schabt mit einem Tellerscherben, nicht mit der scharfen Bruchkante, sondern mit dem stumpfen Rande des Umfangs die oberste Schicht des Blattes ab, die sich in Fetzen löst; dadurch wird eine Lage grober Längsfasern entblößt, die Arbeiterin fährt mit dem Nagel des Daumens darunter, hebt sie auf, zieht sie in einem zusammenhängenden Streifen ab und schabt dann abermals (diesmal mit einer Kokosnußschale), bis eine zweite feine Faserschicht bloßgelegt ist; dann dreht sie das Blatt um, schabt etwa eine Handbreit vom inneren Ende der jetzt oben liegenden Rückseite des Blattes bis zur Faserschicht ab, faßt diese mit der Hand und zieht sie der ganzen Länge nach auf einmal vom Blattrücken ab."

Das 19. Jahrhundert war die Glanzzeit der Ananasfaserweberei in den Philippinen. Als Jagor 1860 die Philippinen besuchte, gab es in der Gegend um Iloilo auf der Insel Panay noch rund 60.000 auf Ananasfaserweberei spezialisierte Weber. Die Spanier unterhielten Mädchenschulen, in denen fleißig brodiert wurde. Die feinen Stickereien auf Piña *fanden international einen blühenden Absatzmarkt. Fast jede Familie besaß einen Webstuhl; bessergestellte betrieben bis zu zwölf. Philippinische Portraits aus dem 19. Jahrhundert zeigen wohlhabende Filipinas im* "Maria Clara" *-Kleid, dessen Schulterteile und Dreiecktuch aus durchsichtigem fein bestickten* Piña *bestand. Männer tragen noch heute hauchdünne lange* Piña *-Hemden über weißem T-Shirt und dunkler Hose. Ein Gesetz aus dem Jahre 1834 bestimmte, daß Filipinos im Gegensatz zu den spanischen Kolonialherren ihr* barong *-Hemd über der Hose zu tragen hatten, um sie sozial von letzteren zu unterscheiden. Daraus entwickelte sich ein nationaler Brauch. 1975 erhob Präsident Marcos den* barong tagalog *offiziell zum Nationalkostüm philippinischer Männer, um die* Piña *produktion wieder anzukurbeln. Die industrielle Revolution mit der Expansion der maschinellen Webmaschinen aus England hatte nämlich die einheimische Produktion schnell vernichtet. Billige Baumwollimitate verdrängten die lokale Produktion. Gleichzeitig wurde der Anbau von Zuckerrohr und der Export von Zucker propagiert. Innerhalb weniger Jahre wurden so die meisten Weber zu Zuckerrohrarbeitern. Im 20. Jahrhundert ließ die Produktion wegen der Anpassung an westliche Modevorstellungen weiterhin nach. Trotz eines Pflanzenpotentials von 30.000 kg lag im Jahr 1988 im jetztigen* Piña*zentrum der Provinz Aklan (Insel Panay) die Gesamtproduktion von Ananasfasern nur knapp über 111 kg bei einer schwindenden Zahl von 100 Webern.*

Japanische Textilhersteller haben in den 80er Jahren keinen Aufwand gescheut, hinter das Produktionsgeheimnis dieses kostbaren philippinischen Stoffes zu kommen. Es ist ihnen jedoch nicht gelungen, die Qualität des handgewebten Materials maschinell zu erreichen. Bei maschineller Gewinnung vermischen sich die feinen Fasern mit den groben. Das Knoten bleibt weiterhin ein Problem, und beim Weben halten die verknoteten Fäden einem maschinellen Zug nicht stand. Heute bemüht sich die Präsidentengattin Frau Ramos als Vorsitzende des Katutubong Filipino *um die Förderung der Ananasfaserweberei. Das Projekt der Hikaban-Kooperative erfährt die Unterstützung der staatlichen Behörde zur Entwicklung der Faserindustrie* (FIDA). *Mit deren Hilfe konnte die erforderliche Technologie von der Nachbarinsel Panay nach Dumaguete übertragen werden.*

Der Name Hikaban *steht für die Abkürzung von "Vereinigte Leute von Bantayan". Die Kooperative ist 1986 aus einer Frauenbewegung entstanden. Studenten und Studentinnen, die ein Praktikum in den Bergen absolvierten, berichteten ihrer Dekanin Dr. Elena Maquiso über die Not in diesen entlegenen Gebieten. Die Men-*

Die Arbeit der Kooperative begann mit der Anlage eines Ananasfeldes

Die Fasern des Piña-Stoffes werden aus den Blättern der Ananaspflanze gewonnen

schen dort flechten aus feinen Bambusstreifen oder Hartgräsern in kunstvollen Mustern Rohmaterialien, aus denen kunsthandwerkliche Artikel genäht werden können. Sie weben auch grobe Stoffe aus Abakafasern ('Manilahanf'). Da sie in Dumaguete nur einen Aufkäufer fanden, waren sie dessen niedrigen Preisen ausgeliefert. Um dieser Ausbeutung abzuhelfen und ihren Nachbarn eine Einkommensquelle zu schaffen, mietete Dr. Maquiso eine Nähmaschine und beschäftigte uneigennützig arbeitslose Fischersfrauen mit der Herstellung von Taschen und Mappen, Serviertabletts und Tischsets. Schweizer und australische Freunde stifteten einen stilvollen Bambuspavillon im gepflegten Garten der Dekanin. Bald gesellten sich weitere Frauen dazu, die in Heimarbeit Weihnachtsschmuck und Fächer aus Abakafasern herstellten. Durch Anschluß an einen Dachverband entstand eine eigene Kooperative mit anfänglich 23 Mitgliedern. Außer dem Kunsthandwerk sichern sie sich durch einen kleinen Lebensmittelladen ein Nebeneinkommen.

Die Unterstützung aus dem Ausland löste bei den Beteiligten in Dumaguete große Freude und Initiative aus. Ein Aktionskomitee leitete die zügige Planung und Durchführung der ersten Etappen. Eine neunköpfige Arbeitsgruppe fuhr zum Studium des Schwesterprojektes nach Kalibo, Panay. Von dort reisten immer wieder Spezialistinnen an, um die Herstellungsetappen in Wochenendseminaren praktisch zu vermitteln. Seit zwei Jahren finden wiederholt Trainings statt, in denen schon über 200 Menschen handwerkliche und auch kooperative Fähigkeiten erworben haben. Dies ist eine facettenreiche Arbeitsbeschaffungsmaßnahme als Hilfe zur Selbsthilfe. Dabei war die Verpflegung der Teilnehmer und Teilnehmerinnen anfangs ein wichtiges Problem, da der tägliche Zwang zur Nahrungsbeschaffung ihnen die kurze Lehrzeit nicht gestattet hätte. Die Nachrichten über dieses sich rasch entwickelnde Projekt schlug Wellen bis zur Regierungsspitze. Provinzgouverneur, Bürgermeister, Vorsitzender der Handelskammer und Fernsehen stellten sich bei der ersten Trainingswoche für Blätterschaben und Faserknüpfen ein. Es besteht der Plan, die Weberei als Trainingszentrum für die Provinz heranwachsen zu lassen. Die Funktionsbezeichnung von Hikaban wurde von "Mehrzweckkooperative" zu "Gemeindeentwicklungskooperative" umgeändert, da das Projekt inzwischen Menschen bis weit ins Hinterland mit einbezieht. Die ersten Mitglieder der Kooperative aus der Fischersiedlung verdienen durch ihre neu erworbenen Kenntnisse schon relativ gut. Die Komiteemitglieder legen Wert darauf, daß in den Trainings auch christlich-ethische Werte unterrichtet werden. Durch besinnliches Miteinander und Füreinander wollen sie sich von anderen Organisationen bewußt qualitativ unterscheiden. Die ursprüngliche Idee zu diesem Projekt ist aus der christlichen Verantwortung eines evangelischen Bibelhauskreises heraus entstanden. Die Vernetzung internationaler Kontakte sehen die Mitarbeiter gern als mutmachende Brücke und als göttliche Fügung: "Verwebt uns nicht Gott immer wieder zu einem sinnvollen Muster, das wir selbst so nicht hätten entwerfen können?"

Schon die Projektbeschreibung bezeichnete die harmonisch aufeinander aufbauenden Arbeitsschritte als integrativ, ganzheitlich. Da alles von Hand geschieht, werden immer mehr Menschen einbezogen. Desweiteren ist die Verwendung der Pflanzen integral, da vom Material nichts verlorengeht und alles natürlich belassen wird. Die anfallenden Abfallfasern werden zu herrlichem handgeschöpftem Papier und die Früchte zu Marmelade verarbeitet. Inzwischen haben wir alle gelernt: von der Anschaffung der Ananassetzlinge über das Pflanzen zum Ernten; von der Fasergewinnung durch Schaben der Blätter über das Knoten zum Weben; von der Herstellung von Ananasfaserpapier über das Design zum Bekleben von Grußkarten mit Bananenbast; von der Organisation und der Leitung der Kooperative über internationale Kontakte bis zur Vermarktung des Endprodukts.

Gemeinsam verbrachten wir über dreißig Arbeitstage in den Bergen auf der Suche nach pflanzbarem Material. In sehr entlegenen verwilderten Gärten zogen wir Wurzelsprosse unter den mannshohen kakteenartigen Ananasgewächsen heraus bis unsere Arme blutig zerkratzt waren. Je zehn Leute konnten pro Tag etwa tausend Setzlinge aus den Bergen in Reissäcken auf das Feld der Kooperative schaffen. Inzwischen ist das zu 3/4 ha mit über 37.000 Ananaspflanzen bepflanzte Feld stufenweise herangereift, und man fühlt sich wie in einem dichten, 2 m hohen Urwald von Pflanzen. Jede Pflanze hat 10 bis 15 Blätter. Eine Arbeitsgruppe bestellt unter Aufsicht einer zuvor arbeitslosen Agronomin das Feld. Sie bringt ihre Kinder mit aufs Feld; die Kleinen erlernen von Kind auf die Arbeitsstufen. Geerntet werden können die Blätter nach 18 Monaten Wachszeit - am Besten wenn die Pflanzen Frucht getragen haben. Zwischen den Ananasstauden werden Süßkartoffeln angepflanzt, die den kostbaren Blättern der Ananas Schatten spenden, damit sie im Wuchs länger werden. Die Unkosten für die Bepflanzung werden durch den Verkauf der Blätter an die Faserschaber gedeckt. Wir haben errechnet, daß sich durch die natürliche Vermehrung der Ableger die bepflanzte Fläche pro Jahr sechs- bis zehnfach vervielfältigen ließe. Inzwischen haben wir die ersten süßen Früchte gekostet und die ersten Blätter ernten können. Dazu reißt man das Blatt auf ebener Erde mit einem Ruck raus. Die Schaber ernten die Blätter, die sie auf dem Feld kaufen, selbst. Sie freuen sich, daß unsere eigenen Blätter doppelt soviel Fasern enthalten wie die Blätter von der Insel Panay.

Bei systematischer Arbeit schaben Frauen mit einer Scherbe am Tag bis zu 500 Ananasblätter. Schon bei 120 Blättern erreichen sie ein für sie interessantes Einkommen von 800 P (50 DM) in 25 Tagen. Das entspricht dem Lohn einer vollzeitlichen Haushaltsgehilfin. Das Verknoten der nur bis zu 2 m langen Fasern ist allerdings eine Geduldsprobe. Die Augen können die feinen Fäden fast nicht erkennen. Ein symmetrischer Knoten sorgt für Halt; die Enden werden mit einer kleinen Bambusklinge abgeschnitten. Der Faden kommt kreisförmig in einen Keramiktopf und wird beim Herausziehen mit Sand oder Steinchen beschwert, damit er sich nicht verwickelt.10 Gramm zu 20 Pfennig pro Gramm am Tag zu verknoten, ist eine beachtliche Leistung. Je mehr Webstühle wir betreiben, um so mehr Knoter brauchen wir. Deshalb haben wir auch Leute in anderen Ortsteilen und im Hinterland sowie Häftlinge im Gefängnis von Dumaguete für diese Arbeit gewonnen.

Inzwischen errichteten Schreiner einen Webschuppen in einheimischem Stil und statteten ihn mit 14 Webstühlen aus. Es sind einfache Standmodelle aus Holz mit zwei fußbetriebenen Bambuspedalen. Andere fertigen Webkämme und Litzen aus Baumwolle an. Die Weber weben maximal einen halben Meter am Tag; so haarfein ist der Faden. Die Kettfäden laufen in Paaren durch den Kamm, um ein späteres Verschieben der feinen Fäden zu verhindern. Noch wird nicht mit Mustern oder Farben und Fasermischungen experimentiert. Hier kennt keiner mehr die alte Technik, Pili-Muster mit farbigen Schußfäden einzuweben oder Kett- und Schußfäden in der Rengue-Technik auszulassen, um Löcher zu produzieren. Die Arbeit geht nur unmerklich voran, denn die Fadendichte beträgt rund 20 Fäden pro Zentimeter in jeder Richtung und die gespannten Fäden brechen oft.

Im Verkaufspavillon liegen handgeschöpfte Karten mit Weihnachts- und Glückwunschmotiven aus dem philippinischen Leben zum Verkauf aus. Fleißige Hände sortieren, zählen und verpacken sie, bevor sie an Kirchengemeinden in Japan, Korea oder Deutschland verschifft werden. Die Nähmaschine surrt und flitzt um die Reißverschlüsse von Taschen und Mappen. Im Lädchen nebenan werden Ananassetzlinge, frische Ananasblätter und Süßkartoffeln angeboten. Fischersfrauen bringen lose oder geknotete Fasern zum Verkauf, die pro Gramm abgewogen werden, bevor sie dafür ausgezahlt werden. Am Regal hängen die ersten Hemden und Blusen aus Ananasfasern. Heute bringt der beste Weber die ersten fertigen Liniwanmeter, das ist Stoff aus der feinsten Faser. Die anderen üben noch mit der gröberen Ananasfaser Bastos, die Anfänger mit Abaca. Die Leistung aller nimmt merklich zu, aber noch könnte die ganze Produktion von einem einzigen Käufer aufgekauft werden. Manchmal unterziehen sie den grobfaserigen Stoff einer Klopf- und Stampfprozedur, pinolpog, wodurch das Material einen taftartigen Glanz annimmt.

Das Ganzheitliche dieses Arbeitprozesses weitet sich spiralenförmig aus und erfordert immer wieder neue Lernschritte. Um Mitglied zu werden in der Kooperative, müssen die Teilnehmer verschiedene Kooperativtrainings mitmachen, wo ihnen ein Verständnis für die Gemeinschaftsangelegenheiten vermittelt wird. Für manch einen ist es die erste weiterführende Schulung nach abgebrochenen Grundschuljahren. Seit neuestem finden auch Seminare über den Aufbau und die Leitung von Kooperativen statt. Komiteemitglieder müssen die Bedeutung ihrer Rolle erst in Kursen lernen. Sie schließen sich an von der Hans-Seidel-Gesellschaft finanzierten Förderungsprogrammen für die Organisation von Kooperativen an. Mehrere Mitglieder

Aufmerksam folgen die Augen der jungen Weberin dem Schiffchen mit der feinen Ananasfaser, während die Autorin die Qualität der Webkanten prüft

erlernen Buchhaltung und Vermarktung.

Gleißende Scheinwerferkegel schwenken durch die dunklen Baumkronen des Puerta Real Gartens in Manila. Auf dem Laufsteg stolzieren langbeinige philippinische Modelle zu den Klängen modernster französischer Chansons. Der junge französische Modedesigner Pascal Banet hat hochwertige handgearbeitete Naturfasergewebe in den Philippinen verwendet und zusammen mit anderen Naturgegenständen wie Korallen, Federn und Vulkansteinen zu aufregenden Modeschöpfungen verarbeitet. Die Behörde für Faserindustrieentwicklung hat Piña Vorrang in ihrem Programm eingeräumt. Einige der eingeladenen Damen fördern den Ananasstoff gezielt und haben sich ganz in diesem cremefarbenen Gewebe eingekleidet. Nach einem weiteren Jahr des Erforschens neuer Stoffkombinationen mit traditionellen philippinischen Faserarten wird der Modedesigner seine Prototypen jüngster französischer Haute-Couture dem Publikum in Paris vorführen.

Zwischenhändler in Manila bieten einen Preis für Piña, der unter unseren Produktionskosten liegt. Die Kooperative wird sich nach einer direkten Verkaufsmöglichkeit umsehen müssen. Da sich die feinen Textilien aus Ananasfasern auch für Seidenmalerei und Batik sowie für Broderie vorzüglich eignen, und sie dem Modedesigner wegen ihrer ausgefallenen Beschaffenheit unerwartete Eigenschaften bieten, dürfte es nicht schwierig sein, auf dem internationalen Markt Liebhaber von Naturmaterialien zu finden, die so eine einzigartige Weberei gerne fördern werden.

Deutsche in den Philippinen

(Neue Folge)

In unserem Buch "Südseetrauma" würdigten wir unter der Überschrift "Deutsche in den Philippinen" die Entdeckungen, Leistungen und Abenteuer deutscher Forscher und Reisender in diesem Land Südostasiens. In der "Neuen Folge" soll die Kehrseite westlicher Sehnsucht nach exotischen Palmenstränden durchleuchtet werden. Immer mehr Weiße lassen sich in den Philippinen nieder, die für die örtliche Bevölkerung und Behörden ein Ärgernis sind. Einer der Gründe dafür ist, daß die Philippinen kein Mitglied von Interpol sind. Das heißt: ausländische Kriminelle, denen es gelungen ist, sich in dieses Land abzusetzen, werden auch auf ausdrückliches Verlangen ihres Heimatlandes nicht ausgeliefert. Während früher verschiedene südamerikanische Länder in dem Ruf standen, ein Eldorado für Flüchtige aus aller Welt zu sein, geht dieser Ruf inzwischen an die Philippinen über. Von den mehr als 2.000 Deutschen, die sich gegenwärtig dauerhaft in den Philippinen aufhalten, scheinen eine ganze Reihe genau aus diesem Grunde hier zu sein.

Entlaufener Straftäter lebt auf Mutters Kosten in den Tropen

Anfang August 1992 erreichte uns ein Brief von einem Deutschen aus einem entlegenen Teil der Philippinen mit der Bitte um Rat: "Hier lebt noch ein zweiter Deutscher, nennen wir ihn einmal 'Omega', 35 Jahre alt, seit zwei Jahren mit einer Filipina in Zweckehe verheiratet, die aus einer vorherigen unehelichen Verbindung mit einem Moslem einen jetzt fünfjährigen Sohn in die Ehe mitgebracht hat, der von 'Omega' als fünftes Rad am Wagen empfunden wird. Hier am Ort haben sie keinerlei Verwandte, die nächsten ihrerseits leben irgendwo in der Nähe von Manila, zu denen inzwischen jedoch keinerlei Kontakt mehr besteht. 'Omega' ist ein deutsches "Früchtchen", Einzelkind, von Geburt an außerordentlich verwöhnt, aus bescheidenen Mittelstandsverhältnissen, verstorbener Vater war der letzte Schmied am Ort, die noch lebende Mutter ist eine bescheidene und grundehrliche kleine Bankangestellte. 'Omega' ist ein abgebrochener Gymnasiast, ohne jegliche Ausbildung, aber hochintelligent, vorbestraft, stinkend faul, geht keinerlei Arbeit nach und lebt hier von monatlichen Zuwendungen seiner Mutter in Höhe von ca. 10.000 Pesos. Die Mutter hat der jungen Ehe auch Geld für Grundstück und Haus hier gegeben. Und da

Sohnemann ja beweglich sein muß, wurde inzwischen der dritte Jeep von Mutter gekauft. 'Omegas' Mutter versucht alles, ihm das Leben hier so angenehm wie möglich zu gestalten, da sie selbst dem Spott und Hohn ihrer Nachbarn in einer deutschen Kleinstadt entgehen möchte. Denn ... würde 'Omega' nach Deutschland zurückkehren (müssen), landet er im Gefängnis, da er während seiner letzten Bewährungsfrist erneut straffällig geworden ist. Deshalb nämlich lebt er in den Philippinen und ist hier verheiratet. Sein Tagesablauf besteht in Müßiggang, Alkohol und ... jetzt kommt's ... Marihuana. Darüberhinaus ist er der Prototyp eines Narzißten. Tatsächlich hat er für seine Frau und deren Sohn, aber auch für die eigene inzwischen einjährige Tochter so gut wie nichts übrig. Wenn er die Wahl treffen muß zwischen Alkohol und Rauschgift für sich oder Milch für die Kleine - und vor dieser Situation hat er bereits mehrfach gestanden, da er mit Geld überhaupt nicht umgehen kann -, dann entscheidet er sich grundsätzlich für die eigenen Bedürfnisse. Ehefrau und Kinder leiden unter dieser Situation, was 'Omega' allerdings nicht wahrhaben will. Allen Ratschlägen gegenüber hat er sich bisher verschlossen. Er meint, daß ich übertreibe und daß es so schlimm ja nun nicht sei und er die Lage "im Griff" habe. Tatsächlich hat er den Bezug zur Realität längst verloren. Nun ist mir durch einen puren Zufall vor einigen Tagen seine Marihuana-Quelle bekannt geworden ... und damit bin ich Mitwisser einer kriminellen Vereinigung. Was soll ich tun? Ich möchte 'Omega' stoppen, die Hintermänner sollen den Behörden übergeben werden, und selbst möchte ich nicht als Verräter dastehen. Die Lage ist schwierig, da mit Vernunft bei 'Omega' kein Blumentopf zu gewinnen ist."

Unsere Antwort war eindeutig: Auf solche Leute, auch wenn es Landsleute sind, darf man keine falsche Rücksicht nehmen. Sie schaden allen: ihrer philippinischen Umwelt, unserem Ruf als Ausländern und nicht zuletzt sich selbst. Ich bat unseren Freund, sein Wissen der Polizei mitzuteilen. Mein Rat war nicht mehr nötig. Zwei Tage, bevor mein Brief ankam, kam 'Omega' bei rasanter Fahrt mit seinem Jeep ins Schleudern, erfaßte einen Filipino am Straßenrand und verletzte ihn auf fürchterliche Weise. 'Omega' war sauer auf den lebensgefährlich Verletzten. Schließlich hätte er, wie andere Passanten auch, auf die Seite springen können. Die Polizei konfiszierte seinen Jeep, um die Operationen und den Krankenhausaufenthalt bezahlen zu können. Unser Freund, der uns in seinem Brief um Rat fragte, nutzte die Gelegenheit, um bei der Polizei auszupacken. Seitdem wird 'Omega' heimlich überwacht, um an die Hintermänner des Rauschgiftgeschäftes heranzukommen. Unserem Sohnemann blüht nun zweierlei: entweder wird er - nachdem er in den Philippinen straffällig geworden ist - von den philippinischen Behörden nach Deutschland abgeschoben und dort gleich am Flughafen von der deutschen Polizei in Empfang genommen, oder er landet hinter philippinischen Gittern und sehnt sich bei Moskitos und Reissuppe nach der verschmähten deutschen Gefängniszelle.

Auf frischer Tat ertappt

Den ersten Mittellosen, den wir nach unserer Ankunft in Manila im November 1988 persönlich kennenlernten, war ein Deutscher, der hier Wilhelm Hubertus genannt werden soll. Er wohnte im Haus und auf Kosten des philippinischen Pfarrers der Ellinwood-Kirche (UCCP) in Malate, Manila. Hubertus wurde uns gleich in den ersten Tagen vorgestellt. Er war ein Mann von kleinem, schmächtigem Wuchs, mit leicht vornübergeneigtem Kopf und Schultern, der seinem Gegenüber stets ein Gefühl von dienstfertiger Aufmerksamkeit vermittelte, jedoch stets darauf bedacht war, im rechten Augenblick seine eigenen Interessen anzumelden. Hubertus besuchte eifrig die gemeindlichen Veranstaltungen, wobei er jedoch die Kirchenlieder in der Bibel suchte und Bibeltexte nur mühsam an ihrem rechten Platz verorten konnte. Irgendetwas wirkte gespielt an seinem Verhalten. Schon bald hatte er uns seine Story vermittelt: Er sei ein deutscher Geschäftsmann, der von philippinischen Partnern übers Ohr gehauen worden sei und nun völlig mittellos dastehe. Er hätte jedoch Landbesitz in Thailand, von wo schon lange keine Pacht mehr eingegangen sei. Diese wolle er nun eintreiben und das Land verkaufen. Dann sei er wieder 'flüssig'. Natürlich, für diese Reise brauche er ein Flugticket und zu dessen Erwerb Geld. Sein Appell an uns, obwohl nie ausgesprochen, war unüberhörbar. Wir gaben Hubertus den Rat, sich in dieser verfahrenen Situation vertrauensvoll an die deutsche Botschaft in Manila zu wenden. Davon wollte unser Landsmann jedoch gar nichts wissen. Das erledigten wir statt dessen für ihn - ohne sein Wissen. Wenn auch Hubertus dort noch nicht aktenkundig geworden war, wurden wir doch gewarnt, seiner Geschichte keinen Glauben zu schenken. Seine Story und sein Auftreten wirkten zu gestylt. Mit unserer Weiterreise nach Laoag verloren wir Hubertus aus den Augen.

Am Nikolaustag 1992 begegneten wir ihm wieder: auf einem Bild in der Tageszeitung - im Gewahrsam der philippinischen Polizei. Wilhelm Hubertus hatte sich inzwischen vom Geschäftsmann zum Deutschlehrer entwickelt und gab drei Studentinnen Privatunterricht in Deutsch, immer noch knapp bei Kasse. So verfiel er auf die Idee, zunächst der Mutter zweier Studentinnen, den Schwestern Charmaine und Charlotte Schnapka, unter dem Pseudonym "Felix" einen Brief mit der Drohung zu schreiben, ihre Töchter zu entführen, falls sie nicht 200.000 Pesos bezahle. In einem zweiten Brief drohte er sogar, sie und ihren Gatten ermorden zu wollen. Ebenso erhielt die Mutter der dritten Studentin, Frau Troesch, einen Brief mit der Forderung, 600.000 Pesos für die Sicherheit ihrer Tochter Janice zu bezahlen. Beide Mütter wandten sich sofort an die Polizei. Der Aufmerksamkeit von Frau Schnapka entging zudem nicht die Ähnlichkeit in der Handschrift des Erpressers mit den Aufzeichnungen des Deutschtutors in den Heften ihrer Töchter. Die philippinische Polizei fertigte eine Laboruntersuchung der Schriftzüge an mit dem Ergebnis, daß es sich bei "Felix" und Hubertus um die gleiche Person handele. Sie rieten den Müttern, zum Schein auf die Forderungen des Erpressers einzugehen. Nach einem Anruf von "Felix" machte sich Frau Troesch auf den Weg zur katholischen Kirche von Pasig, Manila, mit einer Plastiktüte voll Spielgeld, das nur von einer oberen Schicht echter Scheine getarnt war. Sie deponierte die Tüte - der Anweisung des Anrufers folgend - hinter einer Steinmauer beim Eingangsportal der Kirche. Doch zuvor hatten Polizisten in Zivil das Gelände unauffällig umstellt. Nur wenig später erschien ein verstohlen um sich schauender Mann auf dem Schauplatz des Geschehens, ergriff die Plastiktüte und wollte sich eiligst aus dem Staube machen. Die Fahndungsbeamten umzingelten und verhafteten den Verdächtigen. Es war Wilhelm Hubertus.

Geschäftsmann entführt und ermordet

Im August 1989 tauchte in Manila ein Deutscher auf, der sich bereits seit zweieinhalb Jahren auf der Flucht vor dem deutschen Finanzamt und Interpol befand: Eugen Alexander Wiest, geboren am 4. Juni 1948 in Rottweil am Neckar. In den Philippinen nahm er den Namen van Twest an und schmückte sich mit dem Titel "Dr. phil.", den er in Heidelberg erworben haben wollte.

Schon im Januar 1989 hatte Wiest mit seiner Frau Deutschland verlassen und sich mit 11 Millionen DM in der Tasche nach Australien abgesetzt. Hier geriet er jedoch mit den Einwanderungsbehörden in Konflikt und landete hinter Gittern. Es gelang ihm, sich einen Paß aus Belize (früher Britisch-Honduras) zu besorgen und in die Philippinen auszureisen, wo er im Februar 1990 eine Aufenthaltsgenehmigung erhielt. Hier betätigte er sich inzwischen als Geschäftsmann und baute mit seinem Geldvermögen ein kleines Imperium auf, wozu u.a. eine Perückenfabrik für Puppen, eine Steinschleiferei, eine Lederwarenfabrik und Immobilien gehörten.

Doch schon im August 1988 war ein internationaler Haftbefehl gegen Wiest wegen betrügerischen Konkurses in Deutschland ausgestellt worden. Als bekannt wurde, daß sich der Gesuchte in die Philippinen abgesetzt hatte, kam der Polizeichef aus Offenbach nach Manila und verlangte Wiests Auslieferung. Er beschuldigte ihn der fortgesetzten Steuerhinterziehung und zahlreicher Betrügereien: Wiest hatte mit Grundstücken und Neubauten gehandelt, von Kaufinteressenten Anzahlungen kassiert und war damit geflohen. Die philippinische Polizei unterstützte das Begehren, Wiest nach Deutschland abzuschieben. Inzwischen wurde dieser jedoch auch von der philippinischen Steuerbehörde wegen Steuerhinterziehung gesucht. Dies verhinderte seine Abschiebung, da er zunächst in den Philippinen vor Gericht gestellt werden sollte. Als dieses Verfahren im Laufe des Jahres 1992 die Verurteilung Wiests erkennen ließ, tauchte dieser in den Philippinen unter.

Am Morgen des 16. Juni 1992 wurde der Deutsche, der mit seinem Auto in Manila unterwegs war, von einer Gruppe von Kidnappern entführt, die sich vermutlich aus fünf Polizisten und zwei Rechtsanwälten zusammensetzte. Sie brachten Wiest zu einem Versteck außerhalb Manilas und zwangen ihn, einige Urkunden zu unterzeichnen, die Teile seines Besitzes auf eine noch unbekannte Person zu überschreiben. Zudem mußte er einen Scheck über 5 Millionen Pesos unterzeichnen. Am 18. Juni wurde der Deutsche von seinen Entführern erstochen und erschossen. Sein Leiche soll zerstückelt und im Hof des Hauses verbrannt worden sein.

Vier der beteiligten Polizisten wurden inzwischen festgenommen und sind geständig. Der fünfte wird noch gesucht. Die beiden von den Verhafteten beschuldigten Rechtsanwälte, die in einem renommierten Rechtsanwaltbüro in Manila arbeiten, bestreiten jede Beteiligung an der Tat und erklärten sich zur Vernehmung bereit. Da die Leiche des Verschwundenen nicht entdeckt wurde, ziehen sie die Entführungsgeschichte und den Tod Wiests in Zweifel. Der Deutsche und seine Vermögensverhältnisse waren ihnen allerdings bekannt, da sie eine ehemalige philippinische Geschäftspartnerin Wiests, die von ihm betrogen worden war, gegen ihn vertraten. Die Rechtsanwälte erklärten, der Deutsche könne noch leben und untergetaucht sein. Doch ihre Argumentation vermag nicht recht zu überzeugen. Die Polizei hat nämlich im Hause eines der Verhafteten das Auto und die Brille des Opfers sowie zahlreiche Waffen sichergestellt.

Die Rohköstler

Von Claus-Rainer Würtz

Irgendwann in der zweiten Jahreshälfte 1986 reisten Ulla und Rudolf Gutbach mit ihrer ca. 4 Jahre alten Tochter Alma (alle Namen geändert) in die Philippinen ein. Ulla Gutbach, 27 Jahre alt, Lehrerin, war zu diesem Zeitpunkt schwanger und sollte noch vor Jahresende entbinden.

Das erste Mal hörte ich von den Gutbachs im Radio im Januar 1987. Allerdings ohne Namensnennung und unter der hier üblichen Bezeichnung americanos, *die auf alle Weißen angewendet wird. Es hieß, diese* americanos *seien unter die Räuber gefallen und all ihrer Habe beraubt worden. Weil Nachrichten im kommunalen Rundfunk wie Dramen vorgetragen und meist maßlos übertrieben werden, maß ich diesem Bericht wenig Bedeutung bei. Die Leute sollten sich in der Nähe des Großmarktes von General Santos City herumtreiben und in den dortigen Mülltonnen nach Nahrung suchen. Dies war nun aber auch für den ärmsten Filipino ein "Unding" und unter dem Gesichtspunkt der philippinischen Gastfreundschaft untragbar.*

Filipinos sind hilfsbereit. Und damit dieses öffentliche Ärgernis sich nicht zu einem rufschädigenden Skandal ausweitete, wetteiferten die örtlichen Radiostationen geradezu darum, die Geschichte der americanos *auf ihren Kanälen täglich aufzufrischen. Die sieben oder acht Lokalsender strahlten einen Spendenaufruf aus und forderten auch die örtliche Wohlfahrt auf, sich dieser Leute anzunehmen.*

Diese Nachrichten hörte auch ein anderer Deutscher, Fritz E., im 20 km entfernten Ort Polomolok. Seine philippinische Frau Linda erfuhr, daß es sich bei diesen americanos *tatsächlich um Deutsche handelte. Sie bedrängte ihren Mann Fritz, sich um seine Landsleute zu kümmern. Fritz, Ingenieur mit langer Auslandserfahrung und gutmütig, setzte sich mit seiner Frau ins Auto, fuhr nach General Santos City und machte sich auf die Suche nach den Gestrandeten. Auf der Radiostation DXRE erfuhr er, daß die Gutbachs soeben die für sie gespendeten Gelder in Empfang genommen hätten. Weit konnten sie also nicht sein. Schon nach wenigen Minuten gelang es Fritz und Linda, Familie Gutbach, inzwischen vierköpfig, aufzugabeln.*

Die Deutschen waren auf dem Weg zu ihrer Behausung zwischen Großmarkt und Strand. Sie befanden sich in einem jämmerlichen Zustand. Fritz begann zögernd, die ersten Fragen zu stellen, wobei er auf geringe Gesprächsbereitschaft stieß. Seine Fragen wurden nur ausweichend oder gar nicht beantwortet. Fritz war ratlos. Trotzdem lud er sie ein, sich in seinem Haus in Polomolok zu erholen. Nach einigem Zögern stimmten die Gutbachs zu und nahmen Fritz mit zu ihrer Unterkunft. Als sie die Behausung der Gutbachs erreichten, verschlug es Fritz den Atem, und er war nahe daran, sich zu übergeben. Die Hütte glich einer Mülldeponie. Speiseabfälle und Kleidungsstücke übersäten den Boden, und wohin Fritz auch blickte, sah er Blut - eingetrocknetes Blut.

Plötzlich fühlte sich Fritz der Situation nicht mehr gewachsen. Er dachte an mich. Schließlich hatte ich Psychologie studiert. Er schlug den Gutbachs vor, zunächst einmal zu mir zu fahren. Als er mit seiner Ladung bei mir eintraf, entschuldigte er sich vielmals für diesen "Überfall", nahm mich beiseite und erklärte mir in kurzen Zügen die Lage. Nach Absprache mit mir schlug er den Gutbachs vor, bei mir zu bleiben. Sie stimmten zu, doch erwarteten sie von mir das Versprechen, sie nicht den Einwanderungsbehörden zu melden. Ich erklärte ihnen, daß ich mit dem Chef dieser Behörde bestens bekannt sei und sie keine Nachteile zu erwarten hätten. Die Gutbachs zogen also bei mir ein.

Während Fritz mit Rudolf zurückfuhr, um deren Klamotten zu holen, beschäftigte ich mich mit Ulla. Sie war abgemagert, ungewaschen, unfrisiert, verwahrlost und trug dreckige Kleidung. Zudem hatte sie eine schwere Prellung am rechten Fuß, weshalb sie das Bein nach sich zog. Sie trug jedoch keinerlei Verband und wollte keinerlei medizinische Versorgung. Ihr Gesicht war aschfahl bis gelb, mit weit in den Augenhöhlen zurückliegenden Augen. Sie zitterte am ganzen Körper, was nicht nur auf Aufregung, sondern auch auf Fieber schließen ließ. Ich vermied es zunächst, ihr Fragen zu stellen, und wendete mich der kleinen Alma zu, die an Mutters Rockzipfel hing und sichtlich verstört war. Da ich Deutsch mit ihr sprach, taute sie jedoch schnell auf. Sie hatte Durst und Hunger. Beidem konnte schnell abgeholfen werden.

Inzwischen waren Rudolf und Fritz zurückgekehrt. Rudolf machte kaum einen besseren Eindruck als Ulla. Am Oberkörper hatte er eine eiternde Geschwulst, etwa handtellergroß, die nicht nur wegen fehlender medizinischer Versorgung, sondern auch deswegen nicht heilen konnte, weil er den etwa sechs Wochen alten völlig verschmutzten Säugling in einem ebenso dreckigen Tuch vor der Brust trug.

Ich richtete einen 12 m^2 großen Raum neben unserer Wohnhalle für sie her, wo ihre Habseligkeiten untergebracht wurden. Fritz verabschiedete sich mit einem offenbar schlechten Gewissen und versicherte, in der nächsten Zeit so oft wie möglich hereinzuschauen und uns mit Frischobst aus seiner Plantage zu versorgen.

Am nächsten Morgen sollte ich die Eßgewohnheiten meiner Gäste kennenlernen. Während ich ein Frühstück mit Brot, Marmelade, Eiern, Käse, Kaffee und Kakao für Alma vorbereitete, bemerkte ich, wie die Augen der Kleinen zu leuchten begannen. Rudolf machte dieser Vorfreude jedoch ein schnelles Ende und erklärte, "man" wolle lieber beim Gewohnten bleiben. Als Vicky, meine philippinische Frau, und ich das Frühstück beendet hatten (Alma durfte immerhin ein kleines Marmeladenbrot zu sich nehmen), ergriff Rudolf im wahrsten Sinne des Wortes Besitz von unserem großen Küchentisch. Der Inhalt ungezählter Plastiktüten ergoß sich auf ihn: verschiedene Sorten Obst und Gemüse, Trockenmilch, Haferflocken, Rind- und Schweinefleisch, Fisch. Eine fürstliche Tafel. Von diesen Speisen durfte jedoch nichts gewaschen werden. Ebenso durfte nichts gekocht oder gebraten werden. Auch benutzten die Gutbachs kein Besteck, sondern aßen mit ihren ungewaschenen Fingern. Auch das Fleisch wurde roh verzehrt. Eines unserer Küchenmesser diente lediglich dazu, kleinere Stücke von Fisch oder Fleisch herunterzuschneiden. Rohe Eier wurden ausgeschlürft. Die Kleine wurden gezwungen, verschiedene dieser Speisen zu sich zu nehmen, auch wenn sie diese nicht mochte. Ihre Körpersprache verriet eindeutig, daß sie mit all diesem ganz und gar nicht einverstanden war. Sie fragte mehrfach nach Brot und Marmelade, was ihr Vater jedoch ablehnte. Nach dem Essen trafen die Gutbachs keinerlei Anstalten "abzudecken". Es werde ja in Kürze wieder gegessen, meinte Rudolf, also sei das Aufräumen eine pure Verschwendung von Energie.

Mir blieb keine Zeit, mich von dieser Erfahrung zu erholen. Ein blauer VW kam vorgefahren, und ich wußte sogleich, wem dieser Wagen gehörte: Dr. Rudolfo Cania, Leiter der örtlichen Einwanderungsbehörde, vor der sich Rudolf so fürchtete. Dr. Cania war in Begleitung eines sensationslüsternen Zeitungsreporters, der den Gutbachs, wie ich erfuhr, seit längerem auf der Spur war, um Stoff für "die Story des

Jahres" zu sammeln. Ich machte Rudolf mit unserem Besuch bekannt. Dr. Cania ist die Liebenswürdigkeit in Person: immer strahlend, immer lachend, stets überaus freundlich, zuvorkommend und verständnisvoll. Anders der Reporter. Er witterte "Morgenluft", sah er sich doch am Ziel seiner erhofften Sensationsstory. Rudolf und Ulla fühlten sich gar nicht wohl in ihrer Haut und reagierten entsprechend falsch. Als Dr. Cania nach einem langen Austausch von Höflichkeiten schließlich begann, hehutsam seine Fragen zu stellen, traf er auf völlig verstockte und abwehrende Leute, die sich schließlich noch weigerten, ihre Pässe vorzulegen. Ich schob die Brisanz der Situation auf die Anwesenheit des Reporters und bat Dr. Cania, diesen hinauszubitten. Dann bat ich ihn, auf folgenden Vorschlag einzugehen: nämlich hier und jetzt auf jedes weitere Gespräch zu verzichten, da die Gutbachs offensichtlich nicht vernehmungsfähig seien. Mit Verweis auf Ullas Fußverletzung machte ich ihm verständlich, daß sie nicht reisefähig seien. Ich verspach ihm, in der kommenden Woche mit Rudolf in seinem Büro vorstellig zu werden. Der Beamte ging auf meinen Vorschlag ein, bestand allerdings darauf, Einsicht in die Pässe nehmen zu dürfen. Die Visa der Gutbachs waren bereits seit Monaten abgelaufen - sie lebten also illegal hier. Dennoch gab Dr. Cania ihnen die Pässe wieder zurück. Rudolf schaute mich überrascht an, und ich versicherte ihm abermals, daß meine Beziehungen zur Einwanderungsbehörde wirklich gut seien.

Während sich Dr. Cania in aller Freundschaft verabschiedete, trat der Reporter wieder ein und bat mich um ein Gespräch unter vier Augen. Er sei dieser Story schon seit Wochen auf der Spur. Die Behauptung, daß die Gutbachs unter die Räuber gefallen seien, sei eine reine Legende. Er sei jetzt auf der Suche nach einer gewissen Hebamme, die ganz Abenteuerliches zu erzählen habe, wovon er sich jedoch erst einmal überzeugen wolle. Die Gutbachs hätten versucht, beide Kinder oder zumindest den Säugling zu verkaufen. Ansonsten sei er froh, daß die Gutbachs jetzt bei mir seien, damit das öffentliche Ärgernis aufhöre.

Nachdem unser Vormittagsbesuch gegangen war, sah sich Rudolf mit den Kindern in unseren Schweinestallungen um. Ulla hatte es sich auf der auslegbaren Couch meiner aus Deutschland mitgebrachten echten Daunen-Garnitur bequem gemacht und war eingeschlafen. Das gab mir Gelegenheit, ihren Gesundheitszustand zu untersuchen. Ich fühlte ihren Puls .... rasend ...., und meine Hand auf ihrer Stirn zuckte erschreckt zurück .... hohes Fieber. Dazu bemerkte ich, daß sie unbewußt uriniert hatte. Eine schöne Bescherung. Ich bat Vicky, mir bei der Reinigung zu helfen. Nächster Schock für meine Frau: Ulla trug keine Unterwäsche (wie übrigens auch Rudolf und Alma nicht).

Schließlich wachte sie auf. Ich setzte mich zu ihr. Rasender Puls, hohes Fieber, kranke Gesichtsfarbe: ich fragte sie, ob sie sich darüber im klaren sei, in welchem Zustand sie sich befände und wie lebensgefährlich es für ihr Baby sein kön-

ne, wenn sie unter diesen Umständen noch stille. Ulla sagte mir, Rudolf meine, sie habe sich an seiner vermeintlich auskurierten Hepatitis angesteckt. Ist er damit denn nicht beim Arzt gewesen? Nein, sie würden jegliche Form ärztlicher Versorgung ablehnen, und sie nähmen auch keine chemischen Medikamente ein. Rudolf, der inzwischen wieder eingetreten war, führte weiter aus: sie glaubten, daß die Abwehrkräfte eines menschlichen Körpers völlig ausreichten, Erkrankungen zu heilen.

Ich stimmte ihnen zu, meinte jedoch, daß es dazu bestimmter Voraussetzungen bedürfe: Sauberkeit, persönlicher Hygiene und eines ausgewogenen Speiseplanes mit Vitaminen, Mineralien, Aufbaustoffen und Kohlehydraten. Die Rohkost sei unter tropischen Verhältnissen geradezu lebensgefährlich. Ob sie nicht unter Wurmbefall litten? Das stimmt, erklärte Rudolf, schon seit längerem hätte er kleine Würmer in seinem Stuhlgang festgestellt. Doch dagegen würde der Verzehr von Papayas helfen. Zudem behandele er seine Brustwunde mit Kräutern, habe bisher jedoch noch nicht herausgefunden, welches Kraut das richtige sei.

Auch von der persönlichen Körperhygiene hatten die Gutbachs ihre eigenen Vorstellungen. Waschen und der Gebrauch von Seife wurden abgelehnt. Dann und wann spritzte man sich gegenseitig mit einem Wasserschlauch ab (von denen es in den Philippinen allerdings nur höchst selten einen gibt) und ließ das Wasser und den aufgeweichten Dreck auf dem Körper eintrocknen. Das dauerte höchstens fünf Minuten. Dann stieg man wieder in die alten Klamotten und machte sich vor, frisch und sauber zu sein. Am schlimmsten erging es dabei dem Säugling Bert, der sechs Wochen alt und noch nicht ein einziges Mal gebadet worden war. Es gab auch keine Windeln für ihn und keine wirkliche Reinigung seiner kindlichen Notdurft. Dreckig und verschmiert verschwand er immer wieder in seinem Traggestell. Über seinen längst wunden Po wurde hinweggesehen.

Die Lebensphilosophie der Gutbachs war nicht schwer zu entschlüsseln. Nachdem sie sich bereits in Deutschland einige Jahre lang in verschiedenen Kommunen umgesehen hatten, die alle nicht ihren eigenen Vorstellungen entsprachen, wollten sie sich nunmehr aus jeglicher Form menschlicher Zivilisation verabschieden und in den Bergwäldern im Süden der Philippinen zu einem Leben zurückfinden, wie es Adam und Eva vor Urzeiten geführt hatten.

Alle Versuche, die beiden davon zu überzeugen, daß Ulla ärztliche Hilfe brauchte, waren vergeblich. Vicky und ich machten uns Gedanken darüber, wie lange wir im Hinblick auf den Säugling diesen Zustand tolerieren sollten. An das Schlachtfeld in der Küche hatte ich mich inzwischen gewöhnt. Meine Frau hingegen zog es bereits am zweiten Tag vor, von nun an bei ihren Geschwistern zu essen.

Drei oder vier Tage, nachdem die Gutbachs bei uns eingezogen waren, zwang mich ein durchdringender Geruch aus ihrem Zimmer, zum erstenmal die Tür zu öffnen. Der ganze Fußboden war ein Meer von Unordnung. Kleidungsstücke, die als solche kaum noch zu identifizieren waren, lagen überall verstreut. Aus ihnen stachen zwei Notdurfthaufen hervor, über die sich ein Meer von Fliegen hermachte. Ich stellte Rudolf sofort zur Rede. Ob er denn vergessen habe, daß ich ihm bereits bei der Ankunft die Toiletten gezeigt habe. Nein, habe er nicht. Jedoch seien dies Einrichtungen der Zivilisation, deren Benutzung er ablehne. Ob er sich denn wenigstens vorstellen könne, seine Notdurft im Schweinestall zu plazieren. Er wolle darüber nachdenken und mich die Antwort dann wissen lassen.

Die Gutbachs brauchten nicht nur dringend medizinische Hilfe, sondern auch eine therapeutische Behandlung. Doch dies setzte ihre Einwilligung voraus.

Wie vereinbart, besuchte ich in der darauffolgenden Woche Dr. Cania. Ich bat ihn, falls es die Rechtslage erlaube, mir etwas mehr Zeit zu geben, da bei diesem besonderen Fall jeglicher Druck seiner Behörde mehr Schaden als Nutzen anrichten werde und außerdem Ulla Gutbach weiterhin nicht reisefähig sei. Dr. Cania stimmte meinem Vorschlag zu und bat mich lediglich, ihn auf dem Laufenden zu halten.

Ullas Gesundheitszustand verschlimmerte sich von Tag zu Tag. Am 19.2. 1987 brachte ich sie gegen 23 Uhr ins örtliche Regierungskrankenhaus. Ihre Schmerzen hatten an diesem Tag einen Grad erreicht, den sie nicht mehr ertragen konnte. Sie flehte mich an, ihr nun doch zu helfen, und auch nicht auf Rudolf zu hören, ganz gleich, was dieser einwenden würde. Dieser sträubte sich in der Tat und brach mit Ulla einen Streit vom Zaun wegen ihrer ohnehin "fragwürdigen Prinzipien".

Ich wies Ulla bei Dr. Casimiro Mansilla ein, einem der leitenden Ärzte, der bereits zweimal in Deutschland gewesen war und das dortige Krankenhaussystem kannte. Ich setzte ihn ins 'rechte Licht' und bereitete ihn darauf vor, was ihn möglicherweise erwarten konnte.

Rudolf mußte sich während des Krankenhausaufenthaltes um seine Frau kümmern, wozu ich ihm mein Rennrad zur Verfügung stellte. Der Säugling Bert kam in die Hände von Vickys Schwester Ida, einer examinierten Krankenschwester, die gerade aus den USA zu Besuch war. Das schmutzige 'Bündel' genoß sein erstes Bad. Babyseife, Babyöl und Puder bewirkten binnen kurzem ein Wunder. Bert genoß die umsichtige philippinische Babypflege, hörte sofort auf zu schreien und gedieh prächtig. Ein Besuch beim Kinderarzt rundete die Versorgung ab. Bert war - Gott sei Dank - völlig gesund und hatte zumindest physisch in den ersten sieben Lebenswochen keinen Schaden erlitten.

Ullas Krankenhausaufenthalt hatte noch weitere Vorteile. Rudolf war nun so viele Stunden außer Haus, daß ich Ordnung schaffen konnte. Außerdem konnte Dr. Cania nun mit einem ärztlichen Attest eine unbefristete Aufenthaltsverlängerung bei der Einwanderungsbehörde in Manila beantragen.

Ulla war wohl der widerspenstigste Patient, den Dr. Mansilla jemals hatte. Als sie nach zwei, drei Tagen wieder schmerzfrei war, lebte der 'alte Geist' wieder auf, *und sie verweigerte die Einnahme weiterer Medikamente. Da Verdacht auf Hepatitis B bestand, wurden ihr die Medikamente heimlich über den Tropf verabreicht, der im Schwesternzimmer der Station entsprechend präpariert wurde. Zudem litt Ulla unter starkem Wurmbefall. Sie weigerte sich jedoch strikt, ein Entwurmungsmittel zu nehmen. Zuhause gelang es mir unbemerkt, Stuhlproben von Rudolf und Alma zu nehmen. Das Ergebnis war verheerend. Es wurden Eier und Larven von solchen Würmern gefunden, die wir bei Schweinen zu bekämpfen pflegen, besonders Ascaris. Ich konfrontierte Rudolf mit dem Resultat. Er versuchte, geringschätzig darüber hinwegzugehen. Ich informierte auch Ulla und beschrieb ihr, was ich bei der Autopsie von Schweinen selbst festgestellt hatte. Immerhin schenkte sie als Lehrerin meinen derart untermauerten Aussagen Glauben und versprach mir, Rudolf die notwendigen Präparate kaufen zu lassen, was dieser natürlich verweigerte.*

Zu Hause bekam ich mit Rudolf daraufhin den ersten richtigen Krach. Ich erklärte ihm, er könne ja meinetwegen für sich tun und lassen, was er wolle. Aber er trage als Vater die Verantwortung für sein Kind. Er erklärte mir, das sei seine Angelegenheit. Worauf mir der Kragen platzte und ich ihm ins Gesicht schrie, ob ich ihm erst "die Fresse polieren" müsse, bevor er endlich aufwache.

Kurz und gut, ich kaufte die Präparate selber. Ulla und Alma nahmen sie in meiner Gegenwart im Krankenhaus ein. Ulla erholte sich langsam, aber sicher. Doch während sie sich zu Anfang noch dafür bedankt hatte, daß wir ihr Baby in Pflege genommen hatten, stellte sie inzwischen keinerlei Fragen mehr nach seinem Befinden.

Ich besuchte Ulla täglich und versuchte, mit ihr Einzelgespräche zu führen, solange Rudolf nicht anwesend war. Langsam gewährte sie mir Einblick in ihre Welt. Rudolf wäre selbständiger Fahrrad-Facheinzelhändler gewesen. Sie hätten in Deutschland Träume von einem vermeintlichen Paradies gehabt, doch die entsprächen schon längst nicht mehr den Erlebnissen und Realitäten auf den Philippinen. Von diesem Land hätten sie lediglich von anderen gehört, selbst jedoch kein einziges Buch gelesen. Sie habe anfangs blind auf Rudolf vertraut. Allerdings habe er ihr mit zunehmender Schwangerschaft immer mehr zugemutet, als sie hätte verkraften können. Sie habe in den vergangenen Monaten mehrfach den Versuch gemacht, sich dagegen aufzulehnen, jedoch ohne Erfolg. Viele der Gedanken und Vorstellungen, die sie bisher mit Rudolf geteilt hätte, seien gar nicht ihre eigenen. Doch darüber mit Rudolf zu sprechen, sei bisher für sie sinnlos gewesen. Ich solle doch unauffällig dafür sorgen, daß Rudolf nicht ständig ins Krankenhaus käme, damit sie mehr Zeit für sich selbst hätte, um mit sich ins Reine zu kommen.

Rudolf hingegen blieb verstockt. Er träumte weiterhin davon, mit Heilkräutern ihre Gesundheitsprobleme lösen zu können. Er habe zwar keine Ahnung von Naturheilkunde, aber man könne ja experimentieren. Als Ulla krank wurde und sich die schwere Prellung zuzog, habe er sich allerdings überlegt, ob es nicht vielleicht für sie alle besser sei, Bert in andere Hände zu geben. Ich fragte ihn, was er denn damit meine. Nun, er habe Ulla vorgeschlagen, das Baby zu verkaufen. Das sei in ihrer Lage wohl der vernünftigste Weg, wenn sie ihr Ziel nicht aus den Augen verlieren wollten. Er habe auch trotz Ullas Ablehnung mit einigen Leuten darüber gesprochen.

Inzwischen hatte der Geruch aus ihrem Zimmer Ausmaße erreicht, die ich nicht länger zu tolerieren bereit war. Ich forderte Rudolf auf, seine Sachen binnen drei Tage zu säubern, andernfalls würde ich im Interesse aller Hausbewohner die Schmutzsachen verbrennen. Alle Ermahnungen nutzten nichts. Am vierten Tag war es soweit. Ich zog meine Arbeitshandschuhe über und begann mit zwei Zangen zu sortieren. Alles, was ich nicht mehr eindeutig als ein ganz bestimmtes Kleidungsstück identifizieren konnte oder was durch Blut oder menschliche Notdurft einen Grad der Verunreinigung erreicht hatte, der selbst durch Einweichen und mehrfaches Waschen nicht mehr zu beseitigen gewesen wäre, trug ich mit der Zange aus dem Raum in die nächste Schweinebucht. Dort übergoß ich es mit Benzin und zündete es an. Der Rest wanderte in eine große Waschschüssel - ebenfalls im Schweinestall.

Als Rudolf nachmittags nach Hause kam und die 'Bescherung' sah, schnaubte er vor Wut, worauf ich jedoch nicht reagierte, sondern ihm Eimer, Schrubber und Aufnehmer mit dem Auftrag in die Hand drückte, den Fußboden von sämtlichen Blut- Kot- und sonstigen Flecken zu reinigen, damit ich den Raum desinfizieren könne.

In den darauffolgenden Tagen eröffnete mir Rudolf seine neuen Pläne. Sobald Ulla wieder einigermaßen gesund wäre, möchte er mit ihr weiterziehen. Wohin, wollte er mir allerdings nicht sagen. Wenn ich ihm die Einwanderungsbehörde vom Halse halten könne, wolle er mich mit 10.000 DM von seinen American-Express-Reiseschecks bezahlen. Er habe nichts "ausgefressen" und wolle nur in die Wildnis und in Ruhe gelassen werden. Mit seinen Reiseschecks könne er dort sowieso nichts mehr anfangen.

Als meine Frau und ich am 10. März 1987 von einer Veranstaltung nach Hause kamen, lief uns meine Schwägerin aufgeregt entgegen: Rudolf sei mit dem Baby verschwunden. Ein Blick in Gutbachs Zimmer bestätigte den Sachverhalt: das Zimmer war geräumt worden (auch von den Teilen, die ihnen nur leihweise zur Verfügung gestellt worden waren). Und Ulla war aus dem Krankenhaus verschwunden.

Da wir uns Sorge um Ulla und Bert machten, suchten wir zunächst in General Santos City nach ihnen. Vergebens. Gegen 22 Uhr fuhren wir zu Fritz und Linda nach Polomolok. Als wir am Haus von Lindas Schwester vorbeikamen, sahen wir Fritz' Auto dort stehen. Wir hielten an und entdeckten .... die ganze Familie G.. Fritz beteuerte sofort, er habe mit der ganzen Angelegenheit nichts zu tun. Das alles sei ohne sein Wissen von seiner Frau eingefädelt worden, die sich an mir "rächen" wolle. Sie hätten nämlich gehört, daß ich hinter Rudolfs Geld hergewesen sei und ihn einmal zusammengeschlagen hätte. Ich war maßlos erstaunt und bat erst einmal um

Herausgabe unseres Eigentums, das die Gutbachs eingepackt hatten. Zudem solle Rudolf die von meiner Schwägerin verauslagten Arzt- und Medikamentenkosten für das Baby bezahlen. Rudolf fragte aus der Sicherheit des Hauses heraus Fritz mit weinerlicher Stimme, ob er es wagen könne, zu mir nach draußen zu kommen. Fünf Minuten später waren wir wieder verschwunden - kopfschüttelnd und verwundert.

Wenige Tage später besuchte ich Dr. Cania in der Einwanderungsbehörde. Auf seiner Schreibmaschine schrieb ich an die deutsche Botschaft in Manila, sich dieses Falles anzunehmen. Etwa 14 Tage später setzte Dr. Cania die Gutbachs in ein Flugzeug nach Manila, von wo aus sie nach Deutschland abgeschoben wurden.

Am Abend vor seiner Abreise aus General Santos City setzte Rudolf seiner hiesigen Episode noch die Krone auf: im Lokalfunk DXRE bedankte er sich für alle erfahrene Hilfe. Und Claus, der ihn zusammengeschlagen hätte, hätte er schon lange verziehen ... .

Wegen Drogenbesitz mit Todesstrafe bedroht

Die Insel Mindoro gehört zu den Touristenattraktionen in den Philippinen. Weite Strände und grüne Berge, die von Manila aus in wenigen Stunden bequem zu erreichen sind, ziehen das ganze Jahr über ausländische Besucher an. Rund um die geschichtsträchtige Hafenstadt Puerto Galera finden sich zahlreiche Strandhotels ("beach resorts") in allen Preiskategorien und mit allen Begleiterscheinungen des modernen Tourismus. Entlang der Strände wurden teilweise planlos und überstürzt Strandhütten zur Vermietung errichtet, die das Gebiet in einen "Touristenslum" zu verwandeln drohen, wie es ein Reiseführer ausdrückt. Prostituierte werden hier ebenso feilgeboten wie Rauschgifte.

Im Morgengrauen des 6. April 1994 startete ein Team der philippinischen Einwanderungsbehörden in Absprache mit der örtlichen Polizei in Puerto Galera eine Razzia, um Ausländer ohne gültige Aufenthaltsgenehmigung zu ergreifen. Da an diesem Tag Sturm und ein rauher Wellengang herrschten, kenterte bei dieser Aktion eines der beiden beteiligten Motorboote auf offener See, und die betroffenen Beamten mußten von Fischern gerettet werden. Dennoch wurde die Razzia fortgesetzt; und verschiedene Ausländer ohne gültige Dokumente wurden gefaßt.

In einem Strandhotel gingen den Beamten offensichtlich zwei dicke Fische ins Netz. Sie stießen auf zwei Europäer ohne Aufenthaltsgenehmigung: den Deutschen Herbert Winter aus München und den Schweizer René Condo (Namen geändert) aus Bern. Der Deutsche, der bei seiner Festnahme 46 Jahre alt war, reiste bereits seit 12 Jahren illegal in die Philippinen ein und aus. Auf dem Tisch ihrer Strandhütte entdeckten die Staatsdiener zudem einen Stoff, der zunächst wie eine Süßigkeit aussah und sich bei näherer Untersuchung als Haschisch erwies. 1,5 kg konnten sie von diesem zu weißen Blöcken gepreßten Rauschgift sicherstellen.

Der Deutsche erklärte zu seiner Verteidigung, den Stoff von einem amerikanischen Bekannten erhalten zu haben, der die Hütte mit ihnen geteilt hätte, sich zur Zeit jedoch in Manila aufhalte und dessen Namen er nicht nennen wolle.

Sechs Tage später entdeckte der Hotelbesitzer weitere 22 kg in Plastiktüten verpacktes Haschisch in einem Wassertank in der Nähe der Strandhütte, die von den beiden Verhafteten gemietet worden war. Die Beamten der Einwanderungsbehörde bezeichneten dies als ihren größten Fang seit 15 Jahren.

Die Polizei erkannte bald, daß ihr mit Herbert Winter kein Unbekannter ins Netz gegangen war. Der Deutsche war Anfang der 80er Jahre mit einem Amerikaner in die Philippinen eingereist. Beide hatten sich als "Missionare" ausgegeben - die sicherste Methode, in den Philippinen eine Aufenthaltsgenehmigung zu erlangen.

Im November 1984 wurden die beiden auf der Insel Jolo im äußersten Süden der Landes von islamischen Rebellen verhaftet und entführt. Ihnen wurde vorgeworfen, die "Islamische Nationale Befreiungsfront" (MNLF) ausspionieren zu wollen. Die Rebellen erklärten sie zu Gefangenen. Der Fall erregte seinerzeit internationales Aufsehen. Durch die Intervention der deutschen und der amerikanischen Regierung setzten sich verschiedene islamische Staaten als Vermittler ein und bewirkten, daß die Entführten ein Jahr später freigelassen wurden.

Der Fund einer so großen Menge Haschisch im Werte von vielen Millionen Pesos setzte die Behörden in Erstaunen. Haschisch wird in entlegenen Gegenden der Philippinen heimlich angebaut, um ins Ausland verkauft zu werden, jedoch als Rauschgift von Filipinos selten konsumiert. Eine solche Menge, die zudem wohl aus Pakistan stammte, konnte kaum allein für den Verkauf an ausländische Touristen an den Stränden von Puerta Galera bestimmt gewesen sein. Hier war mehr im Spiel.

Die Philippinen haben sich in den vergangenen Jahren zu einem Drogenumschlagplatz in Südostasien entwickelt. Von hier aus werden die lukrativen Märkte in Hongkong und Taiwan, aber auch in Amerika und Australien beliefert. Die Insel Mindoro stand schon seit längerem in Verdacht, ein Knotenpunkt im internationalen Drogen- und Waffenhandel zu sein, bei denen auch Europäer ihre Finger im Spiel haben. Ausländische und einheimische Yachten sorgen für den Transport der Ware.

Senator Ernesto Herrera, Vorsitzender des Komitees für Drogenangelegenheiten des philippinischen Senats, forderte als erster die Todesstrafe für die beiden Verhafteten, falls sie des Drogenhandels überführt würden. Tatsächlich kann in den Philippinen schon der Besitz von 50 Gramm Haschisch mit dem Tod bestraft werden. Herrera erklärte, daß ihre Hinrichtung den ausländischen Drogenhändlern in den Philippinen als Abschreckung dienen solle. Auch Präsident Ramos erklärte auf einer internationalen Veranstaltung gegen Drogenmißbrauch, daß er sich bei erwiesener

Schuld der Vollstreckung der Todesstrafe nicht widersetzen werde, um anderen eine Warnung zu erteilen und die Gesellschaft von Übeltätern zu befreien.

Die beiden Verhafteten bestritten indes energisch, daß die Drogen ihnen gehörten. Sie verwiesen sogar darauf, daß die Beamten der Einwanderungsbehörde selbst die Konterbande im Wassertank neben ihrer Hütte deponiert haben könnten.

Obwohl die Staatsanwälte die Behauptungen der Angeklagten zunächst heftig bestritten, konnten sie bei der Verhandlung, die Anfang August stattfand, nicht ausschließen, daß die Drogen, die außerhalb des von den beiden Europäern bewohnten Raumes gefunden worden waren, jemand anderem gehörten. Das Beweismaterial, das gegen die Verhafteten gesammelt worden war, galt damit als nicht beweiskräftig, und die Anklage mußte fallengelassen werden.

Nur zwei Tage nach dieser Verhandlung wurde im Hafen von Cebu der Deutsche L.W. aus Speyer festgenommen, in dessen Gepäck die Polizei bei einer Inspektion 900 Gramm Haschisch entdeckte. Die Behörden wiesen nach der Festnahme darauf hin, daß die Menge ausreichen würde, ihn mit dem Tod zu bestrafen.

Der Naturgeist

Festredner lieben es, den Geist der Silliman Universität zu beschwören. Doch was im Alltag unsere Universität beherrscht, ist kein Geist, sondern - Geister. Hausmeister und Sicherheitskräfte wissen davon Geschichten zu erzählen, doch auch Studenten und Professoren wissen von solchen Begegnungen einer anderen Art. Da ist die Dame in Weiß, die allmorgendlich in der Dämmerung zu der Mädchentoilette der Grundschule hinüberschwebt. Da ist das Stühlerücken in einem menschenleeren Hörsaal morgens um 4.30 Uhr, wenn der Hausmeister seinen Dienst antritt. Wachmannschaften rannten eines Nachts mit Feuerlöschern und Wassereimern zu einem Vorlesungsgebäude, aus dessen Fenstern wirbelnde Feuerbälle hervorbrachen. Sie traten die Tür ein und drangen zu den Hörsälen vor, die in friedlicher Verlassenheit ohne die geringste Spur eines Funkens lagen.

Doch so wie im März hat noch nie eine Geschichte die Gemüter der Universität, ja der Stadt, man möchte sagen: der Nation bewegt. So pfiffen es die Spatzen von den Dächern: Studenten der Silliman Universität hatten eine Exkursion zum Strand von Tambobo bei Siaton gemacht, eine Stunde Autofahrt südlich von Dumaguete. Eine Studentin ließ sich neben einem klobigen Felsbrocken fotografieren. Als sie den Film entwickeln ließ, zeigte der Felsbrocken die deutlichen Züge eines menschenähnlichen Wesens in der Gestalt einer unglaublich dicken halbnackten jungen Frau mit wirrem Haar - eine Art Riesendämon, in der philippinischen Mythologie wohlbekannt und von der Bevölkerung gefürchet. Kein Student hatte dieses Wesen aus dem Schattenreich am Strand erkannt, doch auf dem Photo waren seine Züge deutlich zu erkennen. Die Studentin, die auf dem Bild ahnungslos in die Ferne blickt und dem Monster arglos ihren Rücken zukehrt, wurde vom Anblick dieses Fotos so erschüttert, daß sie durchdrehte. Um der Geschichte ihre richtige Würze zu geben, tauchten Abzüge des Bildes in der Öffentlichkeit auf. Am Markt von Dumaguete wurden sie zum Verkauf angeboten und fanden reißenden Absatz. Ende März berichtete sogar der Kolumnist einer überregionalen Tageszeitung über dieses Phänomen. Leider war es uns nicht möglich, den Namen der Studentin oder wenigstens ihren Fachbereich ausfindig zu machen. So verliefen meine Nachforschungen schon im Ansatz "im Sand".

Dafür gab es Klügere als mich. Ein philippinischer Hellseher begutachtete das Foto und stellte fest, daß es sich um einen Elementar- oder Naturgeist handele, der den Strand bewache. Es sei ein sehr primitives, aber gutmütiges Wesen, sofern es nicht provoziert werde. Eine amerikanische Besucherin mit der Fähigkeit, Geister zu sehen, war sich sicher, daß es sich um ein Wesen "nicht von dieser Welt" handele. Cory Quirino, Spezialistin für Okkultes, die mit diesen Sachen schon 'mal im Fernsehen auftritt, erkannte sofort, daß dies "kein menschliches Wesen" sei. Zwei Tage später passierte es ihr, daß sie von eben diesem Wesen im eigenen Haus verfolgt und in den Arm gekniffen wurde, was einen blauen Fleck hinterließ.

Am Karsamstag kam schließlich Jaime Licauco aus Manila angereist, der große Meister aller übersinnlichen Kräfte, der an den Tagen zuvor wie ich auf Siquijor herumgereist war, um Heiler zu besuchen, ohne daß wir uns getroffen hätten (wo mag er mit seinen Autos und dem Kamerateam nur herumgegeistert sein?). Licauco, Kolumnist der besagten Zeitung und die Nr. 1 für Esoterik in den Philippinen, war fest entschlossen, der Sache auf den Grund zu gehen. Am Strand von Tambobo stieß er auf das Haus eines Deutschen. Dessen Helferin packte aus. "Letzten Dezember", erklärte sie, "hatte mein Boß einige Deutsche zu Besuch, die aus Indonesien kamen und einige Fotos mitbrachten. Auf denen sah man Leute aus Papua-Neuguinea am Strand. Einige philippinische Betrachter baten um Abzüge von den Bildern. Sie fanden sie zu merkwürdig und lustig. Die Deutschen schenkten ihnen alle Negative. Jemand ließ die Filme entwickeln und war über das Aussehen der halbnackten Papuas ganz erschüttert, besonders des dicken Mädchens."

Das also ist das Ende vom Lied, das die Spatzen von den Dächern pfiffen. Die "Studentin der Silliman Universität" ist noch nicht einmal eine Filipina, sondern eine Indonesierin, und der "Naturgeist" entpuppt sich als ein etwas ungewöhnliches Mädchen aus Papua-Neuguinea. Wer sich das Foto genau anschaut, entdeckt neben dem Mädchen eine Dose. Dahinein wanderte wahrscheinlich ein Obulus für jedes Foto. Die Deutschen, die bereitwillig ihre Negative verschenkten, ahnen vermutlich nichts von der Aufregung, die ihre Schnappschüsse hier verursacht haben.

Adressen
entwicklungsorientierter Organisationen

Deutschland:

Brot für die Welt
Stafflenbergstr. 76
70184 Stuttgart

Bundeskongreß entwicklungspolitischer Aktionsgruppen (BUKO)
Nernstweg 32-34
22765 Hamburg

Bundesministerium für Wirtschaftliche Zusammenarbeit
Friedrich-Ebert-Allee 114-116
53113 Bonn

Caritasverband e.V.
Karlstr. 40
79104 Freiburg

Deutscher Akademischer Austauschdienst (DAAD)
Kennedyallee 50
53175 Bonn

Deutsche Stiftung für Internationale Entwicklung (DSE)
Hans-Böckler-Str. 5
53225 Bonn-Beuel

Deutsche Gesellschaft für Technische Zusammenarbeit (GTZ)
Dag-Hammarskjöld-Weg 1-5
65760 Eschborn

Deutscher Entwicklungsdienst (DED)
Kladower Damm 299
14089 Berlin

Deutsches Medikamenten-Hilfswerk
St. Töniser Str. 21
47918 Tönisvorst

Diakonisches Werk der Evangelischen Kirche in Deutschland
Stafflenbergstr. 76
70184 Stuttgart

Diakonisches Werk der Evangelischen Kirche von Westfalen
Friesenring 32/34
48177 Münster

Dienste in Übersee (DÜ) - Arbeitsgemeinschaft evangelischer Kirchen in Deutschland
Gerokstr. 17
70184 Stuttgart

Evangelisches Missionswerk
Mittelweg 143
20148 Hamburg

Evangelische Zentralstelle für Entwicklungshilfe (eze)
Mittelstr. 37
53175 Bonn-Bad Godesberg

Generalkonsulat der Philippinen
Jungfrauenthal 13
20149 Hamburg
(Wahlkonsulate der Philippinen befinden sich in Berlin, Düsseldorf, Frankfurt/Main, München und Saarbrücken; ein Honorarkonsulat existiert in Stuttgart.)

Gesellschaft zur Förderung der Partnerschaft mit der Dritten Welt (GEPA)
Talstr. 20
58332 Schwelm

Hanns-Seidel-Stiftung
Lazarettstr. 33
80636 München

Informationszentrum Dritte Welt
Kronenstr. 16
79100 Freiburg

Informationszentrum Dritte Welt
des Kirchenkreises Herne
Overwegstr. 31
44625 Herne

Justitia et Pax
Kaiserstr. 163
53113 Bonn

Kindernothilfe
Düsseldorfer Landstr. 180
47249 Duisburg

Kirchlicher Entwicklungsdienst der Evangelischen Kirche in Deutschland (KEK)
Herrenhäuser Str. 2a
30419 Hannover

Koordinationskreis Zuckerkampagne
Nernstweg 32-34
22765 Hamburg

Kreditanstalt für Wiederaufbau
Palmengartenstr. 5-9
60046 Frankfurt

medico international
Hanauer Landstr. 147-149
60314 Frankfurt

Misereor
Mozartstr. 9
52064 Aachen

Missio
Internationales katholisches Missionswerk
Pettenkoferstr. 28
80336 München

Missionswerk der Evangelisch-Lutherischen Kirche in Bayern
Postfach 68
91564 Neuendettelsau

Pax Christi
Oberschlesier Str. 41
48177 Münster

Philippine European Economic Cooperation Office
Bettinaplatz 5
60325 Frankfurt

Philippinenbüro
Sachsenring 2-4
50677 Köln

Philippine Trade and Investment Center
Kaiser-Wilhelm-Ring 20
50677 Köln

Philippinische Botschaft
Argelanderstr. 1
53115 Bonn

Plan International Deutschland e.V.
Pestalozzistr. 14
22305 Hamburg

Rheinische Regionalkonferenz der Philippinen-Solidaritätsgruppen
Grundewaldstr. 14
51375 Leverkusen

Südostasien-Informationsstelle Bochum
Josephinenstr. 1
44807 Bochum

terre des hommes
Postfach 4126
49031 Osnabrück

Südwind
Institut für Ökonomie und Ökumene
Fabrik Siegburg e.V.
Lindenstr. 58-60
53721 Siegburg

Vereinigte Evangelische Mission
Rudolfstr. 137
42285 Wuppertal

Luxemburg:

Action Solidarité Tiers Monde
39, rue du Fort Neipperg
L-2230 Luxembourg

Bridderlich Delen
5, avenue Marie-Thérèse
L-2132 Luxembourg

Fondation Luxembourgeoise Raoul Follereau
151, avenue du 10 Septembre
L-2551 Luxembourg

Ministère des Affaires Etrangères
Coopération au Développment
L-2910 Luxembourg

Organization for Educational Resources and Technological Training (ORT)
9, rue de la Corniche
L-5956 Itzig

Philippine-Luxembourg Society
24, rue de Amsterdam
L-1126 Luxembourg

Terre des Hommes
53 A, rue Glesener
L-1631 Luxembourg

Philippinen:

Asian Social Institute
Leon Guinto St. 1518
Malate
Manila

BILEG
Hernando Ave. cor. Gomburza St.
2900 Laoag City

Central Visayas Ecumenical Fellowship
CENDET Compound
Osmeña Boulevard 85
6000 Cebu City

Deutsche Botschaft
Solid Bank Building
777 Paseo de Roxas
Makati
Metro Manila

Deutscher Entwicklungsdienst (ded) / German Development Service
Juan Luna Street 65
San Lorenzo Village
Makati, Metro Manila

Educational Research and Development Assistance Foundation
Linaw St. 66
Quezon City
1099 Metro Manila

European Chamber of Commerce of the Philippines
3rd Floor, Electra House
Esteban St. 115-117
Legaspi Village, Makati
Metro Manila

Goethe-Institut Manila/
German Cultural Center
687 Aurora Boulevard
Quezon City
Metro Manila

Institute of Religion and Culture
Plainview St. 121, Diamond Park
Victoria Homes Subdivision
Bo. Tunasan
Muntinlupa
Metro Manila

National Council of Churches in the Philippines
Epifanio de los Santos Avenue 879
West Triangle, Quezon City
1104 Metro Manila

Negros Relief and Rehabilitation Center (NRRC)
Rovera Road, Bantayan
6200 Dumaguete City

Organization for Educational Resources and Technological Training (ORT)
Le Grand Building, Suite #601
130 Valero St., Salcedo Village
Makati
Metro Manila

Partnership of Philippine Support Service Agencies (PHILSSA)
77-B Rosa Alvero Street
Loyola Heights
Quezon City
Metro Manila

Philippine International Forum
258-H de la Rama Compound
D. Jakosalem St.
6000 Cebu City

Philippine Social Science Center
Commonwealth Avenue
Dilliman
Quezon City
Metro Manila

Samba-Likhaan
The Asian School of Music, Worship and the Arts
P.O. Box 10533, Broadway Centrum
1112 Quezon City
Metro Manila

Task Force Detainees of the Philippines
St. Mary St. 45
Cubao
Quezon City
Metro Manila

United Church of Christ in the Philippines
Epifanio de los Santos Avenue 877
West Triangle, Quezon City
1104 Metro Manila

Voluntary Services Overseas (VSO)
Unit 1, Fersal Exec. Homes
14th Street 53
New Manila, Quezon City
Metro Manila

Schweiz:

Arbeitskreis Tourismus und Entwicklung
Missionsstr. 21
CH-4003 Basel

Brot für Brüder
Missionsstr. 21
CH-4003 Basel

Caritas Schweiz
Löwenstr. 3
CH-6002 Luzern

Fastenopfer der Schweizer Katholiken
Habsburgerstr. 44
CH-6002 Luzern

Hilfswerk der Evangelischen Kirchen der Schweiz (HEKS)
Stampfenbachstr. 123
CH-8035 Zürich

Lutheran World Federation
150, route de Ferney
CH-1211 Genf 2

Ökumenischer Weltkirchenrat (WCC)
150, route de Ferney
CH-1211 Genf 2

United Nations Centre for Human Settlements (HABITAT)
Palais des Nations
CH-1211 Genf 10

United Nations Children's Fund (UNICEF)
Palais des Nations
CH-1211 Genf 10

Weltgesundheitsorganisation (WHO)
Avenue Appia
CH-1211 Genf 27

World Alliance fo Reformed Churches
150, route de Ferney
CH-1211 Genf 2

World Young Men's Christian Association (YMCA),
World Young Women's Christian Association (YWCA)
37, quai Wilson
CH-1201 Genf

Rainer Neu

Die lebenden Toten und der tote Gott.

Tod und Jenseitsvorstellungen in den Phillipinen

Dieses Buches konfrontiert den Leser mit existentiellen Grenzerfahrungen im Bereich von Sterben, Tod und Jenseitsvorstellungen im Kontext philippinischer Religion und Kultur. Sie versetzen ihn mitten hinein in ein Geschehen, das ihm zunächst rätselhaft erscheint, doch dessen aufmerksame Interpretation ihn zu überraschenden Einsichten führt. Die Analyse spürt die verborgene Bedeutung von Einstellungen und Verhaltensweisen auf, die dem westlichen Leser fremd, seltsam oder sogar abstoßend erscheinen, die er jedoch dadurch, daß er sich ihrer Andersartigkeit und Fremdheit aussetzt, als nachvollziehbare Ausdrucksformen eines untergründigen Bedeutungsgewebes verstehen lernt. Dadurch wird die Lektüre dieses Bandes zu einer Einführung in die philippinische Kultur im allgemeinen. Der Leser spürt die Herausforderung einer fremden Umgebung. Ihm soll zunächst die Illusion genommen werden, als könne er die mannigfachen Erscheinungsformen einer unbekannten Kultur mit den ihm vertrauten Denkschablonen erklären.

Der Leser wird jedoch nicht in der Erfahrung des Fremden belassen. Der Autor arbeitet innerhalb der Beschreibungen Deutungsmuster heraus, die dem westlichen Verständnis nachvollziehbar sind und dem Leser die faszinierende Welt eines Schlüsselthemas philippinischer Kultur und Religion eröffnen: der Todes- und Jenseitsvorstellungen.

Lit Verlag

Münster - Hamburg 1995

Rainer und Marie-Paule Neu

Südseetrauma.

Eindrücke aus den Philippinen

In diesem Buch ist nicht nur von Krisen, Kriegen und Katastrophen die Rede, sondern auch von kleinen Freuden, Fortschritten und Erfolgen. Der einzelne Mensch tritt immer wieder in den Vordergrund. Lebenswege werden nachvollziehbar, Stärken und Schwächen der philippinischen Mentalität ausgeleuchtet, Leidenschaften und Leiden erkennbar, kulturelle und religiöse Bräuche in einfühlsamen Beschreibungen lebendig. Faszination und Frustration gehen in dieser Inselwelt oft schnell ineinander über, und der Traum von der Südsee gerinnt zum Trauma. Und doch darf das exotische Abenteuer Philippinen nicht selber ein Opfer der Unheilsmeldungen werden. Die Palmenstrände, die ekstatischen Feste und die Gastfreundschaft sind genauso wahr wie die verheerende Armut, der Bürgerkrieg, die Verletzung der Menschenrechte, Taifune, Erdbeben und Vulkanausbrüche. Und stinkende Abfallhaufen, Faulheit, Korruption, organisatorische Unfähigkeit und Verantwortungslosigkeit sind ebenso ein Teil der philippinischen Wirklichkeit wie Sauberkeit und Anmut selbst in ärmlichen Bambushütten, Schönheitsliebe, große musische Begabung, ausdauernde körperliche Anstrengungen und treue Fürsorge. Diese Berichte versuchen, die Philippinen ohne Tabus und Scheuklappen zu beschreiben.

Aussaat Verlag

ISBN 3-7615-4864-8
Bestellnr. 154864

Neukirchen-Vluyn 1993

INHALT